Das fühlt sich richtig gut an!

Die in diesem Buch beschriebenen Methoden sollen ärztlichen Rat und medizinische Behandlung nicht ersetzen. Die vorgestellten Informationen und Anleitungen sind sorgfältig recherchiert und wurden nach bestem Wissen und Gewissen weitergegeben. Dennoch übernehmen Autor und Verlag keinerlei Haftung für Schäden irgendeiner Art, die direkt oder indirekt aus der Anwendung oder Verwertung der Angaben in diesem Buch entstehen. Die Informationen in diesem Buch sind für Interessierte zur Weiterbildung gedacht.

Alle Beispiele in diesem Buch entsprechen den persönlichen Erfahrungen des Autors bzw. den Erfahrungen von Freunden, Bekannten und Teilnehmern der Seminare. Zum Schutz der Privatsphäre und zur Verdeutlichung der Themen sind die Beispiele kreativ bearbeitet worden, ohne die Kernaussagen dabei zu verändern. Ähnlichkeiten zu realen Personen sind reiner Zufall.

Olaf Jacobsen:
Das fühlt sich richtig gut an!
© J. Kamphausen Verlag &
Distribution GmbH, Bielefeld 2012
info@j-kamphausen.de

Lektorat: Stephanie Ehrenschwendner
Umschlagfoto: Elenamiv_shutterstock
Gestaltung/Satz: Wilfried Klei
Druck & Verarbeitung:
Westermann Druck Zwickau GmbH

www.weltinnenraum.de

2. Auflage 2012

Bibliografische Information der Deutschen Nationalbibliothek

Die Deutsche Nationalbibliothek verzeichnet diese
Publikation in der Deutschen Nationalbibliografie;
detaillierte bibliografische Daten sind im Internet
über **http://dnb.d-nb.de** abrufbar.

ISBN 978-3-89901-572-0

*Dieses Buch wurde auf 100% Altpapier gedruckt und ist alterungsbeständig.
Weitere Informationen hierzu finden Sie unter www.weltinnenraum.de*

Alle Rechte der Verbreitung, auch durch Funk, Fernsehen und
sonstige Kommunikationsmittel, fotomechanische oder vertonte Wiedergabe
sowie des auszugsweisen Nachdrucks vorbehalten.

Olaf Jacobsen

Das fühlt sich richtig gut an!

Gefühle erforschen, Klarheit gewinnen
und den Alltag befreit leben

7   Langsam über die Schwelle gehen – ins Freie

31   I Mehrdimensional fühlen lernen

32   Wie geht das?
39   Erwecken Sie Gegenstände oder Figuren zum Leben
41   Wofür mehrdimensionales Fühlen gut sein kann
46   Welche Personen oder Elemente braucht man zur Lösung?
50   „Irgendetwas stimmt mit mir nicht"
64   Sind Aufstellungen gefährlich?
73   Regeln für das Freie Aufstellen allein

76   Konsequenzen für unser Leben
77   Durch Zukunftsprognosen zu mehr Gelassenheit
79   Gefühlsklumpen entwirren
82   Ausgeglichenheit und tiefe Freude durch erfolgreiches Vorausfühlen
83   Die Erlösung von seelischen Phantomschmerzen
88   Ein Positionswechsel kann Gefühle verändern

93   II Sich zu zweit zur Verfügung stehen

94   Wie geht das?
94   Wie Sie sich gegenseitig zu neuen Erkenntnissen verhelfen
104   Einen Konflikt mehrdimensional auseinanderfalten
110   Das eigene Kind mithilfe einer Aufstellung unterstützen
117   Regeln für das Freie Aufstellen zu zweit

122   Konsequenzen für unser Leben
122   Wer hat das Ziel, und wer steht dafür zur Verfügung?
128   Der Chef darf immer frei bestimmen
131   Wir können erst helfen, wenn wir den anderen verstanden haben
132   Hilft meine Hilfe dem anderen wirklich?
134   Wir müssen den anderen gehen lassen, wenn er nicht mehr will

137   III Unterstützung im kleinen Freundeskreis

138   Wie geht das?
138   „Ich kenne mein Problem (noch) nicht"
148   Manchmal gibt es etwas, das dahintersteht

159	Regeln für das Freie Aufstellen im Freundeskreis
162	Wenn Rollengefühle bestehen bleiben

163 Konsequenzen für unser Leben

163	Keine Rolle mehr spielen, sondern authentisch sein
166	Wie können uns andere Menschen einen Spiegel bieten?
172	Befreiendes Potenzial in den Alltag projizieren
173	Die Klarheit: „Ich kann nichts dafür!"
176	Was steht eigentlich hinter meinem Problem?

181 IV Heilsame Wirkungen durch viele Stellvertreter

182 Wie geht das?

189	Wie soll sich die Gruppe verhalten?
191	Eine Patchwork-Familie: „Endlich fühlt es sich richtig gut an!"
211	Regeln für das Freie Aufstellen in größeren Gruppen
216	Eventuell auftauchende Schwierigkeiten klären

219 Konsequenzen für unser Leben

219	„Wer ist schuld daran, dass ich so leiden muss?!"
222	Wie das Aussprechen von Tatsachen Gefühle befreien kann
225	Unverarbeiteter Schmerz führt immer zu Härte, Strenge und Wut
228	Jeder trägt sein eigenes Schmerz-Päckchen
231	Es kann keine „bedingungslose" Liebe geben
234	Die Befreiung: „… und auch das gehört dazu."

239 Anhang: Hilfsmittel für Freie Systemische Aufstellungen

240	Gruppenveranstaltungen
240	Weiterführende Literatur
241	Kartenset
242	Hilfreiche Werkzeuge beim Aufstellen
244	Dank
245	Über den Autor
247	Beispielkarten

Langsam über die Schwelle gehen – ins Freie

Er sitzt mal wieder am Computer und schreibt. Seine Frau platzt ins Zimmer:

„Wolltest du nicht Klavier üben? Euer Konzert ist doch schon in ein paar Wochen."

„Irgendwie habe ich keine Energie mehr zum Üben", antwortet Thomas in den Bildschirm versunken.

„Kannst du denn schon alles? Ist die Zeit nicht ein bisschen knapp bis dahin?", fragt sie besorgt.

Diese Fragerei nervt. Er kennt das schon. Wenn er ihr jetzt nicht ganz ausführlich, für sie nachvollziehbar und in aller Ruhe erklärt, warum er hier am Computer sitzt anstatt Klavier zu üben, wird sie nicht lockerlassen. Um eine Diskussion oder gar einen Konflikt zu vermeiden, reißt er sich vom Computer los und steht auf.

„Komm, lass uns ins Wohnzimmer gehen."

Dort angekommen nimmt Thomas ein Blatt Papier, schreibt etwas drauf, dreht es um und drückt das Blatt seiner Frau Jasmin in die Hand.

„Leg den Zettel mal deinem Gefühl nach irgendwo hier auf den Boden."

Jasmin, die nicht sehen konnte, was er geschrieben hat, nimmt das Blatt, hält kurz inne, geht dann zur Tür und legt es vor die Tür auf den Teppich.

„Und jetzt stell dich auf diesen Zettel und beobachte, wie du dich dort fühlst."

Jasmin stellt sich drauf und wirkt einen Moment lang ganz in sich versunken. Dann sagt sie: „Wenn ich hier stehe, schaue ich auf die Tür und habe das Gefühl, gleich rausgehen zu wollen."

Inzwischen hat Thomas einen weiteren Zettel beschriftet und fragt: „Wo würdest du den hinlegen?"

Jasmin platziert ihn in der Mitte des Raumes, stellt sich drauf und schaut zum ersten Zettel. Thomas fragt nach: „Wenn du jetzt auf diesem zweiten Zettel stehst und zum ersten schaust, was fühlst du dabei? Möchtest du dort stehen bleiben, wo du gerade bist? Oder hast du das Gefühl, in Richtung Tür gehen zu wollen, also diesen Zettel dorthin zu verschieben, damit er näher am anderen Zettel liegt?"

„Nein, ich stehe einfach nur hier in der Mitte des Raumes und schaue auf den anderen Zettel – mehr nicht."

Nach kurzem Überlegen bittet Thomas: „Stell dich doch noch einmal auf den ersten Zettel und sag mir, wie du dich dort fühlst."

Jasmin wechselt den Platz, steht erneut vor der Tür und berichtet:

„Jetzt möchte ich die Tür öffnen und rausgehen."

„Okay, mach das mal."

Jasmin geht raus und nimmt den entsprechenden Zettel mit.

Thomas geht hinterher und fragt: „Und wie fühlst du dich hier draußen?"

„Hier habe ich das Gefühl, mich in Luft aufzulösen."

„Spannend! Lass uns wieder reingehen. Stell dich bitte noch einmal auf den zweiten Zettel und sag mir, ob du dich dort noch genauso fühlst wie eben, oder ob sich eventuell etwas verändert hat, nachdem der erste Zettel sich in Luft aufgelöst hat."

Jasmin stellt sich wieder auf den Zettel in der Mitte des Raumes und sagt nach kurzem Einspüren: „Also, jetzt fühle ich mich freier und bin nicht mehr so fixiert. Ich könnte mich in jede Richtung drehen ... und wenn ich das jetzt so ausprobiere, dann bleibt mein Blick am Fernsehbildschirm hängen."

Thomas atmet auf. Was Jasmin sagt, fühlt sich gut an, und er sieht sich und sein Verhalten bestätigt. Gleichzeitig erkennt er die Chance, Jasmin ohne Konflikt zu erklären, warum er nicht am Klavier sitzt, sondern am Computer: „Hochinteressant, was deine Gefühle widerspiegeln. Das entspricht genau meiner momentanen Stimmung. Auf dem ersten Zettel steht der Begriff „Konzert" und auf dem zweiten Zettel steht „Ich". Seit vorgestern habe ich das Gefühl, als ob irgendetwas mit dem geplanten Konzert nicht stimmt. Ich weiß aber nicht, was. Nach dieser kurzen Aufstellung vermute ich fast, dass das Konzert ausfallen wird. Die Tatsache, dass du dich in meiner Rolle auf den Bildschirm konzentriert hast, spiegelt genau das wider, was ich gerade tue, nämlich lieber am Computer zu schreiben anstatt Klavier zu üben. Ich habe das Gefühl, dass das Üben irgendwie sinnlos wäre, kann dir aber nicht wirklich begründen, warum das so ist."

„Ja, das kann ich jetzt nachvollziehen", versteht Jasmin, „dann lassen wir uns mal überraschen, was passieren wird."

Zwei Tage später ruft der Veranstalter an und sagt das Konzert ab – nicht mehr überraschend für Jasmin und Thomas.

Der Briefumschlag hat weder eine Briefmarke noch einen Absender. Den muss jemand aus der Firma direkt in den Briefkasten eingeworfen haben – und das, während Vera gerade Urlaub hat. Außerdem stimmt die darin erwähnte Kündigungsfrist nicht. Im Vertrag steht nämlich etwas von zwei Monaten – nicht von einem Monat. Vera ist stinksauer. Dabei hatte der Chef ihr noch vor zwei Wochen das Blaue vom Himmel versprochen. Und jetzt steht sie mit leeren Händen da. Einfach gekündigt. So eine feige Bande! Dass sie einen Anwalt beauftragen wird, ist ihr schon klar. Aber trotzdem sind die Tage bei der Firma nun gezählt. Und wie geht es weiter? Was soll sie jetzt tun? Wo soll sie nach dem nächsten Job suchen?

Eigentlich ist das eine Chance, ganz neu anzufangen. Und irgendetwas in ihr ist sogar froh, diese Firma los zu sein. Sie spürte schon die ganze Zeit, dass dort nicht alles mit rechten

Dingen zugeht. Außerdem entspricht das Gehalt kaum ihrer Qualifikation. Sie hatte sich vor einer Weile schon einmal bei zwei größeren Firmen beworben. Dort würde sie es gerne wieder versuchen. Doch sie ist sich unsicher, welchen nächsten Schritt sie genau tun soll. Außerdem befürchtet sie, wieder an so eine unzuverlässige Firma zu geraten, an den gleichen Wolf in einem anderen Schafspelz.

Vera nimmt mehrere Zettel und beschriftet sie jeweils mit „Firma 1", „Firma 2", „eine mir noch unbekannte Firma", „Jobcenter" und „ganz andere Alternative". Dann dreht sie die Zettel um, sodass die Schrift verdeckt ist und sie nur die Rückseite sieht. Sie mischt so lange, bis ihr Verstand nicht mehr nachvollziehen kann, was auf welchem Zettel steht. Anschließend legt sie nach Gefühl jeden einzelnen Zettel irgendwo auf den Boden. Am Schluss beschriftet sie noch einen Zettel mit „Ich" (im Folgenden „Ich-Zettel" genannt) und legt ihn dazu. Bei diesem Zettel weiß sie, was draufsteht, weil er nicht verdeckt liegt. Ein bisschen chaotisch sieht es schon aus – wenn man so von außen auf diese Zettelwelt schaut – aber egal, denkt sie, stellt sich auf den Ich-Zettel und betrachtet die Runde. Dabei fällt ihr auf, dass sie allmählich die Tendenz hat, auf einen einzigen der verdeckten Zettel zu blicken. Alle anderen werden unwichtig. Sie stellt sich mit dem Ich-Zettel zu diesem besonderen Zettel und fühlt sich sofort richtig wohl, atmet tief durch. Doch bevor sie aufdeckt, was auf diesem Zettel steht, möchte sie ihr Gefühl noch überprüfen und nimmt eine Kerze. Die Kerze bekommt die Rolle „ein lösendes Element". (Dies ist eines von vielen Werkzeugen, die man für eine Freie Aufstellung einsetzen kann und auf die ich im Verlauf des Buches noch zu sprechen komme.)

Nach kurzem Warten merkt sie, dass sie die Kerze ganz ans andere Ende vom Zimmer stellen möchte. Sie gibt diesem Handlungsimpuls in ihrem Gefühl nach, geht hinüber und stellt die Kerze als lösendes Element dort hin. Anschließend stellt sie sich wieder auf den Ich-Zettel und fühlt nach, ob sich etwas für sie verändert hat ... Ja, sie hat ein bisschen das Gefühl, von dem lösenden

Element in dieser Entscheidung bestärkt zu werden, so als würde die Kerze dort hinten zu ihr sagen: „Ja, geh' da ruhig hin!"

Bevor sie sich jedoch zufriedengibt, stellt sie sich für eine allerletzte Kontrolle noch einmal der Reihe nach auf alle anderen Zettel, um zu fühlen, wie es ihr dort jeweils geht. Sehr schnell merkt sie, dass ihr alle anderen Zettel unangenehm sind. Sie geht lieber wieder zurück zu dem Zettel, bei dem sie sich so richtig gut fühlt, und schaut nach, was draufsteht: „unbekannte Firma".

Ja, das passt zu ihrem tiefsten Gefühl. Vera weiß jetzt, dass es für sie als Nächstes darum geht, nach einem Arbeitsplatz in einer neuen Firma zu suchen. Sie spürt neue Kraft und Motivation dafür. Gleichzeitig freut sie sich auf die neue Firma, denn in dieser kleinen Aufstellung hat sie erfahren, wie angenehm sich der Kontakt zu einer anderen Firma anfühlen könnte. Nun weiß sie, was sie will, und hat einen Gefühls-Maßstab, mit dem sie vergleichen kann und der ihr bei der Suche nach einer neuen Arbeitsstelle hilfreich ist.

Simone merkt, dass sie gerade nicht mehr weiterkommt. In einer Woche soll die Kurzgeschichte fertig sein, doch ihr fehlt der geniale Schluss. Wie immer, wenn sie eine Blockade spürt und nicht weiß, wie es weitergehen soll, macht sie eine Aufstellung und greift zu ihren Fühlfeldern. Das sind farbige Kartons, die unterschiedliche Formen haben und so breit sind, dass man sich bequem mit beiden Füßen draufstellen kann (ca. 30 bis 40 cm). Außerdem lassen sie sich mit einem wasserlöslichen Stift beschriften. Simone nimmt für jede Figur ihrer Geschichte ein Fühlfeld, schreibt jeweils den Anfangsbuchstaben des Namens drauf und verteilt sie nach ihrem Bauchgefühl auf dem Fußboden. Das ist der momentane Stand ihrer Geschichte – so stehen die Figuren zueinander.

Sie läuft rüber ins andere Zimmer zu Stefan, der in seine Arbeit vertieft ist:

„Kannst du mir mal wieder zur Verfügung stehen?"

„Moment …" Stefan blättert gerade noch in einem Hefter, weil er etwas sucht. Als er die Unterlage gefunden hat, legt er sie auf seinen Tisch und wendet sich schließlich Simone zu: „So, jetzt."

Sie gehen zurück in Simones Zimmer.

„Stell dich bitte nacheinander auf alle Felder und sage mir auf jedem einzelnen Feld, wie du dich dort fühlst und ob du es eventuell an einen anderen Platz verschieben würdest."

Während Simone genau weiß, welches Fühlfeld für welche Figur steht, hat Stefan keine Ahnung, worum es hier geht. Auch den Inhalt von Simones Geschichte kennt er nicht. Ohne irgendein Wissen stellt er sich auf das erste der fünf Felder, auf dem der Buchstabe „W" zu lesen ist.

„Von hier aus schaue ich intensiv auf das Feld mit dem H. Ich merke, wie ich allmählich aggressiv werde und H weghaben will. H soll gehen!"

Simone lächelt. Stefan empfindet genau richtig, denn in ihrer Geschichte ist W tatsächlich sehr eifersüchtig auf H. Als Nächstes stellt Stefan sich auf H, um zu schauen, was er dort fühlt. Er berichtet: „H ist eigentlich offen, sich auch nach W zu richten und wegzugehen. Wenn ich hier auf H stehe, habe ich das Gefühl, mich zur Tür zurückziehen zu wollen."

Auch das ist korrekt, denn in der bisherigen Geschichte plant H, ins Ausland zu gehen.

„Auf dem Buchstaben B fühle ich, jetzt zu W rübergehen zu wollen und W zu konfrontieren. Ich würde das Fühlfeld B nehmen und dort direkt vor W legen."

Das ist neu! Daran hatte Simone noch gar nicht gedacht. Ja, klar, B könnte sich mit W intensiv auseinandersetzen. Stefan liefert ihr mithilfe dieser kleinen Aufstellung gerade eine sehr gute Idee!

Neugierig fragt sie nach: „Und wie reagiert W darauf?"

Stefan legt das Fühlfeld B vor das Feld mit dem Buchstaben W und stellt sich anschließend auf W. „Oh, jetzt wird W noch aggressiver."

Simone spürt, dass dies eine gute Spannung zum Schluss der Geschichte wäre, die noch einmal so einiges in Wallung bringen würde. Aber da wäre noch Figur E, die ganz am Rand steht. Sie fragt Stefan: „Schau mal bitte auf dem Feld dort drüben, auf E. Wie reagiert E auf die gesamte Situation?"

Stefan geht rüber und fühlt etwas länger nach. „Irgendwie muss ich hier eine Weile nachdenken, aber ich habe allmählich das Gefühl, zu den beiden Streithähnen gehen zu wollen, um sie miteinander zu versöhnen."

„Ja, genau! Jetzt hab ich's! Ich danke dir. Das war's schon", freut sich Simone.

„Gerne!" Stefan lächelt und geht wieder zurück in sein Zimmer.

Simone weiß jetzt, dass die Versöhnung letztendlich von E ausgehen muss – und damit auch das Happy End der gesamten Geschichte. Ein genialer Gedanke! Der fühlt sich richtig gut an! Nun kann sie weiterschreiben.

Was wäre, wenn es eine Methode gäbe, mit der wir ab und zu die Zukunft erspüren können?

Was wäre, wenn diese Methode uns helfen könnte, gegenwärtige Konflikte mit anderen Menschen in Luft aufzulösen oder gar nicht erst entstehen zu lassen?

Was wäre, wenn wir die Möglichkeit hätten, jederzeit im Alltag sofort zu entscheiden, welche nächsten Schritte für uns gut sind und welche nicht?

Was wäre, wenn uns diese Methode unendlich viele Möglichkeiten bieten würde, emotionale Blockaden aufzulösen und unser Potenzial voll zu entfalten?

Und was wäre, wenn Ihre gesamte Kreativität durch diese Methode geweckt würde? Wie lebendig und gut würden Sie sich wieder fühlen? Mit wie viel Motivation, Fantasie und Spaß würden Sie Ihr Leben und Ihre Projekte gestalten?

Ich weiß noch genau, wie ich damals im Alter von 22 Jahren die Augen schloss, um etwas sehen zu können. Paradox – aber genau so war es. Damals hatte ich in dem Buch „Grenzenlose Energie" von Anthony Robbins zum ersten Mal etwas über „bunte innere Bilder" gelesen. Innere Bilder? Was sollte das sein? Ich hatte das noch nie erlebt. In dem Buch stand, man solle sich innere Bilder machen, um diese auf eine bestimmte Weise interpretieren und kreativ verändern zu können. Also schloss ich die Augen und versuchte, etwas zu sehen. Doch es blieb einfach nur dunkel. Ich sah nichts. Klar, das war ja auch unlogisch. Wie sollte ich von innen auf meinen Augenlidern etwas sehen können? Aber ich versuchte es trotzdem.

 Ein paar Tage vorher hatte ich eine Ankündigung für das Buch in der Presse gelesen. Etwas in mir reagierte sofort euphorisch, und ich musste das Buch unbedingt haben. Es versprach Techniken, mit denen man die eigenen Ängste, Stress und unerfüllten Wünsche in kraftvolle Energie und Motivation für die Zukunft umwandeln könne.

 Als ich das Päckchen mit dem Buch endlich in den Händen hielt, zitterten sie beim Auspacken vor Aufregung. An diesen Augenblick kann ich mich noch sehr gut erinnern. Ich hoffte, durch die Lektüre endlich alle meine Hemmungen zu verlieren, meine Blockaden, die ich so stark spürte, meine Schüchternheit, die mich daran hinderte, auf Menschen zuzugehen, meine Ängste, die mich oft schweigen ließen, meine Minderwertigkeitskomplexe, die mich von mutigen Schritten abhielten.

 Heute, 22 Jahre später, blicke ich zurück und stehe im Alter von 44 Jahren erfolgreich auf der anderen Seite. Durch meinen Bestseller „Ich stehe nicht mehr zur Verfügung – Wie Sie sich von belastenden Gefühlen befreien und Beziehungen völlig neu erleben" (Windpferd, 2007) bin ich bekannter geworden. Menschen kommen zu mir und wollen mit meiner Hilfe ihre Probleme lösen.

Sie wissen nicht mehr, was sie tun sollen, stecken fest, leiden oder wollen sich weiterentwickeln und offener und freier in ihrem Leben fühlen können.

Wie habe ich das geschafft? Etwa durch das Lesen des Buches „Grenzenlose Energie"? Nein – mein Weg hat wesentlich länger gedauert. Aber durch Robbins Buch hat einiges begonnen. Ich steckte damals mit meiner zweiten Partnerin in einer heftigen Krise. Ich empfand einen starken Schmerz, fühlte mich heftig verletzt und wusste nicht, wie ich damit umgehen sollte. Wegrennen half nicht. Ich wusste nicht mehr, wie es weitergehen sollte. Was sollte ich nur tun? Die Arbeit mit inneren Bildern waren schließlich meine ersten Schritte aus der Dunkelheit.

Während der bewussten Suche nach inneren Bildern wurde mir allmählich klar, dass man nicht wirklich etwas „sehen" muss. Innere Bilder sind eher eine Ahnung, ein undeutlicher unkonkreter Traum – ja, fast ein Gefühl. So geht es mir zumindest. Natürlich gibt es auch Menschen, die von sehr konkreten inneren Bildern sprechen. Menschen mit außergewöhnlichen Gedächtnisleistungen verfügen häufig über ein fotografisches Gedächtnis und berichten, ganz klar etwas vor dem inneren Auge zu haben. Doch was Sie sehen, ist letztendlich die Projektion ihres Gehirns, so wie jeder Mensch es beim Träumen erlebt.

Auf diese Weise unterscheiden wir uns. Der eine hat klare innere Bilder, der andere nur Ahnungen, ein Dritter schließt seine Augen, um etwas sehen zu können, und erlebt nur Dunkelheit.

Meine Dunkelheit verschwand allmählich beim Lesen des Buches von Anthony Robbins. Mir wurde bewusst, dass ich an der falschen Stelle nach inneren Bildern suchte. Ich fand sie dort, wo ich mir schon immer Bilder machte, z.B. beim Lesen eines Buches, beim Erinnern, beim Fantasieren, beim Tagträumen oder generell beim Träumen. Diese Bilder waren eher Ahnungen im Gefühl. Sie waren weniger klar, aber es genügte, um damit zu arbeiten. Es war auch dringend nötig, denn ich steckte damals ja in einer großen Krise.

Nachdem mir bewusst geworden war, was mit inneren Bildern gemeint war und wie ich selbst mit ihnen umgehen konnte, führte ich eine Übung aus dem Buch durch. Ich stellte mir vor, in einer großen dunklen Kugel zu schweben. Dies entsprach meinem momentanen Krisengefühl. Es war schwarz um mich herum, ich konnte kaum etwas sehen und fühlte mich verlassen und vollkommen einsam. Dann öffnete sich in der schwarzen Wand eine Tür nach draußen. Durch diese Öffnung konnte ich das goldene warme Licht außerhalb der Kugel sehen – und viele freundliche Menschen, die draußen auf mich warteten. Langsam näherte ich mich der Tür, bis ich an der Schwelle stand. Dort blieb ich stehen. Hinter mir die einsame Dunkelheit der Kugel, vor mir die warme freundliche Freiheit. Ich spürte, wie ich stehen bleiben musste, sonst …

Ja – was sonst? Was würde passieren, wenn ich den Schritt nach draußen wagen würde?

Ich hatte keine Antwort auf diese Frage. Es blieb mir nichts anderes übrig, als diesen Schritt zu versuchen. Doch es gab in mir eine Bremse, etwas hemmte mich. Ich stand immer noch in der Kugel und schaute durch die Tür nach draußen. In Wirklichkeit saß ich an meinem Schreibtisch, hatte das Buch von Robbins zur Seite gelegt, mich nach vorne gebeugt und meine Stirn auf meine Arme gelegt. Meine Nase berührte den Schreibtisch und ich hatte die Augen geschlossen. In dieser Haltung stellte ich mir immer noch vor, wie ich allein in der schwarzen Kugel stand und nach draußen schaute. Vor mir die Schwelle.

Nach einer Weile wurde mir klar: Wenn ich es nicht probiere, werde ich nie erfahren, was dann mit mir passiert. Ich musste es ganz langsam machen. Ganz, ganz langsam. In meiner Fantasie bewegte ich mein rechtes Bein allmählich nach vorne, auf die Schwelle. Dann verlagerte ich mein Körpergewicht und stellte mich auf die Schwelle. In meiner Brust entstand ein Schmerz. Ganz sanft bewegte ich mich weiter – in Richtung Freiheit – und auf einmal brach ich an meinem Schreibtisch sitzend heftig in

Tränen aus. Alle Dämme brachen – mein Gefühl floss – ich heulte einfach nur … laut schluchzend …

Ein paar Minuten später beruhigte ich mich wieder – und war erstaunt über die starke Wirkung eines solchen Bildes. Das wollte ich noch einmal erleben. Ich begab mich in meiner Vorstellung wieder in diese schwarze Kugel, bewegte mich auf die Tür zu, die in die Freiheit führte, und machte einen Schritt über die Schwelle – und wieder musste ich heftig weinen. Diese warme freundliche Freiheit berührte mich tief. Anschließend ging es mir besser. Die Krise mit meiner Partnerin fühlte sich lange nicht mehr so schlimm an wie vorher.

Heute kann ich aus meiner langjährigen Erfahrung heraus berichten: Auf dem Weg in die Freiheit und zur eigenen Klarheit passiert so ein Schritt zusammen mit einem Tränenausbruch oft – sehr oft – sehr, sehr oft. Es sind lauter kleine Schritte, und ich bestätige: Man hat tatsächlich irgendwann das Gefühl, angekommen zu sein. Auch wenn danach weitere Entwicklungen passieren.

Ich erlebe aber viele Menschen die vor einer Schwelle stehen bleiben, weil sie diesen Schmerz in der Brust nicht spüren wollen, weil sie nicht tief berührt in Tränen ausbrechen wollen, vor allem nicht immer und immer wieder. Sie schämen sich oder fürchten, dadurch erst recht in ein tiefes Krisengefühl hineinzurutschen und nie wieder herauszukommen. Dann gehen sie zu einem Coach, einem Therapeuten oder in eine Selbsthilfegruppe und fragen: „Ich weiß nicht weiter. Was soll ich nur tun?"

Manchmal erhalten sie auf dem Weg über die Schwelle unterstützende Hilfe, manchmal werden sie über die Schwelle geschubst und fallen hin oder sie müssen sich „therapeutische Vorwürfe" anhören, warum sie nicht endlich über diese Schwelle gehen oder dass sie keinen Willen hätten, diesen Schritt zu tun. Manchmal werden sie sogar zu einer anderen Schwelle geführt, über die sie gehen sollen. Folgen sie den äußeren Anweisungen, dann geht es ihnen bisweilen schlechter, Sie fühlen sich weder frei noch klar und vor allem nicht selbstständig.

Aus diesem Grund ist es wichtig, wirklich dem eigenen Herzen zu folgen, die eigenen Bremsen, das eigene Misstrauen, die eigenen Einwände ernst zu nehmen und nur die Schritte zu gehen, die man im Moment langsam und vorsichtig bereit ist zu gehen.

Sie erlernen in diesem Buch eine Methode, mit der Sie ganz eigenverantwortlich kleine oder größere Schritte in Ihre persönliche Freiheit gehen können – ganz selbstständig und zwar so, wie es für Sie stimmt, wie Ihr Herz Sie führt, wie es sich für Sie richtig gut anfühlt.

Ich habe auf meinem persönlichen Weg zur Klarheit viele Methoden ausprobiert, doch letztendlich bin ich bei dieser einen Methode geblieben und biete sie auch beruflich an. Schon als ich ein paar Workshops dazu organisiert hatte, wusste ich, wie es weitergeht: „Das werde ich bis ans Ende meines Lebens anderen Menschen zur Verfügung stellen." Ich war angekommen. Warum?

Weil ich eine Methode gefunden hatte, die uns Menschen schon immer zueigen war. Wir alle wenden sie bereits im Alltag an – nur ohne zu wissen, wie hilfreich sie ist. Es beginnt damit, dass wir als Kinder mit Puppen oder anderen Figuren spielen. Dabei spielen wir uns selbst etwas vor und leben intensiv die gespielte Geschichte mit. Es setzt sich darin fort, dass wir Menschen uns gegenseitig Geschichten erzählen und sogar vorspielen, meistens mit berührenden Happy Ends. Wir lesen Märchen vor, wir spielen oder besuchen das Theater, wir gehen ins Kino oder setzen uns vor den Fernseher. Dieses Vorspielen von Happy Ends findet seinen Höhepunkt in den Familienaufstellungen, die in den 1990er-Jahren durch Bert Hellinger sehr bekannt wurden. „Familienaufstellungen nach Bert Hellinger" sind therapeutische Gruppenveranstaltungen, in denen die Familiensituation eines Klienten in Rollenspielen nachgestellt wird. Dazu sucht man für jedes Familienmitglied einen Stellvertreter aus der Gruppe aus. Anschließend werden diese Stellvertreter zueinander in Beziehung gestellt und befragt, wie sie sich miteinander fühlen. Unter der Anleitung eines Therapeuten wird für möglichst alle Beteiligten nach einem Happy End gesucht. Dieses Happy End wirkt teilweise klärend, tief berührend und befreiend auf den Teilnehmer, dessen Familie aufgestellt wurde.

Was geschieht, wenn wir nach einem Happy End suchen und es finden? Was passiert beim Spiel mit Figuren, im Kino, in einer Familienaufstellung? Nichts anderes als das, was ich mit meinen inneren Bildern gemacht habe. Zuerst befinden wir uns in einer Krise, in einer dunklen Kugel, und dann gehen wir einen Schritt über eine Schwelle in ein Lösungsbild, das uns tief berührt und irgendetwas in uns erlöst. Wir fühlen uns danach ein bisschen entspannter, freier und klarer. Manchmal nur für kurze Zeit, manchmal aber auch für immer. Das gelöste Thema taucht nie wieder als Problem auf, nur noch als Erinnerung, Erfahrung und Klarheit. Unser Gehirn hat sich dadurch an einer kleinen schmerzvollen Stelle weiterentwickeln dürfen – in einen angenehmeren Zustand.

Die Methode, die Sie in diesem Buch schrittweise kennenlernen und für alle Lebensbereiche einsetzen können, ist eine vollkommen veränderte Form der oben beschriebenen therapeutisch begleiteten Familienaufstellung nach Bert Hellinger. Diese veränderte Form gibt es erst seit 2003 und wurde von mir begründet. Ich nenne sie: „Freie Systemische Aufstellung" oder kurz „Freies Aufstellen".

Was genau habe ich verändert? Ich habe den Kreis geschlossen – zu unserer natürlichen Art, mit uns selbst umzugehen, zu unserem Bedürfnis, mit Figuren zu spielen und verschiedene Geschichten zu erfinden, auszuprobieren und dabei unbewusst nach Erlösung und Happy Ends in unserer Gefühlswelt zu suchen. Beim Freien Aufstellen gibt es keinen therapeutischen Leiter oder Begleiter. Wenn Sie eine Freie Systemische Aufstellung durchführen, sind Sie allein der Chef Ihrer Aufstellung und dürfen eigenverantwortlich fragen, ausprobieren und experimentieren, was Sie möchten, wie Ihr Herz Sie führt, was sich für Sie gut anfühlt. Sie dürfen mit den Stellvertreterrollen „spielen", wie Sie als Kind mit Figuren gespielt haben, und sammeln neue Erfahrungen. Dabei gehen Sie genau die Schritte, die Sie wirklich gehen wollen. Nicht mehr und nicht weniger. Sie bestimmen Ihr eigenes Tempo und die Richtung Ihres Weges. Sie haben die Wahl, wie intensiv Sie einsteigen oder was Sie nur kurz einmal anschauen oder überprüfen wollen. Niemand anderes gibt Ihnen ein Happy End vor, denn nur Sie entscheiden, was für Sie ein wirkliches Happy End darstellt und was nicht.

Wenn Sie etwas klären wollen, dann stellen Sie es frei auf und schauen, inwiefern Ihnen das hilft. Wollen Sie ein tief verwurzeltes Problem lösen, dann setzen Sie sich damit so oft und so lange mithilfe mehrerer Freier Aufstellungen auseinander, wie es Ihnen entspricht, bis sich eine vollständige Lösung entfalten konnte und Sie ein Happy End fühlen. Schritt für Schritt. Ohne Druck und ohne zeitliche Begrenzung. Wollen Sie eine einfache Entscheidung fällen, dann nutzen Sie das Freie Aufstellen, um Klarheit zu bekommen. Wollen Sie eine Tendenz in der Zukunft erspüren und wissen, wie es weitergehen könnte, dann fühlen Sie sich in die entsprechenden Stellvertreterrollen ein und beobachten, was Ihr Gefühl Ihnen mitteilt.

Dies können Sie ganz alleine durchführen, also ohne Hilfe von anderen Personen, oder Sie stellen zusammen mit einem Partner oder im kleinen Freundeskreis auf. Sie können aber auch eine größere Anzahl an Stellvertretern nutzen und an einer Gruppenveranstaltung teilnehmen, die Freie Systemische Aufstellungen durchführt. Natürlich können Sie sogar selbst Gruppen organisieren und gemeinsam frei aufstellen. Jede dieser Möglichkeiten werde ich in diesem Buch beleuchten.

Ein merkwürdiges Phänomen

Was ist so besonders an der Methode? Warum setzen meine Partnerin und ich sie täglich in unserem Alltag ein und warum will ich sie bis ans Ende meines Lebens in Workshops anbieten? Warum schreibe ich Bücher darüber? Warum sind so viele Teilnehmer begeistert und übertragen diese Methode auch auf ihren Alltag? Damit Sie meine Antwort auf diese Fragen besser nachvollziehen können, lassen Sie uns einen kurzen Blick in eine meiner Veranstaltungen werfen:

Jeanette kommt zu mir in einen Abendworkshop „Freie Systemische Aufstellungen" und hat den Wunsch, ihre gegenwärtige Familie besser zu verstehen, damit sie weiß, wie es weitergehen kann. Warum sind die Spannungen so, wie sie sind? Warum verhält sich ihr Mann immer nur auf diese eine Weise? Warum zieht sich ihr Sohn immer mehr zurück? Was ist mit der Tochter los? Und wie könnte sie das alles zum Positiven beeinflussen?

Als sie ausgelost wird und aufstellen darf, sucht sie aus der Gruppe Teilnehmer aus, die die jeweiligen Familienmitglieder repräsentieren sollen. Eine Stellvertreterin für sich selbst, einen für ihren Mann, einen für ihren Sohn und eine für die Tochter. Jeanette darf frei bestimmen, auf welche Weise ihre Aufstellung ablaufen soll, und so bittet sie ihre Stellvertreter, sich ganz frei und spontan zu bewegen. Dabei sollen sie erzählen, wie es ihnen in der jeweiligen Rolle ergeht und wie sie sich miteinander fühlen. Dann beobachtet Jeanette, wie sich die Szene entwickelt. Auf unerklärliche Weise beginnen die Stellvertreter nun eine Situation zu spielen, die Jeanette genauso aus dem Alltag kennt. Irgendwie bildet sich plötzlich die Familiensituation innerhalb dieser Gruppe ab. Es entwickelt sich eine Spannung zwischen den Stellvertretern. Im Verhalten des Stellvertreters, der für den Vater steht, spiegelt sich genau das Muster wider, das Jeanette von ihrem Mann kennt, und der Stellvertreter des Sohnes zieht sich zurück und stellt sich an den Rand. Nun kann sie Fragen stellen und z.B. den Stellvertreter des Sohnes fragen, warum er den Impuls hat, sich zurückzuziehen. Er antwortet: „Irgendwie hat das mit ihm zu tun", und deutet auf den Stellvertreter, der den Vater darstellt. Der Vater-Stellvertreter bestätigt es: „Wenn sich der Sohn zurückzieht, geht es mir besser."

Durch diese Äußerungen der Stellvertreter wird Jeanette ein neuer Zusammenhang in ihrer Familie bewusst. Im Laufe der Aufstellung äußern die Stellvertreter noch weitere Gefühle und Zusammenhänge. Jeanette stellt Fragen, probiert vieles aus, versteht nach und nach besser und sucht nach Lösungen. Auf diese Weise kann sie die Dynamik in ihrer Familie Schritt für Schritt nachvollziehen lernen – und letztendlich vielleicht sogar etwas tun, um ein angenehmeres Familien-Gleichgewicht herzustellen, ein Happy End.

Wie ist so etwas möglich? Wieso fühlen die Stellvertreter so ähnlich, wie die Personen, die sie vertreten? Wieso kann man mithilfe von Stellvertretern Einsichten über die eigene Familiendynamik gewinnen und vielleicht sogar Probleme lösen? Was ist das Besondere an dieser Methode? Ich würde es so formulieren: Das Aufstellen bietet eine Möglichkeit, „dreidimensional" zu fühlen. Was bedeutet das?

Wir fühlen in der Regel auf *eine* bestimmte Weise. Wir haben nie zwei Gefühle gleichzeitig. Entweder sind wir glücklich oder wir sind traurig, entweder sind wir gelangweilt oder gefesselt, entweder fühlen wir Angst oder sind gelassen und ausgeglichen. Wir haben also immer nur *ein* Gefühl.

Wenn wir nur mit einem Auge schauen, dann sehen wir unser Umfeld zweidimensional. Wir können mit einem einzigen Auge nicht räumlich sehen. Erst wenn wir das zweite Auge öffnen, nehmen wir dreidimensional wahr. Genauso verhält es sich mit unseren Ohren. Halten wir ein Ohr zu und hören ein Geräusch, dann können wir nicht orten, aus welcher Richtung es kommt. Hören wir jedoch mit beiden Ohren, dann wissen wir, wo es herkommt.

Das lässt sich auch auf unser Gefühl übertragen. Wir fühlen mit unserem ganzen Wesen – doch wir sind immer nur *ein* Wesen. Wir haben zwei Augen, zwei Ohren, doch nur ein Gefühl. Also können wir auch nur zweidimensional fühlen. Zweidimensional fühlen bedeutet: Wir fühlen etwas und können bestimmen, was wir fühlen und wie stark wir es fühlen. Wenn wir mit einem Auge sehen, können wir bestimmen, was wir sehen und wie hell es ist. Wenn wir mit einem Ohr hören, können wir bestimmen, was wir hören und wie laut es ist. Aber wir können nicht räumlich wahrnehmen, aus welcher Richtung ein Geräusch kommt. Wir brauchen immer ein zweites Wahrnehmungsorgan. Das fehlt uns beim Gefühl – deswegen können wir auch die ursprüngliche Quelle unseres Gefühls nicht bestimmen. Uns fehlt die Möglichkeit, räumlich zu fühlen.

Genau das bietet uns das Freie Aufstellen. Indem wir von mindestens zwei unterschiedlichen Plätzen aus fühlen oder einen anderen Menschen über seine Gefühle auf unterschiedlichen Plätzen befragen, beginnen wir, dreidimensional wahrzunehmen, räumlich zu fühlen und dadurch einen viel größeren Zusammenhang und Überblick über eine Situation zu bekommen. Wir können verstehen lernen, wie die Gefühle mancher Menschen zusammenhängen und gegenseitig aufeinander reagieren. Wir können erkennen, dass manche Gefühle nicht zu uns selbst gehören, sondern eine räumliche Wahrnehmung unseres Umfeldes darstellen. Wir sind in der Lage, die Zustände anderer Menschen zu erspüren. Was wir bisher für unsere eigenen Gefühle hielten, sind teilweise gar nicht unsere, sondern die ungelebten Gefühle anderer Menschen, denen wir gerade zur Verfügung stehen. Durch das räumliche Fühlen in Aufstellungen können wir die Gefühle, die wir im Alltag empfinden, viel besser zuordnen, klarer und freier mit ihnen umgehen und uns sogar in belastenden Situationen immer öfter entlasten.

Allerdings gibt es nicht nur drei Gefühls-Dimensionen, sondern offenbar noch eine weitere: Familienaufstellungen haben sich aus der Familientherapie entwickelt. Bereits in den 1970er-Jahren suchte man für eine „Familienskulptur" (Virginia Satir) Stellvertreter aus einer Gruppe aus, die die Familienmitglieder repräsentieren, um eine Familiensituation nachzubilden und genauer zu analysieren. Der Therapeut und der Klient gaben Anweisungen, wie sich die Stellvertreter verhalten und fühlen sollten, damit die Familie möglichst authentisch nachgestellt wurde.

Immer öfter entdeckte man jedoch, dass die Stellvertreter eine ganz eigene Wahrnehmung entwickelten, sobald sie die Rolle übernahmen. Ab und zu tauchten in den Stellvertretern Gefühle auf, für die sie keine Anweisungen erhalten hatten, die aber mit den Gefühlen der entsprechenden Familienmitglieder übereinstimmten.

Beispiele: Der Stellvertreter eines Großvaters spürte Schmerzen im linken Bein. Keiner hatte ihm erzählt, dass dem echten Großvater im Krieg tatsächlich das linke Bein amputiert worden war. Ein anderer Stellvertreter, der einen Bruder spielte, verhielt sich auffällig distanziert, arrogant und cool – ohne dafür eine Anweisung erhalten zu haben. Anschließend bestätigte der Klient, dass der echte Bruder im wahren Leben ein extremer Macho sei. Die Stellvertreterin einer Frau erzählte, dass sich ihr Bauch sehr dick anfühlen würde. Von der aufstellenden Klientin wurde nach der Aufstellung bestätigt, dass die echte Frau gerade schwanger sei.

Ich selbst habe erlebt, dass mein eigener Stellvertreter in der Aufstellung Halsschmerzen fühlte. Allerdings hatte ich „verdeckt" aufgestellt. Das bedeutet: Er wusste gar nicht, dass ich ihn aufgestellt hatte, weil ich mir tatsächlich die Ursache meiner Halsschmerzen anschauen wollte, mit denen ich schon seit mehreren Wochen zu kämpfen hatte. Trotzdem fühlte er es.

Was passiert da? Und wie soll man so ein Phänomen nennen? Intuition, Empathie, Telepathie, Bauchgefühl, emotionale Resonanz?

Prof. Dr. Matthias Varga von Kibéd prägte den Begriff „repräsentierende Wahrnehmung". Fachleute sprechen auch vom „wissenden" oder „morphischen" Feld.

Skeptiker meinen, dass sich das Entstehen solcher Gefühle auf mehrere Einflussgrößen zurückführen lasse. Sie sind der Überzeugung, dass die Erwartungshaltung der Teilnehmer sowie das menschliche Einfühlungsvermögen, die Körpersprache, Suggestionen, Illusionen und Manipulationen unter anderem zu diesem Phänomen führen. Doch ich habe das Freie Aufstellen nun schon über neun Jahre in mehr als tausend Aufstellungen begleitet und miterleben dürfen. Hier wird auch aufgestellt, ohne den Stellvertretern einen Platz vorzugeben, ohne ihnen zu sagen, welche Rollen sie übernehmen sollen, und ohne dass der aufstellende Teilnehmer der Gruppe sein Thema mitteilt. Alle Hintergrundinformationen bleiben verdeckt. Die Stellvertreter stellen sich einfach nur zur Verfügung, die aufstellende Person sitzt lediglich auf ihrem Stuhl, stellt sich innerlich vor, wer welche Rolle vertritt, und das war's. Nun folgen die Stellvertreter in ihrem Verhalten den Gefühlen und Impulsen, die in ihnen als Gefühl aufsteigen. Die äußeren Einflussmöglichkeiten von Erwartungen, Körpersprache, Suggestionen oder Manipulationen sind nicht gegeben. Und trotzdem bleibt das Phänomen bestehen, dass Stellvertreter in ihrer Rolle auf seltsame Weise Gefühle entwickeln können, die denen der dargestellten Personen auf intensive Art und Weise entsprechen.

Allerdings habe ich die Erfahrung gemacht, dass dies nicht immer zuverlässig so funktioniert. Wir können uns also nicht darauf verlassen, dass wirklich jedes Gefühl eines Stellvertreters ein solches Phänomen darstellt. Die Gefühle von Stellvertretern stellen keine grundsätzliche Wahrheit dar. Wir müssen sie immer wieder überprüfen und herausfinden, ob sie uns bei unserem Problem gerade weiterhelfen oder nicht.

Trotzdem ist es faszinierend, so etwas öfter zu erleben und damit arbeiten zu dürfen. Immer wieder denke ich an den älteren

Mann, der zusammen mit seiner Frau zu einem meiner Aufstellungsworkshops kam. Die Frau hatte Aufstellungen schon erlebt und wollte ihrem Mann zeigen, wovon sie ihm zu Hause immer vorschwärmte.

In der Vorstellungsrunde am Anfang teilte der Mann der Gruppe mit, dass er Aufstellungen nicht kenne und ihm übersinnliche Phänomene zudem fernlägen. Er sei lieber realistisch. Wir sollten ihm nicht böse sein, wenn er sich zurückhalten und nur zuschauen würde. Als der Aufstellungsabend vorbei war und er nicht nur zugeschaut hatte, sondern sogar selbst aktiv wurde, kam er auf mich zu und sagte: „Also, ich muss ehrlich zugeben, dass sich mein Horizont erweitert hat. Ich würde sagen, dass sich in den Gefühlen der Stellvertreter öfter eine vollkommen neue Realität auftut. Unglaublich! Mein gesamtes Weltbild hat sich soeben verändert. Ich weiß noch gar nicht, welche Auswirkungen das auf mein Leben haben wird, aber ich spüre jetzt schon: Es wird sich einiges ändern müssen!" Ab da kam er regelmäßig zu den Workshops und schaute sich mithilfe von Stellvertretern verschiedene ungelöste Themen aus seiner Familie und aus seinem Berufsalltag an. Einiges konnte er hervorragend lösen.

Viele Menschen müssen die Phänomene in Aufstellungen zunächst am eigenen Leib erfahren, bevor sie wirklich nachvollziehen können, was da passiert. Dieses Buch bietet Ihnen in den folgenden Kapiteln verschiedene Möglichkeiten, sowohl alleine als auch mit befreundeten Personen diese Phänomene auszuprobieren und frei damit zu experimentieren.

Wenn wir uns mit dieser bis heute unbegreiflichen Dimension von Aufstellungen auseinandersetzen und uns fragen, wie das überhaupt möglich sein kann, stehen wir im Grunde vor einem uralten Rätsel, das uns Menschen schon immer beschäftigte: Woher kommen unsere Ideen, unsere Intuitionen, unsere Bauchgefühle? Wie entsteht unsere Kreativität? Wie erklären wir uns zufällige Erlebnisse, die kein Zufall sein können? Gibt es etwas Universelles, Göttliches, Unbewusstes, das uns manchmal (oder immer) zu führen scheint?

Wenn wir uns mit solchen Fragen auseinandersetzen, stoßen wir immer wieder auf eine jahrtausendealte Sichtweise: **Alles ist mit allem verbunden.** Im Universum kommuniziert alles über Schwingungen miteinander. Resonanz. Könnte es also sein, dass wir in unserem Unbewussten mit dem Universum in Resonanz schwingen? Vielleicht sind im gesamten Universum bereits alle Informationen vorhanden, vielleicht bekommen wir mithilfe unseres Unterbewusstseins Antworten aus diesem „weisen Universum". Funktionieren auf diese Weise unsere Kreativität und unser Bauchgefühl? Solange wir keine wissenschaftlichen Beweise haben, bleibt das reine Spekulation, wir wissen es nicht wirklich – aber es wäre vorstellbar, in unserer Fantasie.

Ich lebe inzwischen nur noch in diesem neuen Weltbild der Resonanz. In meiner persönlichen Realität ist es die einzig logische Erklärung für alles das, was ich an Phänomenen erleben darf. Und dieses Resonanz-Weltbild hat Auswirkungen auf alle Bereiche meines Lebens. Meine Partnerin und ich streiten nicht mehr, sondern wir befragen unsere Gefühle – mithilfe einer kleinen privaten Aufstellung, die wir zu zweit durchführen. Wir versuchen herauszufinden, was unsere Gefühle uns sagen wollen, und experimentieren, analysieren und interpretieren so lange, bis wir eine befreiende Erkenntnis oder Lösung gefunden haben. Das geht oft schneller als durch die früher üblichen Diskussionen und verletzenden Auseinandersetzungen.

Steht eine berufliche Entscheidung an, dann grüble ich nicht mehr lange hin und her, was ich tun soll, sondern ich nehme Zettel. Diese Zettel beschrifte ich, gebe ihnen eine Bedeutung, mische sie und lege sie verdeckt auf den Boden, sodass ich nicht sehen kann, was auf welchem steht. Dann stelle ich mich nacheinander auf die Zettel, fühle mich jeweils ein, schaue anschließend nach, was auf welchem Zettel steht und erhalte auf diese Weise neue Antworten mithilfe meiner Intuition. Mit den Antworten fühle ich mich meistens richtig gut, denn sie zeigen mir, wie es weitergehen kann.

Außerdem besteht auch die Möglichkeit, manche Dinge vorauszuspüren. Vor längerer Zeit überlegte ich beispielsweise, welchem Verlag ich ein neues Manuskript anbieten würde. Es gab mehrere Alternativen, deshalb schrieb ich die Namen der Verlage auf verschiedene Zettel. Um mich nicht selbst zu beeinflussen, drehte ich sie um, mischte sie so lange, bis ich nicht mehr nachvollziehen konnte, was auf welchem Zettel stand, und verteilte sie nach Gefühl auf dem Fußboden. Dann beschriftete ich noch einen weiteren Zettel mit „Buch" und einen mit „Ich". Diese beiden Zettel drehte ich nicht um. So konnte ich immer sehen, was draufsteht. Ich legte sie nach Gefühl zu den anderen, stellte mich auf die jeweiligen Zettel und beobachtete, inwieweit ich mich unterschiedlich auf den Positionen fühlte. Das, was ich wahrnahm, war genau das, was ich in den Wochen danach erlebte. Die Absagen mehrerer Verlage sowie die Zusage eines bestimmten Verlags überraschten mich nicht mehr. Meine persönliche Einzelaufstellung hatte es vorausgesagt.

Besser ausgedrückt: Ich habe mithilfe von Zetteln auf dem Fußboden und durch das Einfühlen in verschiedene Positionen mein Gefühl dazu gebracht, „mehrdimensional" wahrzunehmen. Auf diese Weise konnte ich besser erspüren, in welche Richtung eine ablehnende und in welche Richtung eine offene Haltung im Außen zu finden war.

Auch während ich an einem Buch arbeite, nutze ich Fühlfelder auf dem Fußboden. Wenn ich an einer Stelle nicht mehr weiterkomme und mich irgendetwas in meinem Gefühl bremst, dann beschrifte ich Fühlfelder aus farbigem Karton, gebe ihnen verschiedene Bedeutungen, lege sie nach Gefühl an unterschiedlichen Stellen auf den Boden, fühle mich ein – und mir wird auf einmal klar, wo es hakt und wie es weitergeht. Ich spare viel Zeit, weil ich nicht mehr so lange grübeln oder warten muss, bis ich Klarheit finde. Außerdem vermeide ich Ärger, wenn ich vorausfühlen kann, in welchem Bereich meines Lebens ich möglicherweise demnächst eine Bremse erfahre.

Bei einer Absage oder Ablehnung von außen reagiere ich nicht mehr mit Enttäuschung, sondern mit Freude darüber, dass ich es richtig erspürt hatte. Eine komplett neue Haltung dem Leben gegenüber, mit der ich mir viel Stress erspare. Statt Stress empfinde ich heute Ausgeglichenheit, Glücksgefühle, Entspannung, Freude, Energie und immer wieder ein Staunen über meine Gefühle, die oft ins Schwarze treffen (nicht immer, aber immer öfter). Kurz gesagt: Mithilfe von kleinen Aufstellungen und mithilfe meines mehrdimensionalen Fühlens verwandle ich meine Sorgen, Unsicherheiten, meinen Stress und auch manche Ängste in kraftvolle Energie.

Genau das hatte ich damals im Buch „Grenzenlose Energie" von Robbins gesucht. Meine Suche begann ungefähr zu jenem Zeitpunkt und endete sieben Jahre später bei meiner ersten Begegnung mit Aufstellungen. Noch einmal sieben Jahre später begründete ich die nicht-therapeutische freie Aufstellungsform. Und heute, nach neun Jahren Erfahrungen mit dem Freien Aufstellen weiß ich: Dieses Phänomen und diese Methode werden sich unaufhaltsam immer weiter verbreiten. Das Potenzial, das sich Schritt für Schritt entdecken lässt, ist so unvorstellbar groß und unfassbar, dass Grenzen und Langeweile noch lange nicht erreicht sind. Ganz im Gegenteil: Ich bin davon überzeugt, dass immer mehr Menschen sich dieser Resonanz bewusst werden und damit zu arbeiten beginnen. Ich glaube sogar, dass sich letztendlich ein ganzheitliches Weltbild in unserer Gesellschaft entwickeln wird, in welchem sich Konflikte kaum noch vollständig entfalten, weil wir uns zu Beginn einer Spannung gleich auf unsere Gefühle konzentrieren. Wir spüren uns ein, beginnen mehrdimensional zu fühlen, schauen, wo die Gefühle herkommen, und versuchen herauszufinden, was sie uns sagen wollen. Wir entdecken neue Botschaften hinter den Gefühlen und gewinnen daraus neue Klarheit, befreiende Erkenntnisse, Lösungen, die zu einer Versöhnung führen.

Beginnen wir zunächst einmal damit, dass ich Ihnen zeige, wie Sie sich Ihre Fähigkeit des mehrdimensionalen Fühlens bewusst machen können, wie Sie ganz allein arbeiten können bzw. wie Sie die Fühlfelder- bzw. Zettelaufstellung für private und berufliche Erkenntnisse, Entscheidungen und Lösungen erfolgreich einsetzen werden. Wenn Sie wollen, können Sie das gleich beim Lesen des ersten Kapitels praktisch anwenden.

I

Mehrdimensional fühlen lernen

Wie geht das?

Es gibt immer wieder Menschen, die das Freie Aufstellen noch nicht kennen und zu mir sagen: „Ich weiß nicht, ob ich als Stellvertreter überhaupt etwas fühlen kann" oder „Ich glaube, ich kann mich nicht einfühlen und müsste das erst lernen". Dann kommen sie zu mir in den Workshop für Freie Systemische Aufstellungen, übernehmen eine Rolle, nachdem ich sie mit dem Satz „Wenn du willst, kannst du es ausprobieren" ermuntert habe – und wider Erwarten sind sofort Gefühle da, über die sie aus ihrer Rolle heraus berichten können.

Man muss nichts tun, nichts können, nichts trainieren. Stellen Sie sich einfach zur Verfügung, beobachten Sie sich selbst und berichten Sie, was genau Sie gerade beobachten, wie es Ihnen geht, was Sie fühlen – genauso, wie Sie es im Alltag machen, wenn Sie im Gespräch mit anderen Menschen von sich selbst erzählen, von Ihren Erlebnissen und Gefühlen.

Aber wie soll das alleine mit Zetteln funktionieren? Vielleicht wird es Ihnen wie mir ergehen, als ich damals versuchte, innere Bilder vor meinem geistigen Auge zu sehen – und es blieb einfach nur dunkel. Sie stellen sich auf einen Zettel und wollen etwas ganz Besonderes fühlen – doch es taucht in Ihnen einfach kein Gefühl auf, egal, wie lange Sie warten. Es ist eben nur ein simpler Zettel unter Ihren Füßen.

Ich verrate Ihnen einen Trick, wie Ihnen Ihre Gefühle bewusst werden können und wie Sie mehrdimensional zu fühlen beginnen. Machen Sie ein Experiment: Nehmen Sie zwei DIN-A4-Blätter und schreiben Sie darauf die Namen von zwei Schauspielern oder Personen des öffentlichen Lebens – ein Mensch, den Sie sehr mögen, und einer, der Ihnen sehr unangenehm ist. Sie können auch jemanden wählen, der ausgeglichen in seinem Leben zu stehen scheint, und einen, der immer wieder heftige Krisen erlebt und dem es grundsätzlich schlecht geht. Schreiben Sie mit Bleistift und ganz sanft, damit die Schrift nicht auf die andere Seite des Blattes durchscheint. Dann drehen Sie die Blätter um, sodass Sie die Schrift nicht mehr sehen können, und mischen sie so lange, bis Sie nicht mehr nachvollziehen können, welcher Name auf welchem Blatt steht. Jetzt nehmen Sie eins der beiden Blätter in die Hand und legen es im Raum auf den Fußboden. Fragen Sie sich dabei: „Wo soll dieses Blatt im optimalen Fall liegen?" oder „Wo gehört dieses Blatt hin?". Wenn Sie als Reaktion auf diese Fragen nichts spüren, ist das nicht so wichtig. Legen Sie das Blatt einfach irgendwo hin. Entscheiden Sie dabei, in welche Richtung dieses Blatt schaut, also in welche Richtung Sie schauen würden, stünden Sie auf diesem Blatt. Wenn Sie wollen, können Sie auf der Oberseite des Papiers einen kleinen Pfeil für die Richtung notieren.

Warum ist die Richtung wichtig? Es kann später beim Einfühlen eine Rolle spielen, ob Sie auf dem einen Blatt stehend das andere sehen können oder nicht. Ein Blickkontakt könnte bestimmte Gefühle auslösen, die bei einem fehlenden Blickkontakt nicht auftauchen würden.

Verdeckt aufstellen

Beim verdeckten Aufstellen wissen Sie nicht, welche Bedeutung die von Ihnen beschrifteten Blätter haben.

* Diese kleinen Kästchen werden Sie im Verlauf des Buches begleiten. Sie finden darin Werkzeuge und Verhaltensmöglichkeiten aufgezählt, die Sie beim Freien Aufstellen als Unterstützung einsetzen können. Die Kästchen dienen Ihnen dazu, im Text die entsprechenden Stellen schneller wiederzufinden. Eine Übersicht finden Sie am Ende des Buches (S. 242).

Bevor Sie sich nun auf das erste Blatt stellen, nehmen Sie zuerst noch das andere und legen es nach Gefühl ebenso im Raum auf den Boden. Sie können sich dabei viel Zeit lassen und in Ruhe spüren, wo Sie es mit welcher Blickrichtung hinlegen möchten. Sie können aber auch ganz spontan handeln und einfach Ihrem ersten Impuls folgen. Und wenn Sie gar keine Idee haben, legen Sie es irgendwo hin. Selbst in so einem Moment muss ein unbewusster Anteil in Ihnen entscheiden, wohin Sie das Blatt letztendlich legen wollen. Diese scheinbar ziellose Entscheidung ohne Gefühl und ohne besondere Absicht befindet sich – wie alles andere auch – in „Resonanz" zum Universum und kann daher bereits eine gewisse Botschaft enthalten.

Nun stellen Sie sich auf eines der beiden Blätter und fragen sich: „Wie geht es mir hier?" Dann überlegen Sie, was Sie auf diese Frage antworten würden. Es könnte sein, dass Sie zunächst keine Antwort finden. Sie fühlen sich neutral oder einfach nur genauso wie zuvor, bevor Sie sich auf das Blatt gestellt hatten. Das ist auch kein Wunder, denn im Moment fühlen Sie noch „zweidimensional" und nicht räumlich.

Dann wechseln Sie die Position und gehen zum anderen Blatt, stellen sich drauf und fragen sich dieses Mal: „Was ist der *Unterschied* zum ersten Blatt?" oder „Was ändert sich in meinem Gefühl, wenn ich hier stehe?". Den meisten Menschen fällt nun tatsächlich ein Unterschied auf. Entweder geht es Ihnen etwas besser oder Sie fühlen sich nicht mehr so wohl wie vorher – oder einfach anders. Falls Sie aber auch diesen Unterschied nicht fühlen können, gibt es neben dem einfachen Einfühlen eine zweite Möglichkeit, Unterschiede zu beobachten. Es wäre möglich, dass Sie die Tendenz haben, ihre Gefühle nach außen zu projizieren, anstatt sie in sich selbst zu spüren. Was meine ich damit?

> **Unterschiede wahrnehmen**
> Beobachten Sie genau die unterschiedlichen Gefühle auf zwei oder mehreren Positionen, auch wenn sie nur sehr gering wahrnehmbar sind.

Viele Menschen sind es nicht gewohnt, über ihre Gefühle zu reflektieren. In ihrer Kindheit erlebten sie, dass ihre Eltern hauptsächlich andere Menschen bewerteten und beurteilten, anstatt über ihre eigenen Gefühle zu reden. Die Eltern formulierten, was ein anderer Mensch alles falsch oder richtig machte, anstatt mitzuteilen, wie sie sich fühlten und was die Handlungen anderer Menschen in ihnen für Gefühle auslösten. Statt die eigenen Gefühle zu kommunizieren, lernt das Kind also, das Umfeld zu bewerten. Wird das Kind erwachsen, dann imitiert es seine Eltern und konzentriert sich nur noch auf die Bewertung des

Umfeldes. Sobald auf unbewusster Ebene ein Gefühl aufsteigt, wird es schon in eine Projektion und ein Urteil über das Umfeld verwandelt und auch meistens so kommuniziert.

Sollte Ihnen das bekannt vorkommen, dann fühlen Sie wahrscheinlich weniger, wie es Ihnen selbst geht, als vielmehr, wie Sie andere Menschen beurteilen, beispielsweise ob die anderen Ihnen sympathisch oder unsympathisch sind. In diesem Fall schauen Sie nach unten auf das Blatt, auf dem Sie gerade stehen, und beobachten, ob es Ihnen mit seiner weißen Farbe, seiner Form und dem aufgemalten Pfeil gerade sympathisch oder eher unsympathisch erscheint. Würde dieses Blatt vom Zauberschüler Harry Potter zum Leben erweckt und bekäme eine Persönlichkeit, welche „Ausstrahlung" hätte das Blatt auf Sie? Anschließend stellen Sie sich auf das andere Blatt und beobachten, ob Sie hier einen Unterschied spüren. Hat das zweite Blatt eine andere Ausstrahlung? Was sagt Ihnen Ihre Fantasie? Was ist anders?

Eine dritte Möglichkeit, einen Unterschied zu erspüren: Suchen Sie sich ein Objekt in diesem Raum aus, das Sie von beiden Blättern aus gut sehen können – einen Stuhl, ein Bild, eine Pflanze oder Ähnliches. Wenn Sie auf dem einen Blatt stehen und das Objekt anschauen, finden Sie das Objekt sympathisch oder eher unsympathisch? Wäre es zum Leben erweckt worden, wie würde es mit Ihnen kommunizieren und wie fühlen Sie sich dabei? Was ändert sich in Ihrer Bewertung und Fantasie, wenn Sie das Objekt von der anderen Position aus erleben und beurteilen? Wird sie besser oder schlechter?

Letztendlich gibt es noch eine vierte Möglichkeit. Manche Menschen richten sich grundsätzlich gerne nach anderen. Sie fragen in verschiedenen Situationen Ihr Umfeld: „Was soll ich jetzt tun?" Falls Sie sich in diesem Verhaltensmuster wiederentdecken, können Sie folgendes Experiment machen: Stellen Sie sich auf das erste Blatt und malen Sie sich in Ihrer Fantasie aus, dass Ihre Eltern im Raum anwesend sind. Was würden Ihre Eltern Ihnen für eine Anweisung geben, wenn Sie auf diesem Blatt stehen? Und in welchem Tonfall würden sie reden? Anschließend fragen Sie sich das Gleiche auf dem zweiten Blatt stehend. Ändert sich etwas in Ihrer Fantasie? Sprechen Ihre Eltern anders mit Ihnen? Was ist der Unterschied?

Sobald Sie einen Unterschied zwischen zwei Positionen feststellen und unterschiedliche Gefühle wahrnehmen, beginnen Sie dreidimensional zu fühlen. Denn Sie kennen jetzt nicht nur ein Gefühl, sondern auf dieser anderen Position noch ein zweites. Sie wissen über zwei Gefühle Bescheid und haben, so wie Sie auch durch zwei Augen schauen, dadurch einen besseren „Überblick" über die Gesamtsituation. Das meine ich mit „räumlichem Fühlen", mit der „dritten Gefühlsdimension".

Wenn Sie auf diese Weise einen Unterschied zwischen den beiden „verdeckten" Blättern herausgearbeitet haben, drehen Sie die beiden Blätter um und überprüfen, was draufsteht. Schauen Sie, ob Ihr Gefühl oder Ihre Entscheidung, welches Blatt das sympathischere ist, mit dem Namen der entsprechenden sympathischen Person übereinstimmt.

Als ich vor vielen Jahren anfing, mit DIN-A4-Blättern aufzustellen, kam ich sehr schnell an einen Punkt, an dem ich anfing zu zweifeln. Ich fragte mich: „Rede ich mir das nicht einfach nur ein, was ich hier fühle? Denke ich vielleicht, dass ich etwas fühlen sollte und beeinflusse mich dadurch selbst?" Dieses Problem löste sich auf, indem ich auch das als dazugehörig anerkannte. Selbst wenn ich mir etwas einredete oder mich selbst beeinflusste, solange es mir auf irgendeine Weise weiterhalf, war es gut. Heute gibt es für mich nichts Falsches mehr, weil für mich alles ein Spiegel ist, den ich nutzen kann, um über die aufgestellte Situation nachzudenken. Lassen Sie sich nicht durch die Frage ablenken, was richtig und was falsch ist. Konzentrieren Sie sich darauf, wie der Umgang

> **„Alles gehört dazu"**
>
> Diese innere Haltung kann helfen, das, was gerade ist, neu zu bewerten und dadurch neue Erkenntnisse zu gewinnen.

mit Blättern Ihnen bei Ihren Fragen oder Problemen letztendlich weiterhelfen kann. Was hilft und was nicht?

Falls Sie die beiden verdeckten Blätter nach mehreren Versuchen immer richtig erspürt haben, bitte ich Sie darum, nun nicht in Euphorie zu verfallen. Ich erlebe öfter, dass feinfühlige Menschen auf die phänomenale Erfahrung des mehrdimensionalen Fühlens mit der extremen Überzeugung reagieren, dass sie *immer* dazu fähig seien, die Gefühlslage anderer Menschen zu erspüren. Sie denken, dass *jedes* Gefühl eine „Wahrheit" darstellt und dass sich alles Mögliche über das Gefühl wahrnehmen lässt. Meine Erfahrung ist aber: Wir müssen unser Gefühl immer wieder überprüfen. Wir können uns in unserer Deutung natürlich auch irren.

Wenn ich im Kontakt mit einem anderen Menschen eine Traurigkeit fühle und daraus den Schluss ziehen möchte, dass der andere wohl gerade traurig ist und es nicht zeigen mag, dann muss ich das überprüfen und ihn fragen. Erst wenn der andere meine Vermutung bestätigt, weiß ich, dass ich richtig gefühlt habe. Das gilt auch beim Freien Aufstellen: Führe ich eine Aufstellung durch und erspüre mithilfe von verschiedenen Positionen räumlich, wie der seelische oder psychische Zustand anderer Menschen zu sein scheint, ist das immer noch keine Wahrheit. Erst wenn diese anderen Menschen es mir später bestätigen, weiß ich, dass mein Gefühl richtig war.

Wenn ich verdeckt mit Blättern arbeite, ein gutes Ergebnis erfühle, die Blätter anschließend aufdecke, den ganzen Prozess hinterher noch einmal wiederhole und zum gleichen Ergebnis komme, kann ich allmählich davon ausgehen, dass es eine gewisse übergeordnete Gültigkeit haben *könnte*. Trotzdem ist es noch keine Wahrheit.

Im Moment des Einfühlens können wir nie zuverlässig sagen, was wir gerade wahrnehmen, auch wenn es sich noch so klar anfühlt. Wir haben zwar eine Deutung, aber keine Gewissheit. Nicht unser Gefühl an sich bringt die höhere Dimension zum

Vorschein, erst unser beweglicher Umgang mit unserem Gefühl, das permanente Überprüfen und die Bestätigungen von Außen schenken uns immer erst *hinterher* die Erfahrung, dass wir in dem Moment „stimmig" gefühlt hatten.

Schon öfter habe ich in meinen Aufstellungsworkshops Teilnehmer erlebt, die von sich behaupteten, sie seien hellsichtig, hätten eine mediale Begabung und könnten Botschaften empfangen. Sobald Sie aber bei verdeckten Aufstellungen die Gefühle der Stellvertreter deuteten und anschließend die Rollen aufgedeckt wurden, stellte sich heraus, dass die Hellsichtigen genauso oft daneben lagen wie andere Menschen auch. Ihre besondere Begabung bestätigte sich nicht – jedenfalls nicht innerhalb einer Aufstellung.

Ich habe inzwischen davon losgelassen, mich auf das Phänomen der mehrdimensionalen Gefühle zu konzentrieren. Für mich bleibt lediglich die Frage übrig: Hilft das, was gerade gefühlt wird, bei der Lösung eines Problems? Unterstützt es lösende Sichtweisen? Bringt es lösende Erkenntnisse?

> **„Hilft es wirklich?"**
> Diese Frage kann Sie unterstützen, sich nicht ablenken zu lassen, sondern den roten Faden immer zu behalten.

Wenn es hilft, ist es gut. Wenn nicht, ist es nicht wichtig und muss nicht unbedingt weiter beachtet werden.

Ob ein Gefühl mehrdimensional oder nur Einbildung ist, spielt für mich inzwischen keine Rolle mehr. Trotzdem genieße ich immer wieder die genialen Momente, in denen man feststellen kann: Das war gerade ein mehrdimensionales Gefühl. Hier haben entweder andere oder ich etwas wahrgenommen, das von außen tatsächlich bestätigt wurde.

Erwecken Sie Gegenstände oder Figuren zum Leben

Sie müssen zum Aufstellen keine Blätter nehmen. Es besteht die Möglichkeit, unzählige verschiedene Gegenstände zu benutzen. Fühlfelder, Schuhe, Stühle, Steine, Plüschtiere, Kissen, Spielkarten, Orakel-Karten, Spielzeug, Pflanzen usw. Auch am Mittagstisch kann man eine Aufstellung durchführen. Geben Sie den Tellern, Gläsern, Kerzen, Salzstreuern, Blumen jeweils eine Rolle und positionieren Sie die Gegenstände so, wie es Ihrem Gefühl entspricht.

> **Fühlfelder**
> Diese Felder sind bunte Flächen zum Draufstellen – in unterschiedlichen Formen aus Karton –, die man mit wasserlöslichen Stiften beschriften kann.

Wie gibt man einem Gegenstand eine Rolle? So, wie Sie auch Blätter beschriften würden. Sie entscheiden, auf welches Blatt Sie welchen Namen oder welche Bezeichnung notieren. Genauso entscheiden Sie, wofür der Salzstreuer und wofür die Pfeffermühle ein Symbol sein sollen. Allerdings ist es in diesem Fall nicht mehr möglich, verdeckt aufzustellen. Wenn Sie dem Salzstreuer eine bestimmte Bedeutung geben, kennen Sie ab diesem Moment auch seine Bedeutung, und es könnte sein, dass dieses Wissen Sie beim Einfühlen in das Symbol beeinflusst. Das muss aber kein Problem darstellen. Es läuft letztendlich immer auf die Frage hinaus: „Hilft es mir weiter, was ich hier gerade tue und reflektiere?" Wenn es Ihnen hilft, ist es gut. Wenn nicht, dann lassen Sie es sein.

> **Offen aufstellen**
> Beim offenen Aufstellen ist Ihnen die Bedeutung der entsprechenden Blätter, Gegenstände oder Symbole von Anfang an bewusst.

Falls Sie das Experiment, sich in zwei Personen des öffentlichen Lebens einzufühlen, am Tisch durchführen wollen, können Sie zum Beispiel dem Salzstreuer die Rolle der sympathischen Person und dem Pfefferstreuer die Rolle der unsympathischen geben. Achten Sie wieder darauf, in welche Richtung die entsprechende Figur schauen soll. Falls Ihnen dafür die Vorstellungskraft fehlen sollte, empfehle ich Ihnen folgende Fantasie: Stellen Sie sich etwa vor, dass ein Zauberer diese Personen in Gegenstände verwandelt hat. Die Personen leben als Gegenstand weiter, aber ohne, dass ihnen bewusst ist, dass sie verzaubert wurden. Sie können auch weiterhin kommunizieren, jedoch nur noch telepathisch. Sobald Sie einen Gegenstand mit Ihren Fingern berühren, können Sie ebenfalls telepathisch wahrnehmen, was die jeweilige Person zu sagen hat. Was will die Person mitteilen? Was sagt Ihnen Ihre Fantasie? Welche Bilder, Sätze oder Gefühle steigen in Ihnen auf? Was fällt Ihnen spontan ein? Es ist wie in unserer Kindheit. Damals nahmen wir beim Spielen eine Figur (Playmobil, Cowboy, Barbiepuppe, Legofiguren, Soldaten, etc.) in die Hand und bewegten sie, während wir Sätze sagten, die diese Figur in dem Augenblick aussprechen sollte. Heute nehmen wir den Gegenstand in die Hand oder berühren ihn dort, wo er steht, mit einem Finger. Dabei fühlen wir nach, was dieser Gegenstand sagen würde, wenn er sprechen und über seine Gefühle reden könnte. Was fühlen Sie in sich selbst, wenn Sie den Gegenstand berühren?

> **Gegenstände**
>
> Gegenstände können als Symbole für etwas stehen, mit dem wir uns konkret auseinandersetzen wollen.

Falls Ihnen zunächst nichts einfällt oder Sie nichts in sich selbst wahrnehmen können, dann probieren Sie es wieder mit der Suche nach Unterschieden. Berühren Sie einen anderen Gegenstand und fragen Sie sich: „Nehme ich hier in meinem Gefühl einen Unterschied zum ersten Gegenstand wahr? Was ist hier anders?"

Wollen Sie mit Gegenständen auf dem Fußboden eines Raumes aufstellen (Schuhe, kleine Matten, Kissen, Steine etc.), dann verteilen Sie die Gegenstände so auf dem Boden, wie ich es mit den Blättern beschrieben habe. Dabei spielt die Blickrichtung nach wie vor eine Rolle. Wenn der Gegenstand eine lebendige Person wäre, wohin schaut die Person? Stellen Sie sich beim

Einfühlen so über den Gegenstand, dass er sich zwischen Ihren Füßen befindet. Gehen Sie dabei genauso vor wie beim Einfühlen in beschriftete Blätter.

Wenn ich keine Möglichkeit habe, im Raum mit Blättern aufzustellen, sondern beispielsweise noch im Bett liege, am Schreibtisch sitze oder im Zug reise, dann nehme ich gerne Playmobil-Figuren oder Mini-Fühlfelder und lasse mich durch sie inspirieren. Berate ich Klienten am Telefon, dann benutze ich kleine Zettel oder Mini-Fühlfelder auf meinem Schreibtisch, um mich in die Situation der Klienten einzufühlen und aus meinem Gefühl heraus Tipps zu geben.

Wofür mehrdimensionales Fühlen gut sein kann

Sollten Sie sich fragen, wofür genau Sie das Freie Aufstellen allein einsetzen können, dann lautet die Antwort: für alles. Für jedes Ziel, für jeden Wunsch, für jedes Bedürfnis, für jedes Problem oder jede einfache Frage. Alles, was Sie sich in Ihrem Verstand vorstellen, was Sie sich in Ihrer Fantasie ausmalen oder was Sie fühlen können, lässt sich auch in Worte fassen. Jeder Begriff wiederum lässt sich auf einen Zettel oder auf ein Fühlfeld schreiben oder als Bezeichnung für eine Figur verwenden. Auch wenn Sie ein unklare Frage haben oder ein Problem fühlen, das Sie nicht so wirklich in Worte fassen können und wofür Sie keinen Begriff finden, dann nennen Sie es „das Unbenannte" und geben dem Unbenannten oder Unbekannten eine Rolle in Ihrer Aufstellung. Schreiben Sie auf einen Zettel „Ich" und auf einen anderen Zettel „das Unbenannte" oder „das, was ich nicht in Worte fassen kann". Wenn Sie mit Gegenständen aufstellen, geben Sie in Gedanken einem Gegenstand oder Symbol die Bedeutung „das Unbenannte", fühlen sich anschließend in die Rollen ein und beobachten Ihre unterschiedlichen Gefühle auf den jeweiligen Positionen.

Bis heute habe ich sehr viele Aufstellungen in Gruppen miterleben dürfen. Die Themen, die dort aufgestellt wurden, lassen sich genauso gut in Einzelaufstellungen bearbeiten. Um Ihre Fantasie und Kreativität ein wenig anzuregen, zähle ich Ihnen im Folgenden ein paar Beispiele auf. Dabei benutze ich die Begriffe „Aufsteller" und „Stellvertreter". Der Aufsteller ist die Person, die gerade eine Aufstellung durchführt und eine Frage oder ein Problem bearbeitet. Die Stellvertreter sind Gruppenteilnehmer, die dem Aufsteller für die jeweiligen Rollen seiner Aufstellung zur Verfügung stehen, die sich einfühlen und von ihren Gefühlen berichten. In meinen Veranstaltungen untersuchten die Aufsteller neben vielen Beziehungs- und Familienthemen mithilfe von Stellvertretern folgende Themen:

- **Warum finde ich keine neue Wohnung?** Aufgestellt wurden ein Stellvertreter für die aktuelle Wohnung, ein Stellvertreter für die zukünftige Wohnung und ein Stellvertreter für die Aufstellerin selbst.

  Ergebnis am Ende der Aufstellung: Die Teilnehmerin erkannte, warum sie noch an ihrer alten Wohnung festhielt. Sie verband die Wohnung mit tiefen schönen Erinnerungen an eine frühere leidenschaftliche Beziehung, von der sie bisher noch nicht losgelassen hatte. Durch diese Erkenntnis konnte sie beides voneinander trennen, leichter von der alten Wohnung loslassen und sehr schnell eine schöne neue Wohnung finden.

- **Wie kann ich meine Krankheit schneller/besser loswerden?** Aufgestellt wurden ein Stellvertreter für einen bestimmten Krankheitszustand (Magenempfindlichkeit), ein Stellvertreter für den gesunden Zustand und ein Stellvertreter für den Aufsteller selbst. Später wurde noch ein Stellvertreter für den „Heilungsprozess" dazugestellt.

  Ergebnis: Der Teilnehmer bekam in der Aufstellung eine neue Sichtweise, nämlich dass seine Magenbeschwerden vielleicht noch eine gewisse Zeit brauchen und dann von selbst verschwinden. Dadurch konnte er sich etwas besser entspannen und wieder mehr vertrauen. Er hörte auf, permanent gegen die Beschwerden zu kämpfen und erlebte etwas später tatsächlich, was in der Aufstellung dargestellt wurde: Die Magenbeschwerden verschwanden nach einer gewissen Zeit, möglicherweise, weil er nicht mehr dagegen kämpfte und sich ein gewisser Stress in ihm erlöste.

- **Wie werde ich wieder schlank?** Aufgestellt wurde „der dicke Zustand", „der schlanke Zustand", „die Aufstellerin" und „das, was hilft".

  Ergebnis: Die Teilnehmerin erkannte selbstständig einen Zusammenhang zu ihrem problematischen Verhältnis zu ihrer Mutter. Ihr fehlte das Gefühl, von der Mutter anerkannt und geliebt zu sein, was sie bisher mit Essen zu kompensieren versuchte. Dies konnte sich noch während der Aufstellung lösen. Innerhalb der nächsten Wochen nahm sie sehr zügig ab und erreichte ihr Idealgewicht.

- **Wie kann ich mein latent vorhandenes Einsamkeitsgefühl loswerden?** Aufgestellt wurden ein Stellvertreter für das Einsamkeitsgefühl, einer für die Ursache dieses Gefühls, einer für das Ziel, sich verbunden zu fühlen und einer für den Aufsteller.

  Ergebnis: Der Teilnehmer fand zu einer neuen Haltung gegenüber der Einsamkeit. Angeregt durch einige Äußerungen von Stellvertretern entdeckte er für sich in der Einsamkeit die Verbundenheit zu allem, die sich für ihn sehr integrierend anfühlte. Ab da hatte er kein Problem mehr, sich ab und zu einsam zu fühlen. Seine neue Sichtweise formulierte er so: „Ich bin nicht allein, sondern all-ein, also mit allem verbunden."

- **Warum erfüllen sich meine Wünsche nie?** Aufgestellt wurden ein Stellvertreter für die Wünsche, einer für die Wunscherfüllungen, einer für das Hindernis und einer für die Aufstellerin. Später wurde noch ein Stellvertreter als „lösendes Element" dazugestellt.

  Ergebnis: Die Teilnehmerin erkannte ihre eigene Ungeduld und wurde sich bewusst, dass diese Ungeduld sie davon abhielt, die manchmal sehr langsame Erfüllung ihrer Wünsche wahrzunehmen und anzuerkennen. Doch ihr Problem löste sich nicht vollständig. Sie stellte es später noch einmal auf und hatte eine weitere Erkenntnis, nämlich dass auch ihre Schüchternheit der Erfüllung ihrer Wünsche im Weg stand. So machte sie von Aufstellung zu Aufstellung kleine Schritte in Richtung Lösung, in Richtung Wunscherfüllung.

- **Wie setze ich mein Herzensprojekt optimal um?** Aufgestellt wurden „das Projekt", „bisher ungenutzte Ressourcen", „zukünftige Herausforderungen", „das Ziel" und „die Aufstellerin". Später wurde noch ein Stellvertreter als „das, was den nächsten Schritt zeigt" dazugestellt.
  Ergebnis: Die Teilnehmerin erhielt während der Aufstellung eine völlig neue Idee und konnte danach mit neuer Motivation auf ihr Ziel zusteuern.

- **Wie kann ich mein Verhältnis zu meinem Chef verbessern?** Aufgestellt wurden „der Chef", „die Aufstellerin" und später „die Unterstützung".
  Ergebnis: Die Teilnehmerin erkannte, dass sich das Verhältnis nicht verbessern ließ, da ihr Chef möglicherweise seine unangenehmen Verhaltensmuster nicht ändern wollte. So konnte sie besser von ihrem Wunsch nach einer Änderung loslassen. Hinterher bestätigte sie, dass sie das immer schon geahnt hatte. Trotz allem erlebte sie nach der Aufstellung ihr Verhältnis zum Chef irgendwie entspannter.

- **Wie kann ich mein selbstzerstörerisches Verhaltensmuster auflösen?** Aufgestellt wurden „der momentane Zustand", „der gewünschte Zustand", „das Verhaltensmuster", „die Ursache hinter dem Muster", „der Aufsteller" und später „das lösende Element".
  Ergebnis: Dem Teilnehmer wurde bewusst, welche schmerzhaften Erlebnisse aus der Kindheit hinter seinen Gefühlen und seinem Verhaltensmuster steckten. Die sehr strenge Erziehung seiner Eltern führte dazu, dass er noch heute extreme Angst

vor Strafe hat. Von dieser Angst gesteuert, bremst und sabotiert er sich als Erwachsener permanent selbst. Diese Erkenntnis ließ ihn in Tränen ausbrechen, und er weinte über den früher erlebten Schmerz. Danach fühlte er sich besser. Wochen später berichtete er, dass sich in seinem Verhalten seit der Aufstellung etwas zum Positiven verändert habe.

- **Wie kann ich erfolgreicher werden?** Aufgestellt wurden „der momentane Zustand", „der gewünschte Erfolg", „die Hindernisse", „die Aufgaben, die bei Erfolg auf den Aufsteller zukommen" und ein Stellvertreter für den Aufsteller.

  Ergebnis: Der Teilnehmer erkannte, warum er eigentlich den starken Wunsch hatte, so erfolgreich zu werden. Er sehnte sich danach, endlich anerkannt zu werden und im übertragenen Sinne letztendlich seine unzufriedenen Eltern zufriedenzustellen. Nach der Aufstellung begann er, über seinen Wunsch nach Erfolg neu nachzudenken.

- **Wie finde ich den richtigen Partner?** Aufgestellt wurde „der Ideal-Partner" und „die Aufstellerin". Später kam noch „das verbindende Element" dazu.

  Ergebnis: Die Teilnehmerin erlebte in der Aufstellung, dass die Stellvertreter sehr gut miteinander klarkamen. Es stand einer neuen Beziehung offensichtlich nichts im Wege. Ein paar Wochen nach der Aufstellung begegnete sie tatsächlich einem neuen Partner. Bis heute sind die beiden ein glückliches Paar.

- **Wie bekomme ich meine Klasse ruhig?** Eine Lehrerin stellte sich („die Aufstellerin"), ihre „Grundschulklasse" und die „Ursache der Unruhe in der Klasse" auf.

  Ergebnis: Die Lehrerin erkannte, dass sie von der Klasse Aufmerksamkeit wünschte und die Kinder ihr genau diesen Wunsch spiegelten: Sie wollten mit ihrer Unruhe die Aufmerksamkeit der Lehrerin gewinnen. Als sie dies erkannte, schenkte sie ab dem Moment jedem einzelnen Schüler morgens besondere Aufmerksamkeit – und die Klasse wurde wesentlich ruhiger.

Wir können einem Stellvertreter/Zettel/Gegenstand alle möglichen und unmöglichen (fantasievollen) Rollen zuweisen und beobachten, ob uns das beim entsprechenden Thema weiterhilft: ein Familienmitglied, ein Arbeitskollege, eine Gruppe von Menschen zusammengefasst, wie etwa ein Team oder eine Klasse, abstrakte Elemente wie Selbstsicherheit, Angst, Liebe, Aggression, Freude oder Körperteile, Organe, Haus, Wohnung, Berufung, Geld, Kunden, Tiere oder die „Quelle allen Lebens", die „göttliche Urmutter", das „höhere Selbst", die Seele, die Erdung, ein lösendes Element, das weise Universum, Planetenkonstellationen aus der Astrologie, Chakren usw.

Beim Freien Aufstellen können Sie alles ausprobieren – und dürfen/müssen dann eigenverantwortlich mit den Folgen leben. Dabei lernen Sie so, wie Sie als Kind lernten: ausprobieren, die Folgen kennenlernen, Erfahrungen sammeln und mithilfe dieser neuen Erfahrungen ein Problem lösen oder einen neuen Schritt gehen.

Die Tatsache, dass Sie eine Aufstellung für alle möglichen Themen nutzen können, heißt aber nicht gleichzeitig, dass sich dadurch alles erfüllt, löst oder heilt. Es gibt auch Aufstellungen, mit denen man letztendlich nichts anfangen kann. Aber meiner Erfahrung nach ist das anregende Potenzial für die Selbstheilungskräfte sehr hoch. Sie müssen immer wieder ausprobieren, was für Sie möglich ist und was nicht. Wo lässt sich ein besseres Gleichgewicht erreichen und wo nicht? Experimentieren Sie, sammeln Sie neue Erfahrungen und bilden Sie sich Ihr eigenes Urteil.

Welche Personen oder Elemente braucht man zur Lösung?

Bei so vielen Einsatzmöglichkeiten haben Sie die Qual der Wahl. Wenn Sie ein Problem haben, mithilfe einer Aufstellung eine Entscheidung fällen wollen, nach Inspiration suchen oder Ihre Selbstheilungskräfte aktivieren wollen – was für Personen oder Elemente brauchen Sie konkret dafür?

Ein Klient kommt zu mir in die Einzelsitzung und hat ein Problem. Er erzählt mir, dass er im Alltag immer wieder die Konzentration verliert. Es gibt viel zu viele Momente, in denen er mit seinen Gedanken abschweift.

Ich frage ihn: „Und wie sieht der gelöste Zustand aus?"

Seine Antwort: „... dass meine Unkonzentriertheit aufhört."

„Und was wäre dann stattdessen da? Wie würde es sich ohne Unkonzentriertheit anfühlen?" frage ich nach.

Nach kurzem Zögern gibt er zu: „Das weiß ich nicht so genau. Das kann ich gar nicht in Worte fassen."

Angenommen mein Klient hätte bei sich zu Hause eine Einzelaufstellung durchführen wollen, womit hätte er beginnen können? Welche Personen oder Elemente würden Sie an seiner Stelle als Erstes aufstellen?

Gar nicht so einfach, dafür eine Klarheit zu entwickeln, oder? Ich kann Ihnen einige kleine Grundgerüste an die Hand geben, was man am Anfang immer aufstellen kann:

Ich und mein Anliegen

Da Sie selbst ja das Anliegen haben, etwas in Ihrem Leben zu verändern oder die nächsten Schritte zu gehen, gehören Sie als Erstes in die Aufstellung. Ihr Thema steht immer mit Ihnen selbst in Verbindung. Nehmen Sie einen Zettel und schreiben „Ich" drauf. Außerdem haben Sie gerade ein Anliegen. Nehmen Sie also einen weiteren Zettel, auf den Sie „mein Anliegen" schreiben. Das genügt möglicherweise fürs Erste. Damit können Sie anfangen, sich auf beiden Zetteln nacheinander einzufühlen.

> **„Ich"**
> Nutzen Sie beim Aufstellen allein immer einen Zettel oder einen Gegenstand, der Sie selbst darstellt, damit Sie von dort aus auf die anderen Positionen schauen können bzw. Sie die Möglichkeit haben, sich selbst auch einmal von außen zu betrachten.

Momentaner und gewünschter Zustand

Ein weiteres Grundgerüst kann sein: Einen Zettel für sich selbst, einen Zettel für den momentanen Zustand und einen Zettel für den gewünschten Zustand. Es genügt, wenn Sie „momentaner Zustand" und „gewünschter Zustand" auf die beiden Zettel schreiben, ohne eine genaue Vorstellung davon zu haben, wie diese beiden Zustände eigentlich aussehen sollen.

> **Momentaner Zustand und gewünschter Zustand**
>
> Können Sie den momentanen Zustand loslassen und frei auf den gewünschten Zustand zugehen?

Der Klient in meinem Beispiel könnte also damit anfangen, einen Zettel mit „Ich" und einen Zettel mit „mein Anliegen" zu beschriften. Genauso gut könnte er auf einen Zettel „Ich", auf einen zweiten „Unkonzentriertheit" und auf einen dritten „das unbenennbare Ziel" schreiben.

> **Das Anliegen**
>
> Beobachten Sie, ob Ihnen die Gefühle auf der Position „mein Anliegen" etwas sagen oder Sie zu weiteren Ideen angeregt werden.

Wenn sich diese beiden Grundgerüste für Sie bei einem bestimmten Problem nicht stimmig anfühlen und Sie Ihre Aufstellung irgendwie anders beginnen wollen, dann können Sie auch anders vorgehen.

Begriffe aus der Problembeschreibung

Schreiben Sie Ihr Problem, Ihr Ziel oder einen Wunsch, den Sie gerade haben, auf ein Blatt Papier. Beschreiben Sie das ausführlich. Orientieren Sie sich dabei an folgenden Fragen:

Was genau ist mein Problem?

Was soll sich ändern?

Wie wäre der gelöste Zustand?

Was wäre anders, wenn das Problem gelöst oder das Ziel erreicht wäre?

Anschließend schauen Sie das, was Sie geschrieben haben, noch einmal durch: Welche Begriffe haben Sie bei Ihrer Beschreibung verwendet? Entscheiden Sie, welche dieser Begriffe für Sie die größte Rolle spielen, schreiben Sie die Begriffe auf unterschiedliche Zettel – und los geht's.

Ein Beispiel: Carla, eine alleinerziehende Mutter, hat immer wieder Schwierigkeiten mit ihrem sechsjährigen Sohn. Er macht, was er will, und sie kann ihm nicht wirklich Grenzen setzen. Eines Abends, als er im Bett liegt, schreibt sie ihr Problem auf:

„Bastian macht einfach, was er will, und ich weiß nicht, was ich tun soll. Ich fühle mich so hilflos, denn wenn ich etwas zu ihm sage, ignoriert er es einfach. Dabei fällt es mir unheimlich schwer, streng zu ihm zu sein. Eigentlich will ich das auch gar nicht. Ich will ihn nicht so streng erziehen, wie es meine Eltern immer mit mir gemacht haben. Ich möchte eine andere Lösung finden, aber ich weiß nicht, wie. Vielleicht vermisst er auch seinen Vater."

Schon dieser kurze Text genügt, um daraus Personen oder Symbole für eine Aufstellung herauszusuchen, mit dem räumlichen Fühlen zu beginnen und mehr Klarheit über die Situation zu erhalten. Wenn ich den Text durchlese, fallen mir beispielsweise folgende Begriffe auf, die Carla auf unterschiedliche Zettel schreiben könnte:

Carla, Bastian, Bastians Wille, Carlas Hilflosigkeit, Carlas Wille, Ignoranz, strenge Grenzen, liebevoll klare Grenzen, Mutter von Carla, Vater von Carla, andere Lösung, Vater von Bastian, die Botschaft, die hinter Bastians Verhalten steckt.

Aus diesen Vorschlägen kann Carla sich aussuchen, womit sie zunächst beginnen möchte. Später, während der Aufstellung, kann sie nachträglich dazustellen, was für sie noch wichtig oder interessant wird.

Es gibt natürlich viele weitere Möglichkeiten, wie man eine Aufstellung beginnen könnte. Sie können alles ausprobieren. Orientieren Sie sich an der Grundfrage: „Was hilft mir gerade weiter und was nicht?". Beim Freien Aufstellen gibt es kein „Falsch" und kein „Richtig", sondern nur ein „Hilft" und „Hilft nicht".

Intuitiv auswählen

Sie können auch einfach nach Ihrer Intuition entscheiden, mit welchen Elementen oder Personen Sie Ihre Aufstellung beginnen wollen. In den meisten Fällen dürfte das nicht schwer sein. Wenn Sie beispielsweise eine Entscheidung zwischen drei Alternativen fällen wollen, dann legen Sie einen Zettel für sich und drei Zettel für die Alternativen auf den Boden. Haben Sie ein unangenehmes Gefühl, das Sie permanent belästigt, dann stellen Sie sich selbst und die Ursache dieses Gefühls auf. Stehen Sie in einem Konflikt mit einem anderen Menschen, dann stellen Sie sich und den anderen auf.

Ich möchte wiederholen: Man kann beim Freien Aufstellen nichts falsch machen. Man kann nur Erfahrungen sammeln und diese Erfahrungen nutzen, um die eigene Richtung beizubehalten oder um sie zu ändern. Probieren Sie aus, was Sie ausprobieren wollen, und schauen Sie, was Ihnen hilft und was nicht, was sich richtig gut anfühlt und was nicht. Und anschließend versuchen Sie auf der Basis dieser Erfahrungen etwas Neues.

„Irgendetwas stimmt mit mir nicht"

Rainer weiß genau, dass mit ihm irgendetwas nicht stimmt. Er fühlt sich immer wieder depressiv. Diese Phasen kommen überraschend. Zuerst geht es ihm gut, er ist in bester Laune, und dann überfällt es ihn. In letzter Zeit beobachtete er, dass die Depression meistens im Kontakt mit anderen Menschen auftaucht, wenn diese besonders fröhlich und ausgelassen sind. Er will die Depression loswerden und sich wieder glücklich in seinem Leben fühlen – zumindest über längere Zeitabschnitte. Er weiß aber nicht, wie es weitergehen soll. Deshalb versucht er, mithilfe von Zetteln mehrdimensional zu fühlen und sich darüber klar zu werden, was mit ihm los ist. Vielleicht – so hofft er – findet er auch heraus, wie er das Problem lösen könnte.

Auf zwei Zettel schreibt er: „Ich" und „Anliegen". Er entscheidet spontan nach Gefühl, zuerst sein „Anliegen" aufzustellen. Als er den Zettel in der Hand hält und dabei durch den Raum schaut, kommt ihm die Idee, dass das „Anliegen" am besten in die Ecke des Zimmers passt, rechts neben dem Fenster. Er legt den Zettel dorthin. Dann greift er zu dem anderen Zettel, auf dem „Ich"

> **Spontane Ideen**
> Beobachten Sie, was Sie gerade denken, fühlen oder spontan tun.

steht. Suchend geht er durch den Raum, bis er einen Platz dafür gefunden hat, der sich in großer Entfernung zum Anliegen befindet, in der anderen Ecke des Zimmers. Als er sich auf diesen Zettel stellt, schaut er von dort quer durch das Zimmer zum „Anliegen". Gleichzeitig fühlt er sich traurig. Ja, genau dieses Gefühl kennt er. Nun geht er hinüber und stellt sich auf den Zettel „Anliegen". Fühlt es sich hier anders an? Was ist der Unterschied?

Er steht etwas länger auf dem Zettel, spürt ein bisschen, wie er müde wird, und denkt zuerst, dass es wohl nicht so viel Sinn macht, die Aufstellung fortzuführen, wenn er so müde ist. Aber dann fällt ihm ein, dass dieses Gefühl ja auch zu dem Zettel passen könnte. Vielleicht ist er nur müde, weil er gerade hier steht. Also bleibt er etwas länger stehen und schaut, was mit ihm passiert. Allmählich merkt er, wie ihn irgend-

> **Was ist JETZT?**
> Beobachten Sie, was jetzt gerade ist, beschreiben Sie es und betrachten Sie es, als würde es zur Aufstellung dazugehören.

etwas nach unten zieht. Er hat den Eindruck, als würde sich sein Körper etwas schwerer anfühlen. Seine Müdigkeit nimmt mehr und mehr zu.

„Vielleicht sollte ich mich hinlegen?", denkt er. Langsam sinkt er zu Boden, in dieser Ecke, legt sich hin, rollt sich zusammen – und schließt die Augen. Nur Müdigkeit als Gefühl ... wegdriften ...

Nach einer Weile beginnt er wieder zu denken. Er überlegt, wie es sich jetzt wohl auf der anderen Position anfühlt, auf dem Zettel „Ich". Deshalb steht er auf, geht aus der Rolle des Anliegens heraus und stellt sich in der anderen Ecke des Zimmers erneut auf den Zettel „Ich". Er spürt jetzt einen Unterschied zu vorher: Die Traurigkeit hat sich etwas verstärkt, vor allem, weil das Anliegen sich hingelegt hat. Außerdem möchte er sich dem Anliegen ein wenig nähern, aber nur ein bisschen.

> **Einfälle**
>
> Welche Erinnerungen oder Fantasien steigen in Ihnen auf? Alles gehört dazu, auch die scheinbar unwichtigen Einfälle.

Während sich Rainer vorstellt, dass dort in der anderen Ecke des Zimmers sein Anliegen müde auf dem Boden liegt, fällt ihm plötzlich sein Vater ein, der vor zwei Jahren gestorben ist. Die Traurigkeit wird stärker. Ist sein Tod die Ursache für die Depression?

Er rückt noch einen Schritt näher heran, einen kleinen Schritt (den Zettel mit dem Wort „Ich" schiebt er immer mit und lässt ihn unter seinen Füßen). Bei dem Gedanken, dass dort in der Ecke vielleicht sein Vater liegt, wird ihm trotz der Traurigkeit zugleich leichter. Liebevoll schaut er auf den anderen Zettel. In seiner Vorstellung dreht sein Vater den Kopf zu ihm und schaut liebevoll zurück. Dieses innere Bild bringt die Tränen zum Vorschein. Rainer beginnt zu weinen – geht nun ganz nah zum anderen Zettel und kniet sich nieder.

„Ich vermiss dich so!"

Eine Weile kniet er neben dem Zettel „Anliegen" und lässt seinen Tränen freien Lauf, während er mit geschlossenen Augen liebevoll an seinen Vater denkt, an die schönen Momente mit ihm, an die vielen Gespräche und an den plötzlichen Tod. Er kam so überraschend, und das jähe Ende hat so weh getan … so weh …

„… du fehlst mir."

Nach einer Weile endet der Tränenfluss. Rainer kann aufstehen, öffnet seine Augen – und sieht wieder den einfachen Zettel, auf dem „Anliegen" steht. Der eben noch in seiner Vorstellung vorhandene Vater ist verschwunden. Jetzt möchte Rainer wissen, wie es sich nach seinem Tränenausbruch auf der Position des „Anliegen" anfühlt.

> **Tränen**
> Tränen können auf ein grundsätzliches emotionales Problem sehr lösend wirken.

Er legt sich so auf den Zettel, wie er ihn vorhin verlassen hatte, und spürt nach. Gibt es einen Unterschied? Ja, jetzt passt es auf einmal nicht mehr, hier zu liegen, und so steht er auf und schaut von dort auf den jetzt sehr nahe liegenden Zettel „Ich". Das Gefühl ist angenehm, aber er möchte noch in dieser Ecke stehen bleiben. Rainer wechselt wieder auf den anderen Zettel „Ich". Die Traurigkeit ist kaum noch spürbar, aber nun empfindet er Ratlosigkeit. Er steht dem „Anliegen" dicht gegenüber, möchte es am liebsten an die Hand nehmen und aus der Ecke herausholen, doch es will nicht. Wenn er sich auf den Zettel „Anliegen" stellt, spürt er deutlich, in der Ecke bleiben zu wollen.

Jetzt weiß er nicht mehr weiter. Neugierig probiert er aus, wie es sich anfühlt, wenn „Anliegen" und „Ich" zusammen in der Mitte des Raumes stehen. Nachdem Rainer beide Zettel in der Mitte positioniert hat, stellt er sich auf das „Anliegen". Dort hat er immer noch das Gefühl, lieber zurück in die Ecke gehen zu wollen.

> **Neugierde**
> Probieren Sie alles aus, was Sie wissen wollen, und lernen Sie daraus.

Auf „Ich" stehend hat er auch den Eindruck, als würde diese Position noch nicht stimmen. Deshalb positioniert er die Zettel wieder so, wie sie vorher lagen. Beide in der Ecke. „Anliegen" sich zurückziehend und „Ich" abwartend und ratlos.

Und jetzt? Rainer nimmt einen dritten Zettel und schreibt: „lösendes Element".

Was ist ein lösendes Element? Man muss sich nichts darunter vorstellen. Ich kam damals bei den ersten Aufstellungen, die ich alleine machte, auf die Idee, anstatt einen erfahrenen Therapeuten oder Aufstellungsleiter zu befragen, was man tun könnte, die Position „lösendes Element" in die Aufstellung zu stellen und mich dort selbst einzufühlen. Interessanterweise erhielt ich dadurch ganz allein neue Ideen oder Gefühle, die mir weiterhalfen oder mich einen Zusammenhang aus einer neuen Perspektive betrachten ließen.

> **Lösendes Element**
>
> Stellen Sie ein lösendes Element hinzu und fragen Sie sich:
> Was verändert sich und was kann ich dadurch Neues erkennen oder erfahren?

Manche überlegen, welche Entsprechung dieses lösende Element im Alltag haben könnte. Vielleicht ein Familienmitglied, das einen lösenden Vorschlag macht, oder ein externer Berater, der eine neue Idee ins Spiel bringt, oder ein zufälliges Ereignis, das zu einer unerwarteten Lösung führt. Es spricht nichts dagegen, sich diesbezüglich Gedanken zu machen, ist aber nicht notwendig. Es genügt, ein lösendes Element in die Aufstellung zu stellen, und dann zu schauen, was sich eventuell dadurch verändert. Hilft dieses Element dabei, etwas zu erkennen oder etwas zu lösen? Experimentieren und beobachten Sie und sammeln Sie auf diese Weise Erfahrungen.

So macht es auch Rainer. Nach kurzem Hinfühlen möchte er das lösende Element direkt zu den beiden anderen Zetteln legen. Als er sich auf das lösende Element stellt, hat er die Idee, in seiner Vorstellung „Ich" und „Anliegen" jeweils rechts und links an die Hand zu nehmen, als wären es zwei Kinder. Er will sie dadurch miteinander verbinden.

Wie fühlt sich das vom Platz des Anliegens aus an? Rainer wechselt den Platz. Auf dem Zettel „Anliegen" fühlt er eine innere Ruhe, eine große Freundlichkeit und er lächelt von dort den

Zettel „Ich" an. Gerne lässt er sich in der Rolle des „Anliegen" vom „lösenden Element" an die Hand nehmen. Nun stellt Rainer sich noch auf seinen Zettel „Ich". Hier hat sich durch die Anwesenheit des lösenden Elementes auch etwas in seinem Gefühl verändert. Wieder kommen Tränen, aber nicht mehr Tränen der Traurigkeit, sondern der Rührung. Es fühlt sich so gut an, durch das lösende Element mit dem „Anliegen" verbunden zu sein und vom „Anliegen" auch noch angelächelt zu werden. Ein warmes und schönes Gefühl im Herzen.

> **Unterschiede an einer Stelle fühlen**
>
> Beobachten Sie den Unterschied auf einer Position, sobald Sie etwas Neues dazugestellt haben. Was ist anders als vorher, als das Neue noch nicht da war?

„Wie lange hat mir das gefehlt!", denkt Rainer und lässt seine Tränen fließen. Das lösende Element führte in diesem Fall dazu, dass Rainer in der Aufstellung und mithilfe seiner Vorstellungskraft eine schöne neue Erfahrung fühlen durfte. Dieses Happy End half ihm, etwas in sich selbst zu erlösen. Ob das lösende Element noch eine tiefgründigere Bedeutung hat, ist nicht wichtig. Die Hauptsache ist, dass es zu einer Lösung beiträgt.

Nach einer Weile endet der Tränenfluss. Erschöpft legt sich Rainer auf die Couch und erholt sich erst einmal. Er fühlt sich entlastet und schläft entspannt ein. In den nächsten Tagen tauchen seine Depressionen zwar immer wieder mal auf, aber lange nicht mehr so stark wie vorher. Es geht ihm besser. Diese Aufstellung war ein erster Schritt. Weitere Schritte werden folgen.

Wir sehen an diesem Beispiel, dass Aufstellungen sehr emotional verlaufen können. Tränen unterstützen auf intensive Weise einen Verarbeitungsprozess und können festgefahrene Blockaden im Gefühl aufweichen, zum Fließen bringen und schrittweise auflösen. Auch im Gehirn darf sich etwas weiterentwickeln – von einem oft über viele Jahre festgefahrenen problematischen Zustand in einen entspannteren Zustand.

Ob Ihre Aufstellung mehr oder weniger emotional wird, hängt von dem Thema ab, das Sie aufstellen, und von dem Ziel, das Sie erreichen möchten. Nicht jede Aufstellung muss tränenreich ablaufen, aber stellen Sie sich darauf ein, dass das schon einmal vorkommen kann, wenn Sie beginnen, sich mit sich selbst auseinanderzusetzen. Sollten Sie sich ernsthaft auf den Weg machen, eine innere Freiheit und Klarheit zu erreichen, sind emotionale Verarbeitungsprozesse unausweichlich.

Berücksichtigen Sie dabei bitte immer: Beim Freien Aufstellen behalten Sie stets die freie Wahl. Sie können frei entscheiden, welche Richtung Sie einschlagen und wie groß Ihre Schritte sein sollen. Falls ein Schritt einmal zu groß zu werden droht, können Sie jederzeit unterbrechen, sich davor schützen und diesen Schritt im Moment *nicht* gehen.

Im Folgenden möchte ich Ihnen zwei weitere Beispiele aus meinem privaten Alltag beschreiben, die zeigen sollen, wie eine allein durchgeführte Freie Aufstellung verlaufen kann und wie man damit Klarheit erhält:

Ich arbeite derzeit (August 2011) zusammen mit einem Programmierer an einem Internetprogramm, das Menschen helfen soll, sich gegenseitig kostenlos für Freies Aufstellen im Netz zur Verfügung zu stehen. Noch weiß ich nicht, wann das Programm fertig wird, aber ich bin jetzt schon begeistert und glaube, dass es sehr gut wird. Deshalb habe ich Angst, ein anderer könnte mir die Idee für dieses Programm wegnehmen und mir aus urheberrechtlichen Gründen die Hände binden. Dieses Gefühl verstärkte sich noch, als ich darüber las, wie der Gründer der Internetplattform „facebook" zu seiner Idee kam: Er hatte sie von einem ursprünglichen Auftraggeber übernommen und ein eigenes Programm daraus entwickelt.

Meine Angst führt dazu, dass ich meinem eigenen Programmierer gegenüber misstrauisch bin. Die wichtigsten Informationen für dieses Programm will ich ihm erst zum Schluss vermitteln, wenn der Kern bereits steht und funktioniert und er mir die

Dateien dafür hat zukommen lassen. So könnte ich im Notfall das Programm auch von einem anderen Fachmann zu Ende programmieren lassen, falls sich der derzeitige Programmierer als unzuverlässig erweisen sollte. Inzwischen hat dieses Misstrauen aber so überhand genommen, dass ich es als Hindernis empfinde. Der Programmierer ist freundlich, liebevoll, offen und geduldig und sicherte mir seine Diskretion sowie die Urheberrechte sogar vertraglich zu. Gott sei Dank fühlt er sich durch mein Misstrauen nicht verletzt. Ich bewundere ihn – und frage mich, was ich hier eigentlich für ein Spiel spiele. Was stimmt mit mir nicht?

Zeit für mehrdimensionales Fühlen – Zeit für eine Aufstellung. Ich beschrifte einen Zettel für mich („Ich") und lege ihn mitten in den Raum. Bei diesem Zettel weiß ich während der Aufstellung immer, dass er mich darstellt. Dann beschrifte ich zwei weitere Zettel. Auf dem einen steht „vollständiges Auflösen aller Grenzen gegenüber meinem Programmierer" und auf dem anderen „Aufrechterhalten meiner Grenzen und Absicherungen". Diese Zettel drehe ich um und mische sie so lange, bis ich nicht mehr nachvollziehen kann, was ich auf welchen Zettel geschrieben habe. Dann nehme ich den einen Zettel (ich nenne ihn der Übersicht wegen hier einmal „A"), während ich den anderen Zettel („B") zunächst zur Seite lege. Mit Zettel A in der Hand spüre ich, wie ich mich in die Ecke des Raumes verkriechen möchte. Ich entdecke dort ein Kissen auf einer Liege und verstecke den Zettel sogar unter diesem Kissen. Als ich mich noch mehr in den Zettel einfühle, mich mit ihm „identifiziere", habe ich das Gefühl, unter diesem Kissen absolut nicht gesehen werden zu wollen.

Ich gehe zu dem Zettel „Ich" in der Mitte des Raumes, stelle mich drauf und fühle nach: Was fühle ich, wenn sich Zettel A unter dem Kissen versteckt? Mein Gefühl reagiert kaum, ich spüre keinen Bezug zu diesem Zettel. Er tut mir fast ein bisschen leid, aber selbst für Mitgefühl bin ich zu desinteressiert daran, was Zettel A dort macht. Ich ahne schon, was auf diesem Zettel unter dem Kissen stehen könnte, greife mir Zettel B und bin gespannt, was ich hier spüre. Ein komplett anderes Gefühl – trotzdem drehe ich mich mit Zettel B nicht zu Zettel „Ich" hin, sondern lege ihn auf der entgegengesetzten Seite des Raumes auf den Boden, und zwar so, dass ich – wenn ich mich draufstelle – von dort aus dem Fenster schauen kann und die Nachbarhäuser sehe. Ich schaue auf B stehend sogar direkt in das Fenster eines Nachbarn, bewundere die Verzierungen an den Fenstern und finde es toll, dahinter die Zimmereinrichtung des Nachbarn zu sehen. Mir gefällt sein Stil. Auf einmal merke ich, wie ich gerade Grenzen überschreite und in die Privatsphäre eines anderen Menschen schaue. Trotzdem fühlt es sich gut an, sehr angenehm. Ich denke, dass es sich so anfühlen könnte, wenn man die eigenen Grenzen öffnet und Positives erfahren darf.

Jetzt stellt sich nur noch die Frage, wie der Zettel „Ich" auf Zettel B reagiert. Ich begebe mich wieder in die Mitte des Raumes auf meinen Zettel und spüre dort, dass „Ich" nun zu Zettel B gehen möchte. Ich nehme den Zettel „Ich" und lege ihn neben Zettel B. Der Platz links neben B fühlt sich gut an. Gemeinsam schauen Zettel B und „Ich" aus dem schmalen Fenster. Da „Ich" jedoch etwas weiter links stehe, habe ich eine andere Perspektive. „Ich" schaue jetzt auf den Balkon des Nachbarn, der rechts neben dem zuvor erwähnten wohnt. Und was sehe ich? Seine Balkontür steht weit offen. Noch weniger Grenzen. Das fühlt sich sehr einladend und sehr freundlich an. Außerdem entdecke ich, dass dieser Nachbar zwei grüne Liegestühle auf seinem Balkon stehen hat. Grün soll die Hauptfarbe meines geplanten Internetprogramms sein. Ich bin absolut baff und fühle, wie toll es sich auf dieser Position anfühlt, mit all diesen Entdeckungen und diesem Element rechts neben mir. Natürlich müsste es der Zettel sein, auf dem steht: „vollständiges Auflösen aller Grenzen gegenüber meinem Programmierer". Ich bücke mich, drehe den unbekannten Zettel B um und lese … Tatsächlich! Gänsehaut!

Jetzt weiß ich, dass ich meinem Programmierer von nun an vertrauen werde – und falls doch etwas schieflaufen sollte, dann hat das Universum es so gewollt und es kommt danach noch etwas Besseres auf mich zu. Ich kann auf einmal loslassen und vertrauen. Und das fühlt sich richtig gut an.

Thema gelöst. Deshalb kann ich auch jetzt darüber öffentlich schreiben (und sobald das Programm funktioniert, finden Sie es im Internet unter www.unifeeling.com).

Sie sehen, wie ich beim Aufstellen tatsächlich jedem Impuls folge und alles, was gerade passiert oder was mir auffällt, für mich nutze, um in meinem Thema einen Schritt weiterzukommen. Wenn es sich am Ende auch noch vollständig auflöst, geht es mir richtig gut. Auf jeden Fall habe ich für meinen Alltag eine neue Orientierung, neue Energie und viel Motivation und Freude gewonnen.

Doch nicht immer geht es so schnell und einfach. Manchmal muss ich ein wenig suchen, wie in folgendem Beispiel: Ab und zu benutze ich zum Aufstellen die bereits erwähnten Fühlfelder, die flachen Formen aus Pappe in unterschiedlichen Farben, die ich mit einem wasserlöslichen Stift beschriften und auf denen man wunderbar stehen kann. Vor einiger Zeit stellte ich mich mithilfe der Fühlfelder endlich einem Thema, das mir schon sehr lange zu schaffen macht: meine Unruhe. Wenn mehrere Aufgaben gleichzeitig auf mich zukommen oder mich beschäftigen, erlebe ich immer wieder, dass ich innerlich sehr unruhig werde. Ich verliere ein wenig den Überblick und habe permanent das Gefühl, etwas zu vergessen oder nicht zu wissen, wo ich zuerst beginnen soll. Wenn ich mich dann für eine Sache entscheide, befürchte ich, in einem anderen Bereich etwas zu übersehen und mich nicht rechtzeitig darum zu kümmern. Es fällt mir schwer, dieses schwammige Unruhe-Gefühl treffend in Worte zu fassen. Entscheidend ist aber, dass es eine innere Unruhe ist, die mich nicht gelassen eine Sache nach der anderen abarbeiten lässt.

Als diese Unruhe wieder einmal ihren Höhepunkt erreicht hat, gehe ich nach oben in mein Studio, nehme ein Fühlfeld, beschrifte es mit „Ich" und lege es ziemlich mittig in den Raum, mit Blick auf die offene Tür und die nach unten führende Treppe, die gleich hinter der Schwelle beginnt. Dann suche ich ein zweites Fühlfeld für die Ursache meiner Unruhe aus und beschrifte es mit „Ursache", auch wenn ich sie noch nicht kenne. Ich gehe einfach davon aus, dass es für meine Unruhe irgendeinen Grund gibt.

> **Ursache**
> Ohne zu wissen, was genau die Ursache ist, kann man die Ursache eines Problems dazustellen und die Wirkung beobachten.

Während ich die „Ursache" in der Hand halte, verspüre ich das Bedürfnis, sie in eine Ecke des Raumes zu legen, sodass sie auch noch in diese Ecke schaut, weg von mir. Anschließend stelle ich mich drauf und spüre nach. Es fühlt sich so an, als wolle sich die „Ursache" mit unsicherem Gefühl in der Ecke verbergen.

Dann gehe ich wieder zurück und schaue, wie es sich auf dem Fühlfeld „Ich" anfühlt. Als ich draufstehe und nach links zur „Ursache" hinüberschaue, die dort in der Ecke steht, kommt in mir eine extrem starke Wut hoch. Ich balle die Fäuste zusammen und zische: „Ich bin stinksauer auf dich! So viele Jahre lang hast du mich beeinflusst!" Dieser Satz erlöst in mir etwas, und die Wut verwandelt sich in Tränen. Ich weine und denke: „... so viele, viele Jahre!" Ich setze mich in den Sessel und lasse meine Tränen fließen, solange sie fließen wollen. Dabei tauchen mehrere Gedanken und Erinnerungen auf, die meine Tränen teilweise noch verstärken. Ich lasse mich in diese Gefühle fallen und heule, was das Zeug hält, denn ich weiß, dass diese Tränen mich und mein gerade aktuelles Thema jedes Mal auf wundersame Weise erlösen – so auch heute.

Zehn Minuten später geht es mir besser, ich bin ruhiger. Als ich mich wieder auf das Fühlfeld „Ich" stelle und zur „Ursache" hinüberschaue, fühle ich mich viel unabhängiger von dieser „Ursache". Sie spielt keine so große Rolle mehr. Drüben auf dem Feld der „Ursache" habe ich das Gefühl, ganz und gar weggehen zu wollen. Ich platziere die „Ursache" deshalb hinter einer Liege, die dort in der Ecke steht, sodass sie für das Fühlfeld „Ich" nicht mehr zu sehen ist. Zurück auf „Ich" fühlt es sich zwar gut an, dass die „Ursache" weg ist, aber es ist da noch ein leichter Schmerz in der Brust spürbar. Weil ich nicht analysieren kann, was dieses Gefühl bedeutet, nehme ich einfach ein lösendes Element mit in die Aufstellung. Ich beschrifte ein neues Fühlfeld mit „lösendes Element" und lege es mit zwei Metern Abstand rechts von „Ich" auf den Boden.

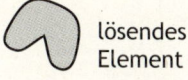 lösendes Element

 Ich

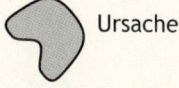 Ursache

Bild 1

Während ich auf dem Fühlfeld „Ich" stehe, drehe ich mich auf einmal weg von der Tür hin zum lösenden Element, sodass ich es direkt anschauen kann. Ich sehe ein freundliches lösendes Element, das mir eine Erlaubnis zu geben scheint. Es sagt mir, dass alles gut ist. Es entlastet mich. Ich will dieses Gefühl testen, ob es auch stabil bleibt, wenn ich als Nächstes eine Aufgabe oder ein Projekt dazustelle. Also beschrifte ich ein weiteres Fühlfeld mit „Projekt" und lege es links neben „Ich". Gemeinsam schauen wir auf das lösende Element. Der Test fällt schlecht aus, ich fühle mich leicht unwohl, nicht wirklich frei, nicht entspannt und nicht ausgeglichen. Da ich nicht weiß, was das zu bedeuten hat, bleibt mir nichts anderes übrig, als die Ursache dieses neuen Unwohlseins dazuzustellen. Ich gebe dem neuen Fühlfeld die Beschriftung „Ursache 2" und stelle es nach spontanem Gefühl direkt an die offene Tür in Richtung Treppe nach unten. „Ursache 2" steht an der Schwelle, schaut die Treppe hinunter und fühlt sich dabei normal.

Als ich wieder auf dem Fühlfeld „Ich" stehe, sehe ich „Ursache 2" und denke spontan: „Gleich passiert etwas Schlimmes! Hoffentlich fällt ‚Ursache 2' nicht die Treppe runter!" Ich merke, wie das Fühlfeld „Ursache 2" sich aus meiner Perspektive in irgendeine Person verwandelt hat, um die ich mir ganz extrem Sorgen mache.

Da wird mir bewusst, wie ich mich innerlich permanent um andere Menschen kümmere und was meine Unruhe bedeutet: **Wenn ich nicht überall gleichzeitig aufpasse, dann läuft etwas schief!**

Noch einmal greife ich in den Stapel der verschiedenen Fühlfelder und beschrifte eines mit „EV", was „Eigenverantwortung" bedeuten soll. Ich stelle „EV" direkt hinter „Ursache 2", was bedeuten soll, dass „Ursache 2" eigenverantwortlich ist und die Eigenverantwortung stärkend im Rücken stehen hat (siehe Bild 2).

> **Eigenverantwortung**
> Sie kann in den Rücken der Person gestellt werden, die Verantwortung für sich selbst übernehmen soll.

Wenn ich jetzt von meinem Platz aus („Ich") auf die „Ursache 2" mit ihrer „Eigenverantwortung" im Rücken schaue, fühle ich mich vollständig entlastet. „Ursache 2" ist eigenverantwortlich und muss selbst darauf achten, dass sie nicht die Treppe herunterfällt. Ich muss mich nicht

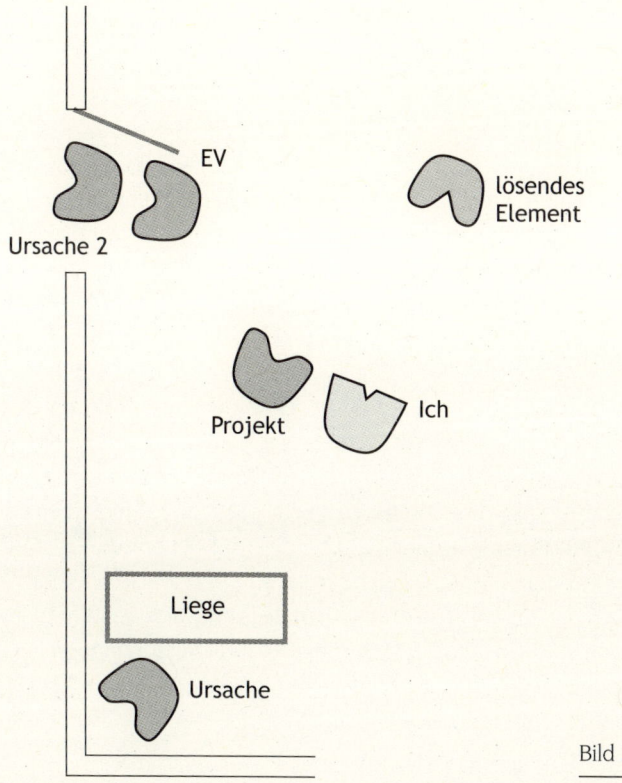

Bild 2

mehr um sie kümmern, sondern darf mit dem „Projekt" an meiner Seite auf das lösende Element schauen. Jetzt geht es mir endlich gut auf dem Fühlfeld „Ich". Keine Unruhe mehr. Vollständige Entlastung. Und ich weiß: Wenn ich loslassen kann, wenn ich bei allen beteiligten erwachsenen Menschen ihre Eigenverantwortung sehe und mich nicht mehr gezwungen fühle, mich um sie kümmern zu müssen, dann kann ich mich entspannt auf meine nächste Aufgabe konzentrieren – ohne Unruhe.

Bis heute hat sich das bestätigt. Mir geht es viel besser. Wenn ich in einer anspruchsvollen Situation anfange, wieder unruhig zu werden, denke ich daran, die Eigenverantwortung bei allen Beteiligten zu lassen – und schon entspannt sich etwas in mir. Ein bisschen üben muss ich das schon noch, aber es funktioniert.

Doch wie schon gesagt, nicht jede Aufstellung hilft immer weiter. In meinen Workshops sind die Teilnehmer manchmal ratlos, wie sie an einer bestimmten Stelle weitermachen können. Ebenso kommt es vor, dass sie mit dem Ergebnis ihrer Aufstellung nicht viel anfangen können. Gleichzeitig wissen sowohl die Gruppe als auch ich als Organisator nicht, wie wir der aufstellenden Person weiterhelfen können. So etwas ist normal und gehört auch dazu. Vielleicht ist der richtige Zeitpunkt für eine Antwort oder Lösung noch nicht gekommen. Das Problem soll noch eine Weile reifen. Vielleicht ist es wichtig, mit dem Problem noch bestimmte Erfahrungen zu machen. Vielleicht passt auch der gegenwärtige Rahmen nicht für eine Lösung. Die aufstellende Person findet einige aus der Gruppe nicht sympathisch oder sie bräuchte mehr Zeit, als im Moment zur Verfügung steht. Dann besteht die Möglichkeit, das Thema ein paar Tage später in einer anderen Gruppe noch einmal aufzustellen, falls es immer noch aktuell ist und sich noch nicht von selbst aufgelöst hat.

Man kann viel darüber spekulieren, warum ein Thema mithilfe einer Aufstellung momentan nicht bearbeitet werden kann. Wenn es nicht sein soll, dann soll es gerade nicht sein. Es wird später eine neue Gelegenheit dafür geben, sich damit wieder auseinanderzusetzen und auszuprobieren, ob dieses Mal ein nächster Schritt möglich ist.

Sind Aufstellungen gefährlich?

Angelika hat Neurodermitis. Sie kennt Freie Aufstellungen, hat schon mehrfach an Veranstaltungen teilgenommen und weiß, dass man auch Krankheiten aufstellen kann. Allerdings hat sie noch nie alleine eine Freie Aufstellung durchgeführt. Zum ersten Mal beschriftet sie nun in ihrem Wohnzimmer Din-A4-Blätter. Auf das erste Blatt schreibt sie „Ich", auf ein anderes „Neurodermitis" und das dritte beschriftet sie mit „Ursache meiner Neurodermitis". In relativ schnellem Tempo verteilt sie offen und spontan die Blätter im Raum auf den Boden. Sie ist aufgeregt, was wohl gleich passieren wird. Als sie sich auf das Blatt mit „Ich" stellt, beginnt sie, sich unwohl zu fühlen. Ihr kommen Zweifel, ob es überhaupt gut ist, alleine ohne therapeutische Hilfe zu arbeiten. Trotzdem stellt sie sich noch auf das Blatt „Ursache meiner Neurodermitis". Ihre Gefühle werden noch schlimmer, ihr wird richtig schlecht.

> **Grenze**
> Wenn Sie sich nicht wohlfühlen, können Sie sich jederzeit schützen, indem Sie eine Grenze setzen und aufhören.

Nein, so geht das nicht. Sie entscheidet an dieser Stelle aufzuhören, sammelt die drei Blätter wieder ein und wirft sie weg. Im Moment hat sie das Gefühl, noch nicht so weit zu sein. Vielleicht versucht sie es später noch einmal.

Können Aufstellungen gefährlich sein, wenn man sie ohne therapeutische Hilfe macht? Ab und zu reagieren Menschen misstrauisch und kritisch, wenn ich vom Freien Aufstellen erzähle. Sie befürchten, dass etwas schiefläuft, eine Gefahr besteht oder jemand auf diese Weise in eine Krise gestürzt werden könnte. Manche behaupten, dass Aufstellungen nur in erfahrene therapeutische Hände gehören oder dass sie grundsätzlich gefährlich seien. Doch alle diese Einwände begegnen mir immer nur von Leuten, die das Freie Aufstellen noch nicht erlebt haben und sich ein inneres Bild davon machen, das ihren persönlichen Befürchtungen entspricht. Sie haben negative Berichte gehört, ohne den Hintergrund dieser Berichte und ihren tatsächlichen Zusammenhang konkret überprüft zu haben, und entwickeln daraufhin bestimmte Vorstellungen. Dabei fehlt ihnen aber die entsprechende Erfahrung.

Nach neun Jahren Erfahrungen ist mir Folgendes bewusst geworden: Eine Treppe ist neutral. Sie kann uns dazu dienen, ein höheres Stockwerk zu erreichen oder in den Keller hinabzusteigen. Wir können aber auch die Treppe hinunterfallen und uns die Knochen brechen, wenn wir nicht aufpassen. Dann ist sie gefährlich.

Ein Auto, ein Flugzeug oder ein Zug sind an sich neutral. Jedes dieser Fortbewegungsmittel kann uns erfolgreich und schnell von einem Ort zum anderen bringen. Doch es kann uns auch töten, wenn wir nicht gut genug aufpassen oder die Technik versagt.

Ein scharfes Messer ist an sich neutral. Es kann uns ein Werkzeug sein, um Dinge schneller zu zerteilen. Doch es kann uns auch verletzen, wenn wir nicht aufpassen.

Ein Spielfilm ist an sich „nur" ein Film. Wir können uns damit gut unterhalten. Berührt der Inhalt des Films jedoch ein Lebensthema, das ganz schlimme Erinnerungen in uns wachruft, dann kann uns dieser Film sehr aufwühlen.

Anfang der Achtzigerjahre des vergangenen Jahrhunderts wurde nach der Fernseh-Ausstrahlung des Films „Tod eines Schülers" ein Anstieg der Selbstmordrate unter 15- bis 19-jährigen männlichen Schülern zwischen 115 und 175 Prozent in den Tagen danach festgestellt. In der Medienwirkungsforschung wird angenommen, dass es einen Zusammenhang zwischen Berichten über Suizide in den Medien und einer darauffolgenden Suizidwelle in der Bevölkerung gibt. Fernsehen kann also auch „gefährlich" sein, wenn wir nicht aufpassen.

Der gute Rat eines Freundes ist an sich neutral. Der Freund meint es gut mit uns. Wenn wir seinen Rat befolgen, können wir dadurch ein Problem lösen oder uns erfolgreich schützen. Wir könnten aber auch in eine Krise geraten, falls wir ihm einfach nur naiv glauben und nicht zugleich auf unser eigenes Gefühl hören oder falls unser Freund sich geirrt hat.

Es kommt immer darauf an, was wir aus einer Sache machen, wie wir damit umgehen – und auch was der „Zufall" uns in die Wiege legt.

Während meiner elfjährigen Tätigkeit als Chorleiter erlebte ich einmal, wie eine ältere Sängerin (Sopran) während der Chorprobe einen Schlaganfall erlitt und später daran starb – aber war daran meine Probe schuld und ist das Singen im Chor gefährlich? Vor allem im Sopran?

Manches Schicksal ereilt uns einfach unerwartet – irgendwann und irgendwo. Und manches Schicksal ist die Folge einer Unachtsamkeit oder Naivität. Das ist überall so. In jedem Moment.

In jedem Seminar, in jeder Fortbildung, auf jeder Party, in jedem Gespräch, sogar ganz allein mit sich selbst – überall im Alltag sind wir einem unerwarteten Schicksal ausgeliefert. Das gilt auch beim Freien Aufstellen.

Das Freie Aufstellen steht uns für alles zur Verfügung und ist grundsätzlich ungefährlich. Wir können es nutzen, um intensiv an uns selbst zu arbeiten, unsere seelischen Entwicklungsprozesse zu unterstützen, kleine oder große Probleme zu lösen, Veränderungen in unserem Leben zu bewirken. Trotzdem besteht natürlich immer – wie überall sonst auch – die Möglichkeit, in eine Krise zu geraten.

Thematisch können beim Aufstellen unangenehme Situationen auftauchen. Davor können Sie sich genauso wenig wie im Alltag schützen. Es könnte beispielsweise ein Stellvertreter im schlimmsten Fall mitteilen, dass er in seiner Rolle das Gefühl hat, am liebsten sterben zu wollen. Sie befürchten anschließend, dass die reale Person, die er vertrat, Selbstmordtendenzen hat. Diese Annahme könnte Sie in eine Krise stürzen. In genau die gleiche Krise geraten Sie, wenn Ihnen im Alltag ein anderer Mensch sein Leid mitteilt und anschließend hinzufügt: „Am liebsten würde ich mich umbringen!" In solchen Fällen bleibt Ihnen nichts anderes übrig, als genau zu überprüfen, ob die Aussage des Stellvertreters wirklich „wahr" ist, sich bestätigen lässt und was Sie eventuell tun können.

Es gibt beim Freien Aufstellen ab und zu Situationen, die Sie mit Ungleichgewichten konfrontieren. Dies ist aber weniger der Methode des Freien Aufstellens zuzuschreiben, sondern eher der Tatsache, dass Sie mitten im Leben stehen und uns das Leben sowohl in Aufstellungen als auch im Alltag mit Ungleichgewichten konfrontiert. Das ist „normal" und gehört zum Leben dazu.

Eine weitere Möglichkeit, auf die ich hinweisen möchte: Wenn Sie ein Geheimnis haben und es versteckt lassen möchten, dann empfehle ich Ihnen, sich mit dem Freien Aufstellen nicht auseinanderzusetzen, zumindest nicht in Gruppen. Eine Teilnehmerin hatte als junge Frau eine Abtreibung vorgenommen, bekam anschließend ein schlechtes Gewissen und verdrängte das alles im Laufe der Jahre. Als während ihrer Aufstellung eine Stellvertreterin aus einem mehrdimensionalen Gefühl heraus die Frage stellte „Könnte es sein, dass du ein Kind abgetrieben hast?", fühlte sie sich unangenehm erinnert. Sie war sehr aufgewühlt.

Bei einer anderen Freien Aufstellung kam zum Vorschein, dass eine Teilnehmerin als Kind von ihrem Vater sexuell missbraucht worden sein könnte. Sie konnte sich aber an nichts erinnern. Als sie später bei den Eltern nachfragte, bestätigte die Mutter, was der Vater getan hatte. So etwas kann sehr aufwühlend sein.

Falls Sie fühlen, dass Ihnen etwas Ähnliches passieren könnte, und Sie möchten das lieber nicht, dann wird Sie dieses Gefühl daran hindern, sich mit dem Freien Aufstellen in Gruppen ausführlicher auseinanderzusetzen. Doch wenn Sie diese Themen irgendwann einmal klären und mit sich in Frieden kommen wollen, ist meiner Erfahrung nach das Freie Aufstellen ein wunderbares Werkzeug, um sich auf den Weg dorthin zu machen. Sie können erst einmal damit beginnen, die Methode vorsichtig für sich ganz allein auszuprobieren, bevor Sie sie im Kontakt mit vertrauenswürdigen Menschen durchführen. Folgen Sie dabei Ihrem Herzen und gehen Sie nur die Schritte, die für Sie wirklich passen.

Eines ist auf jeden Fall wichtig zu wissen: Das Freie Aufstellen ist kein Ersatz für eine ärztliche oder therapeutische Behandlung. Wenn Sie einen fachlichen Rat oder eine therapeutische Begleitung benötigen, wenn Sie jemanden brauchen, dem Sie sich anvertrauen wollen und von dem Sie fachliche Hilfe wünschen, sollten Sie auch entsprechend ausgebildete Ärzte und Therapeuten aufsuchen. Das Freie Aufstellen steht nur zur vollständig eigenverantwortlichen Selbsterfahrung zur Verfügung.

Wie könnte man beim Freien Aufstellen auf sich selbst „aufpassen", um zumindest die Folgen von Unachtsamkeit sich selbst gegenüber oder Leichtgläubigkeit anderen gegenüber ausschließen zu können? Ich empfehle Ihnen aus meiner persönlichen Erfahrung heraus: Sobald Sie beginnen, sich unwohl zu fühlen, schützen Sie sich. Hören Sie auf oder gehen Sie weg. Wenn es allerdings in Ihnen eine Stimme oder ein Gefühl mit der Botschaft gibt, es doch einmal etwas länger auszuprobieren und zu beobachten, was hier passieren will, dann müssen Sie neu überlegen. Wollen Sie sich schützen oder wollen Sie Ihren Schutz eine Weile hintanstellen und neugierig betrachten, was da auf Sie zukommt? Wenn Sie Ihrer Neugierde folgen und die innere Grenze überschreiten möchten, wäre es ratsam, sich gleichzeitig auch bewusst zu sein, dass Sie alle Folgen dieser Entscheidung eigenverantwortlich tragen müssen. Sind Sie bereit, sich diesen Folgen zu stellen, dann gehen Sie langsam und vorsichtig die Schritte, die Sie wirklich gehen wollen. Kontrollieren Sie stets Ihre eigenen Schritte. Dazu haben Sie beim Freien Aufstellen jederzeit den Raum.

Können Sie sich an meine innere Bremse erinnern, bevor ich aus der schwarzen Kugel über die Türschwelle in die warme freundliche Freiheit schritt? Ich brauchte sehr viel Zeit, bis ich bereit war, diesen Schritt auch wirklich zu tun. Geben Sie sich immer die Zeit, die Sie brauchen, um sich wirklich sicher zu sein, dass Sie das auch tun wollen, was Sie zu tun beabsichtigen.

Wenn Sie wollen, können Sie auch von Anfang an in Ihre Aufstellung einen „Schutz" oder einen „Schutzengel" hineinstellen, der Sie durch Ihre Aufstellung begleitet. Sobald Sie sich unwohl fühlen, stellen Sie sich auf den Zettel „Schutz" und fragen sich, wie Sie sich dabei fühlen und ob vielleicht auch Botschaften in Ihnen aufsteigen. Gibt der Schutz grünes Licht oder rät er Ihnen zum Stopp?

> **Schutz (-engel)**
>
> Wenn Sie sich unsicher oder unwohl fühlen, können Sie einen Schutz in welcher Form auch immer dazustellen und beobachten, ob er Ihnen hilft.

Manche Teilnehmer einer therapeutisch begleiteten Familienaufstellung berichten, dass sie sich hinterher schlechter fühlten. Das lässt sich in den meisten Fällen auf das Verhalten und dogmatische Deutungen des entsprechenden Seminarleiters zurückführen, nicht auf die Aufstellung an sich. Daher lautet mein Tipp: Wenn Sie gemeinsam mit Freunden Freies Aufstellen durchführen oder sich in einer Veranstaltung für Freies Aufstellen befinden, dann trauen Sie keinem anderen – auch nicht dem Organisator oder einem sehr kompetent wirkenden Teilnehmer oder Stellvertreter. Das können Sie auch auf mich und dieses Buch übertragen. Leben Sie ein „gesundes" Misstrauen. Auch ein kompetenter Mensch kann sich irren, wenn er Ihnen etwas sagt. Selbst wenn er mit einem Satz ins Schwarze getroffen hat, kann der nächste Satz schon ein Fehlschuss sein. Egal, wie groß seine Erfahrung ist – es könnte sein, dass das, was er sich gerade vorstellt oder was er

> **Gesundes Misstrauen**
>
> Mit dieser Haltung können Sie sich davor schützen, einem anderen Menschen naiv etwas zu glauben und sich selbst dadurch in eine Krise zu stürzen.

denkt oder ganz deutlich fühlt, ausnahmsweise auf Sie und Ihr Problem *nicht* zutrifft. Beim Freien Aufstellen ist das, was Stellvertreter, kompetente Organisatoren oder erfahrene Teilnehmer sagen, keine absolute „Wahrheit", sondern immer nur ein Teil ihrer eigenen persönlichen Realität. Menschen teilen immer „nur" ihre persönliche Meinung mit. Selbst wenn sie mehrdimensional fühlen und ihre Gefühle überzeugend in Worte fassen – es besteht immer die Möglichkeit, dass sich jemand aus welchem Grund auch immer irrt oder seine Gefühle so in Worte fasst, dass er einen Zusammenhang verzerrt oder verkehrt wiedergibt. Sie können sich immer wieder fragen: „Kann ich mir absolut sicher sein, dass das wahr ist?" Die Antwort wird meistens „Nein" lauten.

Ich denke, eigentlich geht es gar nicht um „Wahrheit", sondern um „Wirkung". Wirkt das, was gerade gesagt wurde, lösend und unterstützend? Jede Information ist nur eine Mitteilung. Wir können sie eigenverantwortlich für uns selbst und unsere eigene Realität nutzen, um unser Gefühl zu testen und herauszufinden: „Löst es mein Problem? Hilft es mir *wirk*lich? Was hilft mir am besten?"

Trauen Sie deshalb nur Ihrem eigenen Gefühl und lassen Sie sich davon leiten. Nur Sie allein können fühlen, was Ihnen guttut. Werten Sie Ihre Zweifel und Unsicherheiten nicht ab, bezeichnen Sie sich selbst nicht als Feigling oder Angsthase, sondern erkennen Sie in Ihrer Bremse wertvolle Grenzen. Wie viele Menschen überschreiten ihre Grenzen und verletzen sich dadurch selbst, nur weil sie in ihrer Kindheit von anderen Kindern für ihre Vorsichtigkeit oder Unsicherheit ausgelacht wurden? Oder weil sie von ihren Eltern immer wieder gehört haben: „Stell dich nicht so an!"? Die Zeiten sind vorbei. Denken Sie nicht mehr, dass Sie ausgeschlossen werden, wenn Sie sich selbst schützen und einfach nur vorsichtig sind. Falls Sie doch wieder einmal von jemandem ausgeschlossen werden sollten, dann fragen Sie sich, warum dieser andere Mensch Sie nicht integrieren kann. Was fehlt *ihm*?

Ihr Schutzgefühl ist ein sehr wichtiges Wahrnehmungsinstrument für Sie selbst. Es gehört dazu. Daher lautet meine Empfehlung: Wenn Sie sich beim Freien Aufstellen unsicher fühlen oder zweifeln, dann lassen Sie erst einmal die Finger davon oder stellen einen Schutz dazu.

Sind wir aber durch unser Gefühl trotz aller Schutzmaßnahmen in eine Krise geführt worden, dann sehe ich das so: Unser Gefühl wollte in diesem Bereich „geschult" werden. Wir haben etwas dazugelernt. Mit dieser neuen Erfahrung können wir in Zukunft in diesem Bereich klarer vorausfühlen. Wir wissen nun besser, was wir wollen und was wir nicht wollen. Durch diese Krise ist unser Gefühl „geimpft" worden.

Ich selbst vertraue nur meinem eigenen Gefühl. Läuft etwas schief, dann bin ich wenigstens meinem Gefühl gefolgt und habe dazugelernt, sodass mich mein Gefühl in Zukunft besser vorwarnen kann.

Meine Offenheit hängt nicht mehr davon ab, dass ich einem anderen Menschen vertrauen und mich ihm gegenüber öffnen kann, sondern nur davon, was mir mein Gefühl sagt. Wenn es mir die Erlaubnis gibt, dann kann ich mich weit öffnen – ganz unabhängig davon, wie vertrauenswürdig mein Umfeld ist. Je mehr ich mir selbst traue, desto offener und klarer bin ich.

Schaue ich auf die Zukunft, dann sage ich mir immer: „Ich traue niemandem, sondern lasse immer mein Gefühl entscheiden. Ich traue meinem Gefühl."

Schaue ich auf die Vergangenheit, auf das, was bereits passiert ist, dann sage ich mir immer: „Es hat so sein sollen. Mein Gefühl hat mich dorthin geführt (oder hat mich nicht gewarnt). Diese Erfahrung nehme ich jetzt mit. Sie ist zu einem Teil meines Lebens geworden und macht mich reifer."

Schaue ich auf die Gegenwart, dann erlebe ich: „Es ist, wie es ist."

Regeln für das Freie Aufstellen allein

Regel 1: Jeder ist eigenverantwortlich

Als ich 1996 das therapeutisch angewendete Familienstellen kennenlernte, war mir sofort klar, dass hier mit einem telepathischen Phänomen unserer Gefühle gearbeitet wurde, das wir völlig natürlich überall im Alltag wiederentdecken können. Ich selbst hatte schon viele Erfahrungen diesbezüglich gemacht, noch bevor ich dem Familienstellen begegnet war. Im Familienstellen entdeckte ich damals das Resonanz-Phänomen in konzentrierter Fassung wieder und dachte: „Das geht doch auch anders. Ohne Therapeuten."

Das therapeutisch begleitete Familienstellen wird in den meisten Fällen von einem therapeutisch arbeitenden Aufstellungsleiter durchgeführt. Ein Teilnehmer bringt ein Problem mit, und der Therapeut trägt die Verantwortung für die Leitung der Aufstellung, d.h., er ist der Chef über den Ablauf der Aufstellung.

Das Freie Aufstellen dagegen hat keinen therapeutischen Rahmen und belässt die Chefrolle bei der aufstellenden Person. Jeder, der für sich das Freie Aufstellen durchführt, ist und bleibt Chef seiner eigenen Aufstellung. Deswegen darf er auch *frei* das mehrdimensionale Resonanz-Phänomen in den Gefühlen nutzen, *frei* über seine Aufstellung bestimmen und *frei* experimentieren.

Die logische Folge ist: Der Aufstellende muss/darf auch mit allen Folgen seiner Aufstellung leben. Er ist also vollkommen „eigenverantwortlich".

Findet er mithilfe seiner Aufstellung eine geniale tief wirkende Lösung, so ist dies genauso ihm selbst zuzuschreiben, wie wenn er durch den Umgang mit seiner Aufstellung in eine Krise rutscht. Das ist die Basis der „Freien Systemischen

Aufstellungen". Sonst würde die Methode nicht *Freie* Systemische Aufstellungen heißen. *Frei* bedeutet „ohne äußere Grenzsetzungen für die Aufstellung" und zugleich „absolut eigenverantwortlich".

Regel 2: Alles gehört dazu

Wenn Sie sich fragen, ob Sie beim Freien Aufstellen gerade etwas falsch machen, dann geben Sie sich die Antwort: „… und auch das gehört dazu." Es gibt in diesem Zusammenhang nichts Falsches, es gibt nur Erfahrungen, aus denen man lernt und für sich Konsequenzen zieht.

Wenn Sie bei Ihrem ersten Experiment mit Zetteln auf dem Boden nichts fühlen, dann könnte das zur Aufstellung dazugehören. Wenn Sie zu viel fühlen und lieber eine Grenze setzen, dann gehört es dazu. Lässt sich eine Aufstellung nicht lösen oder bringt sie kein Ergebnis, dann können Sie die Haltung einnehmen, dass auch das dazugehört und Ihnen vielleicht zeigt, dass es noch nicht an der Zeit ist oder noch eine bestimmte Erfahrung im Alltag fehlt.

Sie dürfen jedes Thema aufstellen, das Sie interessiert oder gerade bewegt. Und Sie dürfen jedes Symbol, jedes Element, jede Bezeichnung, jede Person auswählen, die Sie aufstellen wollen. Sie dürfen das tun, was Sie möchten und wie Ihr Gefühl oder Ihre Neugierde Sie führt. Jedes Experiment und jeder Versuch, für sich eine Lösung zu erreichen, sind willkommen. Alles gehört dazu.

Wenn Ihnen eine neue Idee kommt, die hier nicht im Buch steht, und Sie fragen sich, ob das wohl auch möglich wäre, dann gehört das ebenfalls dazu. Wenn Sie etwas tun wollen, wovon andere Menschen Ihnen abgeraten haben, dann sagen Sie sich: „Es gehört dazu, wenn ich es trotzdem tue." Und wenn Sie lieber dem Rat anderer Menschen folgen wollen, dann gehört auch das dazu.

Egal, was passiert, was Sie tun oder nicht tun wollen – Sie können auf alles in der Gegenwart reagieren mit dem Satz: „Auch das gehört dazu und kann mir etwas sagen oder mir neue Erfahrung bringen, wodurch ich einen Zusammenhang genauer kennenlerne." Wenn Sie *frei* bestimmen dürfen, dann gehört alles dazu, was Sie in und mit Ihrer Aufstellung tun oder lassen wollen.

Regel 3: Ich setze für mich Grenzen

Gehört alles dazu, dann auch, dass Sie bei Ihrer Aufstellung eine Grenze setzen, aufhören oder bewusst etwas vermeiden. Viele von uns wollten in der Kindheit etwas vermeiden, haben sich bei bestimmten Situationen unwohl gefühlt und wären am liebsten gegangen, um etwas nicht tun zu müssen. Eigentlich hätten wir gern „Nein" gesagt. Doch wir wurden von unseren Spielkameraden oder unseren Eltern abgewertet und ausgeschlossen. Unser Nein durfte nicht dazugehören. Wir waren in den Augen der anderen ein Feigling oder sollten uns „nicht so anstellen". Dies führte dazu, dass wir anfingen, unsere Grenzen zu missachten und sie zu überschreiten, weil wir lieber dazugehören wollten. Der Ausschluss hätte sich noch schlimmer angefühlt. Manchmal erleben wir solche Situationen sogar als Erwachsener, wenn wir beispielsweise im Job gemobbt werden.

Beim Freien Aufstellen können Sie üben, Ihre Grenzen wieder jederzeit setzen zu können. Die wichtigste Regel lautet deshalb, Ihre Grenze immer *eigenverantwortlich* dann zu setzen, wenn Sie es selbst so möchten – unabhängig davon, was andere dazu sagen. Sie dürfen sich jederzeit vor unguten Gefühlen und vor eine Krise schützen. Sie dürfen „Nein" sagen.

Als Organisator von Aufstellungsveranstaltungen erlebe ich immer wieder, wie mutig die Menschen werden, wenn ihnen bewusst ist, dass sie jederzeit Grenzen setzen und aufhören dürfen – ohne von außen bewertet zu werden. Je klarer ein Nein möglich ist und respektiert wird, desto offener das Ja.

Konsequenzen für unser Leben

Immer wieder entdecke ich, welche Konsequenzen man aus den Erlebnissen und Erfahrungen beim Freien Aufstellen für unser alltägliches Miteinander ziehen kann. Die erste „Konsequenz fürs Leben" wurde mir im Jahr 2005 bewusst und zog ab 2007 viele Menschen in ihren Bann. Folgender Gedankengang war damals ausschlaggebend:

In den Freien Aufstellungen entwickeln Menschen als Stellvertreter oder auch als Beobachter Resonanzgefühle. Sie nehmen über ihre Gefühle etwas wahr, was ihnen nicht vermittelt wurde. Sie fühlen es einfach – während sie zur Verfügung stehen und eine Rolle übernommen haben bzw. intensiv zuschauen und „mitleben".

Sobald die Aufstellung zu Ende ist, gehen die Stellvertreter wieder aus ihrer Rolle und stehen dafür nicht weiter zur Verfügung. In dem Moment verschwinden auch die dazugehörigen Resonanzgefühle. Der Stellvertreter, der eben noch in seiner Rolle Kopfschmerzen spürte, fühlt sich wieder gut. Der Stellvertreter, der in seiner Rolle mit Bauchschmerzen zu kämpfen hatte, spürt nichts mehr davon. Die Stellvertreterin, die in ihrer Rolle sehr anhänglich war, fühlt sich wieder frei.

Aufgrund meiner bisherigen Erfahrungen war mir klar, dass Aufstellungen auf einer unbewussten Ebene auch im Alltag „passieren". Wir stehen uns im Alltag gegenseitig zur Verfügung und rutschen dabei in entsprechende Resonanzgefühle. Also müsste ich diese Gefühle auch im Alltag wieder loswerden können, wenn ich mich dafür entscheide, für eine in diesem Fall unbewusste Aufstellung nicht weiter zur Verfügung zu stehen.

Ich probierte es aus und sagte mir in einer alltäglichen Situation, in der ich mit einem anderen Menschen Kontakt hatte und mich dabei seltsam fühlte, innerlich: „Ich stehe deinen bewussten und unbewussten Wünschen nicht zur Verfügung." Auf einmal fühlte ich mich wohler und konnte auf diesen Menschen viel offener und klarer reagieren.

Aus diesem Gedankengang und aus dieser Erfahrung heraus entstand das Buch „Ich stehe nicht mehr zur Verfügung". Ich übertrug ein Phänomen aus der Aufstellungsarbeit auf unseren Alltag und hatte damit Erfolg. Warum? Weil viele Menschen damit etwas anfangen konnten. Es schien eine logische Konsequenz zu sein, die nicht nur mir half.

Die faszinierenden Konsequenzen für unser Leben, die Sie in diesem Buch am Ende eines jeden Kapitels finden, halfen bereits zahlreichen Teilnehmern weiter. Viele können gar nicht mehr anders, als das, was sie beim Freien Aufstellen erleben, auf ihr Alltagsleben zu übertragen. Man kann dadurch einen permanenten Entwicklungsprozess erleben, der glückliche und erfüllende Momente beschert. Auch mein eigener Entwicklungsprozess nimmt bisher kein Ende, mein Leben wird immer „genialer".

Durch Zukunftsprognosen zu mehr Gelassenheit

Ab und zu kommen Teilnehmer Wochen später nach ihrer Aufstellung auf mich zu und sagen: „Es hat sich genauso entwickelt, wie wir es in der Aufstellung wahrgenommen haben!"

Wenn so ein Vorausspüren in Aufstellungen möglich ist, dann müsste das auch im Alltag funktionieren. Ich selbst habe schon ein paar Mal erlebt, dass ich etwas aus der Zukunft erfühlen konnte. In solchen Momenten wollte ich für die Zukunft etwas planen, hatte aber das Gefühl, dass es nicht planbar ist.

Vor vielen Jahren sprach ich einmal im Sommer mit meiner damaligen Partnerin über die kommende Weihnachtszeit. Wir überlegten, wie wir sie verbringen wollten. Doch ich konnte für keinen Plan eine feste Zusage geben. Es fühlte sich immer wieder so an, als käme etwas dazwischen. Deshalb ließen wir die Planung offen und schauten einfach, was passieren würde. Einen Tag vor Heiligabend starb meine Großmutter.

Solche Erfahrungen haben mir bewusst gemacht, dass das aktive Planen der Zukunft ein Tor öffnen könnte. Meine Empfehlung lautet: Planen Sie Ihre Zukunft und fühlen Sie nach, ob es sich frei und realistisch anfühlt, wenn Sie an diesen Plan denken. Sie können für Ihren zukünftigen Plan auch ein Fühlfeld zu Hilfe nehmen, es auf den Boden legen und sich draufstellen. Wie fühlen Sie sich, wenn Sie sich mit der Rolle Ihres Plans identifizieren? Und wie würden Sie Ihre Gefühle deuten?

Das Deuten ist gar nicht so leicht. Ich habe es jedenfalls noch nie geschafft, wirklich vorher zu wissen, was genau passieren wird. Auch Aufstellungen haben mir da nicht helfen können. Meistens kann ich mein Gefühl nur ansatzweise deuten. Im Nachhinein passt dieses Gefühl jedoch immer.

Die Erfahrung, dass ich meine Zukunft ab und zu vorausspüren kann, lässt mich ein verändertes Weltbild einnehmen. Es gibt Autoren, die sich ausführlich mit dem Wünschen auseinandersetzen und dabei empfehlen, man solle sich einen Wunsch besonders deutlich vorstellen, damit er sich erfüllen kann. Ich weiß heute, dass ich mir manche Wünsche gar nicht deutlich vorstellen kann, weil es ein Ereignis in der Zukunft geben wird, das die Erfüllung, wie ich sie mir vorstellen möchte, unmöglich macht. Ein Misserfolg liegt also nicht nur daran, dass ich mir in der Gegenwart etwas nicht effektiv genug gewünscht habe, sondern auch daran, dass mein Wunsch mit der Zukunft nicht übereinstimmt. Es gibt etwas in der Zukunft, das unweigerlich eintreten soll, und kein Wunsch von mir hat dagegen eine Chance.

Ein weiteres Beispiel: Im Mai 2001 erzählte ich meiner Partnerin, dass meinem Gefühl nach im Herbst irgendetwas passiert, was mir sehr wehtun würde. Der Herbst sah für mich schwarz aus – und meine einzige Interpretation für diesen Schmerz war, dass jemand aus dem engsten Familienkreis sterben würde. Am 11. September wusste ich dann, was ich vorausgespürt hatte.

Kein noch so intensiver positiver Wunsch für den Herbst hätte die Zeit nach den Flugzeug-Attentaten 2001 glücklich werden lassen. Ich *musste* also einen Schmerz fühlen, wenn ich an den Herbst dachte.

Es gibt definitiv etwas Höheres, das über meinen persönlichen Wünschen steht. Ich habe nicht die Macht, mir mein Leben so zu gestalten, wie ich es mir idealerweise wünschen würde. Ich bin Teil des gesamten Universums. Natürlich richtet sich dieses Universum nicht nur nach meinen Wünschen, sondern auch noch nach anderen, die teilweise stärker sind und an die ich mich ab und zu anpassen muss. Das Universum befindet sich nicht nur in Resonanz zu mir, sondern ich befinde mich auch in Resonanz zum Universum. Es ist immer ein Wechselspiel. Und wie dieses Spiel verlaufen wird, lässt sich manchmal vorausfühlen.

Gefühlsklumpen entwirren

Wie oft bleiben wir im Alltag stecken, weil wir gerade nicht wissen, wofür wir uns entscheiden sollen? Wir bleiben stecken, weil wir unser gegenwärtiges Gefühl nicht genau genug analysieren können. Da wir nur ein Gefühl auf einmal haben, enthält es das gesamte Spektrum der unterschiedlichen Wünsche und Richtungen. Wir nehmen nur einen einzigen „Gefühlsklumpen" wahr – und können uns deswegen nicht entscheiden. Es ist, als riefen unsere fünf Kinder alle gleichzeitig und gleich laut, was sie gerade wollen. Wir hören nur Lärm und verstehen kein Wort, also können wir auch keinem der Kinder seinen Wunsch erfüllen. Was machen wir? Wir sagen: „Stopp. Nicht alle gleichzeitig. Einer nach dem anderen." Und dann erzählt uns ein Kind nach dem anderen, was es wünscht, damit wir klarer unterscheiden und besser entscheiden können, was Priorität hat.

Genauso verhält es sich mit unserem Gefühlsklumpen. Wir müssen ihn entwirren und in Teile aufteilen, um klarer unterscheiden und schließlich besser entscheiden zu können. Wir müssen mehrdimensional fühlen, um klarer sehen zu können. Dazu nutzen wir unterschiedliche Positionen im Raum und geben diesen Positionen eine Bezeichnung. Auf diese Weise wird unser Gefühlsklumpen räumlich unterteilt und wir beginnen, mit den einzelnen Teilen zu arbeiten, uns zu bewegen, Verschiedenes auszuprobieren, bis wir Klarheit gewonnen haben.

Ich erlebe sehr oft, dass Menschen sich mithilfe einer Freien Aufstellung schneller und leichter entscheiden können. Allerdings gibt es eine Nebenwirkung. Nach meiner Erfahrung wissen die meisten danach zwar, wie sie sich entscheiden wollen, setzen aber diese Entscheidung nicht aktiv in die Tat um. Es gibt einen Teil in uns, der nach einer Aufstellung entspannt ist und weiß, wie es weitergeht, aber es gibt auch einen anderen Teil, der fühlt, dass der Zeitpunkt für eine Aktivität noch nicht reif ist.

Das lässt sich mit dem Autofahren vergleichen. Sie sitzen im Auto und wissen, dass Sie bei der nächsten Kreuzung rechts abbiegen wollen. Aber Sie lenken noch nicht, denn Sie sind ja noch nicht an der Kreuzung angelangt. Sie drehen das Steuer erst nach rechts, wenn das Auto auch wirklich nach rechts abbiegen soll.

Auch das erlebe ich wie eine Art „Wahrnehmung" der Zukunft. Ich weiß, wie ich mich entscheiden will, tue es aber noch nicht aktiv, sondern warte den „richtigen Zeitpunkt" in meinem Gefühl ab. Es muss also irgendwann einen richtigen Zeitpunkt geben, und ich spüre, dass er noch nicht erreicht ist.

Der Umkehrschluss lautet: Irgendetwas in mir weiß, wann dieser Punkt erreicht sein wird, sonst hätte ich ja keinen Vergleich und könnte nicht spüren, dass es noch nicht so weit ist. Ich fühle also die Zukunft. Mit diesem Gedanken mache ich mir keine Vorwürfe mehr, wenn ich in meinem Alltag letztendlich nicht so aktiv werde, wie ich es geplant hatte.

Wenn Sie bei anstehenden Entscheidungen Ihre Gefühle mithilfe einer Aufstellung mehrdimensional entfalten, können Sie die Richtung besser erspüren. Durch diese Erfolgserlebnisse entwickeln Sie möglicherweise mehr Vertrauen in die Sichtweise, dass es immer einen richtigen Zeitpunkt gibt, wie auch mehr Vertrauen in die Möglichkeit des mehrdimensionalen Fühlens. Das führt letztendlich dazu, dass Sie nicht mehr jede Entscheidung aufstellen müssen, sondern darauf vertrauen, dass sich zum richtigen Zeitpunkt schon alles zeigen wird.

Vergleichen wir das wieder mit dem Autofahren, dann entspricht diese vertrauensvolle Haltung dem Moment, wo Sie zwar Ihr Ziel kennen, aber noch nicht wissen, in welche Richtung Sie an der nächsten Kreuzung fahren sollen. Dennoch vertrauen Sie darauf, dass an der Kreuzung entsprechende Straßenschilder stehen, die Ihnen die Richtung weisen, oder dass Ihr Navi-Gerät Ihnen im richtigen Augenblick Bescheid gibt, wo Sie abbiegen sollen.

Sobald Sie unruhig werden, das Vertrauen verlieren oder feststellen, dass Ihr Navi kaputt ist bzw. dass es keine Straßenschilder gibt, können Sie erneut eine Aufstellung machen. Sie nutzen wieder Ihr Potenzial des mehrdimensionalen Fühlens, um Klarheit zu gewinnen und sich dadurch wieder zu beruhigen.

Manchmal ergibt eine Aufstellung auch, dass es noch nicht an der Zeit ist, die Richtung zu kennen. Selbst dann kann man vertrauensvoll loslassen. Dieses Ergebnis gehört genauso dazu. Sollten Sie dennoch ein gewisses Misstrauen fühlen, können Sie sich sagen: „Auch dieses Misstrauen gehört irgendwie dazu und befindet sich in Resonanz zum Universum, ist ein Teil der Allverbundenheit." Anschließend beobachten Sie weiter, was Ihnen in nächster Zeit begegnen wird.

Ausgeglichenheit und tiefe Freude durch erfolgreiches Vorausfühlen

Nachdem ich sowohl mithilfe einer Aufstellung in der Gruppe als auch durch eine verdeckte Einzelaufstellung meine Gefühle entwirrt und herausgefunden hatte, wie meine zukünftige Zusammenarbeit mit Verlagen verlaufen würde, von wem ich eher eine Absage und von wem eine Zusage erhalten würde, überraschten mich die darauffolgenden Ereignisse nicht mehr. Die Absagen enttäuschten mich nicht, und auch die blinde Euphorie bei einer Zusage hielt sich in Grenzen. Da war einfach nur eine innere Gelassenheit und eine tiefe Freude darüber, dass sich alles genauso entwickelte, wie ich es in den Aufstellungen miterlebt oder selbst gefühlt hatte.

Diese neue Haltung meinem Leben gegenüber breitet sich immer mehr aus. Von Aufstellung zu Aufstellung. Von Erfahrung zu Erfahrung. Enttäuschungen und extreme Euphorie nehmen ab und Ausgeglichenheit, Gelassenheit und Freude über die Resonanz, die ich immer wieder erleben darf, nehmen zu. Parallel dazu wächst eine gewisse Klarheit darüber, wie das Universum „gestrickt" ist. Ich fühle mich immer mehr in meinem Leben zu Hause, trotz aller Krisen und Schicksalsschläge, zu denen ich heute sagen kann: „Auch ihr gehört dazu."

Weil ich diesen Entwicklungsprozess in mir selbst erlebe, ist es eine logische Konsequenz, dass die Aufstellungsarbeit immer mehr mit meinem Alltag verschmilzt. Letztendlich ist das Aufstellen nichts anderes als „konzentriertes Leben", und das Leben nichts anderes als ein permanentes Aufstellen, in Resonanz sein, ein Schwingen mit dem Universum.

Da ich ein Teil des Universums bin, könnte man vielleicht sogar sagen: Das Leben ist ein Schwingen mitten im Universum. Das Aufstellen hilft dabei, bestimmte sich gegenseitig überlagernde Schwingungen voneinander zu trennen, sie zu unterscheiden, mehrdimensional zu fühlen, um das Chaos zu sortieren, gezielt damit umzugehen und letztendlich Durchblick zu bekommen. Das Ergebnis ist ein Schwingen auf einer nächsthöheren Ebene der permanent wachsenden Bewusstseinsspirale.

Die Erlösung von seelischen Phantomschmerzen

Warum suchen wir Menschen in allen möglichen Lebenslagen so intensiv nach einem Happy End? Ausschlaggebend für eine bahnbrechende Erkenntnis zu dieser Frage war für mich das Buch „Neustart im Kopf – Wie sich unser Gehirn selbst repariert" von Norman Doidge. Darin schreibt der Autor über den Neurowissenschaftler V. S. Ramachandran, der herausfand, wie man körperliche Phantomschmerzen heilen kann.

Phantomschmerzen entstehen, wenn einem Menschen ein Körperteil amputiert wird, beispielsweise eine Hand, und er dort trotzdem noch Schmerzen fühlt. Ramachandran erklärt dieses Phänomen damit, dass das Gehirn an den Ort, wo früher die Hand war, einen Schmerz projiziert. Es wurde schließlich nur die Hand amputiert, aber der entsprechende Bereich im Gehirn, die sogenannte neuronale Karte – im Folgenden kurz Gehirnkarte genannt –, die die Hand steuerte, existiert weiter.

Ramachandran beobachtete Folgendes: Wenn ein Körperteil amputiert wird, dann bleibt die Gehirnkarte, die für die Steuerung dieses Körperteils verantwortlich war und permanent mit ihm in Verbindung stand, in ihrer Entwicklung auf dem letzten Stand vor der Amputation stehen. Da kein weiterer Austausch mehr möglich ist, kann sich die Gehirnkarte nicht mehr weiterentwickeln und auch nicht mehr anpassen. War der letzte Zustand schmerzvoll, dann steckt die Gehirnkarte auf dem Stand „Schmerz" fest und projiziert diesen letzten Zustand weiterhin an den Ort, wo sich früher einmal die Hand befand. Der Mensch fühlt einen Phantomschmerz. Ich nenne das ein „schlechtes Ende" bzw. analog zum Happy End ein „Bad End": Der Kontakt zwischen Hand und Gehirn endete auf schmerzvolle Weise – und dieser Schmerz bleibt als letzter Stand im Gehirn gespeichert.

Übertragen wir diese Eigenart unseres Gehirns auf unser Beziehungsleben, leuchten manche Probleme ein. Wir haben zu einem Menschen im Laufe der Zeit eine intensive Beziehung aufgebaut. Es entwickelte sich in unserem Gehirn zu dieser Beziehung eine entsprechende Gehirnkarte. Wenn nun diese Beziehung abrupt endet – und das auch noch direkt nach einem Streit oder einer großen Spannung zwischen beiden Parteien –, dann bleibt unsere Gehirnkarte auf diesem letzten Stand stehen. Da wir uns nicht mehr im Austausch mit diesem Menschen befinden, können wir unsere Gehirnkarte auch nicht weiterentwickeln. Denken wir an diese Beziehung zurück, so fühlen wir immer noch diese Spannung, die zum Schluss herrschte, ein „Bad End".

Zu einem Happy End käme es, wenn wir uns im Guten von diesem Menschen verabschieden könnten, wenn eine Versöhnung stattfände. Dann bliebe der Zustand der entsprechenden Gehirnkarte bei einem angenehmen Gefühl stehen. So verstehe ich übrigens auch den Spruch: „Man soll aufhören, wenn es am Schönsten ist." In diesem Moment speichert die entsprechende Gehirnkarte die Erinnerung an diese Situation in einem besonders schönen Zustand und vermittelt uns, wenn wir daran denken, angenehme Gefühle.

Bleibt eine unserer Gehirnkarten in einem Bad End stecken, dann wird uns dieses Bad End immer genau dann als seelischer oder körperlicher Schmerz bewusst, wenn diese Gehirnkarte in irgendeiner Weise aktiviert wurde, also sobald uns irgendetwas an diese Beziehung erinnert, vielleicht auch nur unbewusst. Das nenne ich einen „seelischen Phantomschmerz".

Schmerzen sind unangenehm, deswegen suchen wir danach, sie zu lösen. Wir wollen Schmerzen möglichst heilen. Existiert also ein Bad End im Gehirn, dann suchen wir bewusst oder auch unbewusst in diesem Bereich nach einem Happy End.

Wenn Sie sich jetzt vorstellen, wie Ihr Gehirn für all die Situationen in Ihrem Leben, die schlecht endeten, immer noch auf unbewusster Ebene nach einem Happy End sucht, dann verstehen

Sie sich selbst, Ihre seelischen Probleme, Ihre Suche, Ihre Bedürfnisse vielleicht besser. Sie ziehen Krisen in Ihr Leben, die an alte Gehirnkarten andocken können, um innerhalb dieser Krisen die entsprechende schmerzvolle Gehirnkarte allmählich in Richtung Happy End weiterentwickeln zu können. Schicksal als Chance, Krise als Weg.

Möglicherweise verstehen Sie nun auch die befreienden Wirkungen von Lösungen und Happy Ends, die Sie bisher erfahren durften. Denn während sich Bad Ends im Gehirn schmerzvoll anfühlen, fühlen sich Happy Ends richtig gut an.

Und vielleicht verstehen Sie sogar Ihren gesamten Entwicklungsprozess als Mensch. Ich habe so einige Bad Ends erlebt, suchte ab da nach Happy Ends, und fand immer öfter welche, wodurch mein Gehirn sich weiterentwickeln, die seelischen Phantomschmerzen erlösen und ich mich immer mehr aus meinem Sumpf befreien konnte. Finden Sie keine Happy Ends für Ihr Gehirn, dann drehen Sie sich mit Ihrer Suche im Kreis und lernen den schmerzvollen Zustand Ihrer Gehirnkarte immer genauer kennen. Die erlebten Bad Ends wirken weiter, erzeugen neue Bad Ends und treiben Sie unbewusst an, Ihre scheinbaren Schattenseiten genau anzuschauen, sie allmählich weiterzuentwickeln, um schließlich Happy Ends zu erfahren.

Ramachandran fand heraus, dass sich körperliche Phantomschmerzen heilen lassen, indem man dem Gehirn visuell eine Illusion bietet und so an die Gehirnkarte, die den Schmerz gespeichert hat, andockt. Man erschafft eine Illusion, die dem Menschen das Gefühl gibt, die Hand sei wieder da. Dazu benutzt man einen Spiegel, damit es so aussieht, als ersetze die gesunde Hand die amputierte, sozusagen als „Stellvertreter". In dem Moment, in dem sich die Hand im Spiegelbild bewegt, wird auch die Gehirnkarte wieder beweglich. Auf fantastische Weise findet sie aus dem Schmerz heraus, entwickelt ihren Zustand weiter und ist im Laufe einiger Wochen dazu in der Lage, sich dem neuen amputierten Zustand vollständig anzupassen – schmerzlos (der Begriff dafür lautet „Spiegeltherapie").

Übertrage ich das auf die Methode des Freien Aufstellens, dann entdecke ich, dass dabei genau das passiert, was sich ein Gehirn wünscht: Sie bieten Ihrem Gehirn durch eine Aufstellung mit Stellvertretern oder mit Fühlfeldern eine Illusion an. Mithilfe dieser Illusion docken Sie in Ihrem Gehirn an einen alten problematischen Zustand an, aktivieren ihn und suchen nach einer Weiterentwicklung, nach einem Happy End. Dadurch kann sich auch die entsprechende Gehirnkarte weiterentwickeln, bis sie endlich damit aufhört, seelischen Schmerz zu erzeugen und dabei etwas Problematisches in Ihr Umfeld zu projizieren.

Sie erinnern sich an Rainer, der plötzlich in der Ecke des Zimmers auf dem Zettel „mein Anliegen" seinen verstorbenen Vater liegen sah. Die Aufstellung dockte an die Gehirnkarte an, die mit seinem Vater im Zusammenhang stand, aktivierte sie, sodass die Gehirnkarte ihren aktuellen Zustand nach außen projizierte. Deshalb sah er in seiner Fantasie seinen Vater zwar liegen, aber noch lebend. Er konnte auf diese Weise den Abschied vom Vater „erleben" und die Situation zu einem Abschluss bringen. Seine Gehirnkarte entwickelte sich damit weiter und seine Depression (ein seelischer Phantomschmerz) ließ nach.

So wie man mithilfe der Spiegeltherapie einen körperlichen Phantomschmerz zum Verschwinden bringen kann, lässt sich mithilfe einer Aufstellung ein seelischer Phantomschmerz auflösen. Das ist zwar wissenschaftlich noch nicht erforscht, tatsächlich erlebe ich es aber immer wieder genau so bei meinen Teilnehmern und an mir selbst.

Übertragen wir das auf unseren Alltag, dann wissen wir nun, warum wir uns nach einer problematischen Beziehung, die ungelöst zu Ende ging, einen neuen Partner suchen, der „zufällig" in der Lage ist, an diesen ungelösten Zustand anzudocken. Wir entdecken nach kurzer Zeit Ähnlichkeiten zu unserem früheren Partner, wir merken nach der ersten Verliebtheit, dass sich einige

Situationen wiederholen und unser neuer Partner an den alten Zustand in unserem Gehirn „andockt". Doch mit diesem neuen Partner ist vielleicht auf einmal ein Happy End möglich. Wir können die ungelösten Zustände in uns weiterentwickeln und reifen dabei Schritt für Schritt.

Genauso erging es uns, als wir uns als Heranwachsende verliebten. Die meisten von uns suchten sich zunächst Partner, die den eigenen Eltern in gewisser Weise ähnelten. Unser Gegenüber dockte damit an die alten ungelösten Gehirnzustände an, was uns die Möglichkeit gab, unsere Gehirnkarten entsprechend weiterzuentwickeln. Ob man sich dann auch tatsächlich auf den Weg zur Weiterentwicklung macht, hängt davon ab, wie bewusst einem ist, dass eine Wiederholung zunächst wichtig ist. Bevor wir nach einem Happy End suchen können, müssen wir an dem Problem andocken.

Meinem Empfinden und meiner Erfahrung mit mir selbst nach gibt es Gehirnkarten, die sich nur weiterentwickeln, wenn wir die notwendige Trauer zur Weiterentwicklung zulassen und vollständig ausdrücken können. Neigen wir dazu, Trauer zu vermeiden, und den Schmerz in der Brust nicht zuzulassen, der auf der Schwelle zur Freiheit in uns entsteht, dann behindern wir uns selbst auf diesem Weg in die Freiheit, in die Erlösung, zum Happy End. Es entsteht ein Teufelskreis.

Auf jeden Fall scheint unserem Unterbewusstsein sehr klar zu sein, was es braucht, denn sonst würden wir nicht so oft andere Menschen kritisieren. Wir kritisieren, weil eine Instanz in uns genau weiß, auf welche Weise unser Gegenüber perfekt an unsere ungelösten Gehirnzustände andocken kann und welches Happy End wir brauchen, damit wir uns letztendlich wieder gut in unserem Gehirn fühlen können. Unsere Kritik verfolgt das Ziel, unser Umfeld zu verändern. Es soll eine optimale Situation entstehen, durch die wir uns weiterentwickeln können, damit wir endlich aus unserem Leid herauskommen. Der Teufelskreis entsteht, sobald etwas in uns den Schritt aus dem Leid heraus vermeidet, weil wir die Gefühle bei einer emotionalen Verarbeitung fürchten.

Ist dieser Mechanismus nicht die Ursache für all unsere Kämpfe in Beziehungen und sozialen Kontakten? Machen wir uns das bewusst, dann können wir uns viel gezielter auf die Suche nach Happy Ends für unser leidendes Gehirn machen, statt den Partner dazu „zu benutzen".

Als Hilfsmittel dazu können wir Freies Aufstellen allein oder mit anderen Menschen wählen. Allerdings ist das Freie Aufstellen nur ein Werkzeug von vielen. Die Arbeit mit inneren Bildern, Gesprächstherapie, Gestalttherapie etc. bieten uns genauso Hilfe, zunächst an einen Problemzustand in unserem Gehirn anzudocken, um ihn schließlich mithilfe eines verständnisvollen und einfühlsamen Umfeldes zu einem Happy End weiterzuentwickeln und Versöhnungen zu erleben.

Wenn Sie sich eingehender mit den unterschiedlichsten Aspekten von seelischen Phantomschmerzen und über Möglichkeiten ihrer Erlösung beschäftigen wollen, finden Sie in meinem Buch „Ich stehe nicht mehr zur Verfügung – Die Folgen. Mit Kritik ausgeglichen und liebevoll umgehen" (Windpferd, 2010) ausführliche Informationen und Erkenntnisse darüber.

Trotz meiner Überzeugung, dass unser Gehirn so funktioniert, wie ich es hier beschrieben habe, möchte ich betonen, dass die Beschreibung der seelischen Phantomschmerzen ein reines Denkmodell darstellt. Es ist (noch) nicht wissenschaftlich untermauert, sondern entspricht nur meiner an die Wissenschaft angelehnten persönlichen Realität, mit der ich mir viele Zusammenhänge gut erklären kann. Mir hilft es in meinem Alltag sehr, mich und mein Gehirn auf diese Weise zu verstehen.

Ein Positionswechsel kann Gefühle verändern

Wenn Sie bereits Freies Aufstellen allein ausprobiert haben, dann müssten Sie dabei erlebt haben, wie sich Ihre Gefühle von Zettel zu Zettel, von Position zu Position leicht oder auch sehr deutlich verändert haben. Wir erleben, dass unterschiedliche Positionen tatsächlich unterschiedliche Gefühle erzeugen oder zum Vorschein bringen. Auch aus diesem Umstand können wir Konsequenzen für unser alltägliches Leben ziehen.

Ein Phänomen bei den Familienaufstellungen ist, dass es anscheinend Rangfolgen gibt. Es macht manchmal einen Unterschied, ob ein Mensch rechts oder links neben mir steht. Steht ein Mensch von mir aus gesehen rechts, dann hat er einen gewissen Vorrang. Ich dagegen bin ihm etwas untergeordnet. Steht der Mensch jedoch links von mir, dann verhält es sich anders herum. Ich habe ihm gegenüber einen gewissen Vorrang und er ist mir untergeordnet.

> **Rangfolgen**
>
> Achten Sie beim Aufstellen auf Reihenfolgen. Fühlt es sich rechts oder links besser an?

Warum ich und auch manche Teilnehmer und Stellvertreter das immer wieder so erfahren, weiß ich nicht. Aber es lässt sich als Konstante beobachten, die Sie in Aufstellungen wie auch im Alltag gezielt einsetzen können.

Eine Bekannte und ich hatten uns in einem Café gut und intensiv unterhalten. Wir kennen beide das Freie Aufstellen und sind mit den Phänomenen, die dabei auftauchen, vertraut. Nach einer gewissen Zeit musste ich gehen, da ich einen Termin hatte. Sie dagegen wollte noch ein wenig sitzen bleiben. Es fiel mir sehr schwer, mich von ihr zu lösen. Daher klagte ich: „Ich fühle mich so wahnsinnig anhänglich und mag gar nicht gehen!" Sie antwortete: „Setz dich doch einmal auf die andere Seite und schau, wie es dir dort geht." Ich war verblüfft über diesen Vorschlag und wechselte die Seite. Vorher saß ich links von ihr, also in der untergeordneten Position, und nach dem Wechsel rechts von ihr. Tatsächlich! Auf dem anderen Platz fühlte ich mich gar nicht mehr anhänglich und konnte mich ohne Schwierigkeiten von ihr verabschieden. Wir lachten beide und trennten uns herzlich.

Im Nachhinein wurde mir klar, was da passiert war. Meine Bekannte zieht in ihrem Leben immer wieder Männer an, die im

Kontakt mit ihr sehr anhänglich und bedürftig wirken. Das könnte mit einem Persönlichkeitsanteil von ihr zu tun haben, der manchmal zum Vorschein kommt und sehr distanziert und streng wirkt. Zeigt sie diese Strenge und Distanz, dann fühlt man sich plötzlich in ihrer Gegenwart sehr klein und anhänglich.

Hier findet ein Rollenspiel statt, das fast jeder aus seiner Kindheit kennt. Auf die Strenge unserer Eltern reagierten wir als Kind meistens mit Anpassung und Anhänglichkeit, denn so konnten wir unsere Eltern wieder versöhnen. Hätten wir uns anders verhalten, wäre es zu einem großen Konflikt und zu noch größerer Distanz gekommen. Doch das tut einem Kind einfach zu weh. Deshalb passt es sich lieber an.

Das ist der Hintergrund, warum wir im Erwachsenen-Alltag immer wieder das Rollenspiel von Distanz und Anhänglichkeit erleben. Distanziert sich einer, wird der andere anhänglich – oder umgekehrt. Neigt ein Mensch zu Anhänglichkeit, können die Menschen in seinem Umfeld das Gefühl bekommen, ihm gegenüber immer wieder streng oder distanziert zu reagieren.

In meiner Partnerschaft hilft mir dieser Zusammenhang folgendermaßen: Fühle ich mich besonders anhänglich, dann ist das sehr oft ein Zeichen dafür, dass mein Gegenüber gerade eine leichte Distanz zu mir lebt. Wenn ich nachfrage, erhalte ich in den meisten Fällen eine Bestätigung dafür. Fühle ich jedoch eine Distanz in mir, dann kann ich den Schluss daraus ziehen, dass mein Gegenüber sich gerade besonders bedürftig fühlt.

Weil ich im Café links von meiner Bekannten saß, also untergeordnet, stellte ich mich tendenziell ihrem strengen Muster zur Verfügung und fühlte daher eine dazu passende kindliche Anhänglichkeit. Als ich den Platz wechselte, saß ich in der ihr übergeordneten Position, stand ihr und ihrem Muster folglich nicht mehr so unmittelbar zur Verfügung und konnte leichter gehen.

Manchmal kämpfen Paare miteinander, wer gerade die bedürftigere Rolle einnehmen darf. Jeder betont, wie schlecht es ihm gehe, damit der andere die verständnisvolle Rolle einnimmt. Ist der andere verständnisvoll, so knüpft er mit seinem Verhalten an die Gehirnkarte des Bedürftigen an, bietet einen Elternersatz und steht dafür zur Verfügung, die gerade schmerzvoll aktivierte Gehirnkarte weiterzuentwickeln. Ist das Gegenüber jedoch gerade genauso bedürftig und sucht ebenfalls einen Elternersatz, geraten beide aneinander. Und es beginnt ein Kampf darum, wer wem zuerst zur Verfügung stehen soll.

Wer sich der Möglichkeit eines Positionswechsels bewusst ist und sich dazu in der Lage fühlt, kann in solchen Situationen für eine kurze Zeit aus der Position des Bedürftigen in die Position einer verständnisvollen Elternrolle schlüpfen. Dabei genügt es, sich beispielsweise einfach nur an die rechte Seite des anderen zu begeben, also in die Position des Übergeordneten, und zu beobachten, wie der andere darauf reagiert.

In allen Konfliktsituationen im Alltag wie auch in problematischen Situationen mit uns selbst kann es manchmal ausreichen, aus dem Problem ein Stück herauszukommen, indem wir etwa den Platz wechseln, uns in ein anderes Zimmer begeben oder im Park spazieren gehen. Die körperliche Bewegung sowie der neue Ort können unser Gehirn so stimulieren, dass sich etwas in unserem Problemempfinden verändert.

Oder wir nehmen einfach wieder zwei Zettel mit „Problemzustand" und „gelöster Zustand", legen sie weit voneinander entfernt auf den Boden, stellen uns eine Weile auf den Problemzustand und anschließend auf den gelösten Zustand und beobachten, welche Wirkung das auf uns hat.

II

Sich zu zweit
zur Verfügung stehen

Wie geht das?

Wenn Sie zu zweit aufstellen wollen, gehe ich davon aus, dass der andere genauso wie Sie das erste Kapitel gelesen hat und sich auf dem gleichen Wissensstand befindet wie Sie. Es ist nicht nötig, dem anderen zu erklären, wie er sich einfühlen und was er alles aufstellen kann. Sie beide kennen das Aufstellen und haben es auch schon mindestens einmal erfolgreich allein ausprobiert. Es treffen nun also zwei Fortgeschrittene aufeinander.

Wie Sie sich gegenseitig zu neuen Erkenntnissen verhelfen

Kommt ein Klient zu mir, dann ist klar, dass ich ihm für sein Problem zur Verfügung stehe – und nicht er mir. Das klingt vielleicht banal, ist aber eine wichtige Feststellung, besonders in der Arbeit zu zweit. Wer steht wem zur Verfügung? Wer stellt sein Problem oder seine Frage auf und wer ist Stellvertreter für die verschiedenen Rollen? Wer ist der Fragende und wer der Einfühlsame? Wenn das geklärt ist, können Sie beginnen.

Frank, der mich aus meinen Aufstellungsveranstaltungen kennt, kommt zu mir und wünscht eine Einzelberatung. Da er schon genau weiß, was er mit mir zusammen aufstellen möchte, wählt er die verdeckte Form, das bedeutet, dass er mir sein Thema und seine Fragen nicht sagt. Auch die Rollen, in die ich mich einfühlen soll, kenne ich nicht. Wir fangen ohne Vorgespräch einfach an zu arbeiten und benutzen dazu meine bunten Fühlfelder in verschiedenen Formen. Aus dem Stapel auf dem Tisch sucht er sich vier Felder aus, schreibt einzelne Buchstaben drauf und drückt mir das erste

> **Mit Personen verdeckt aufstellen**
>
> Sie sagen dem anderen nicht, welche Rolle Sie ihm innerlich zuteilen, sondern stellen es sich nur vor.

mit dem Buchstaben C in die Hand. Er stellt sich dabei innerlich vor, welche Rolle er diesem Fühlfeld zuweist, und sagt:

„Such' bitte dafür einen Platz im Raum. Einfühlen brauchst du dich noch nicht. Ich möchte, dass du die Fühlfelder erst einmal nur nach deinem Gefühl hier im Raum verteilst."

Ich nehme C, schlendere durch den Raum und spüre, dass ich mich allmählich dazu entscheide, C in die Nähe von der Wand zu legen – mit Blickrichtung auf die Wand.

Als Nächstes gibt mir Frank das Feld mit dem Buchstaben B. Damit geht es mir anders. Ich lege B mehr in die Mitte des Raumes, sodass B sowohl in Richtung C schaut als auch aus dem Fenster sehen kann. Das dritte Feld trägt den Buchstaben M und gehört nach meinem Gefühl direkt hinter C. Auf dem letzten Fühlfeld, das mir Frank in die Hand drückt, steht ein E. Sobald ich nachfühle, wohin wohl E gehört, wird mir übel. Ich halte diese Situation mit den drei anderen kaum aus: „Hui, mir ist richtig schlecht! Am liebsten möchte ich hier raus, einfach weg!"

Ich sorge mich ein wenig, Frank mit diesem starken Gefühl vor den Kopf gestoßen zu haben, doch als ich ihn kurz anschaue, sehe ich ihn lächeln. Er scheint das zu kennen und fühlt sich durch mein Gefühl wohl bestätigt.

Ich lege E direkt zu meinem Gymnastikball, der im Raum an der Querwand liegt. E dreht allen anderen den Rücken zu und schaut auf den Ball. (siehe Bild 3, S. 96)

Frank nickt: „Du hast es genau getroffen. So kenne ich die Situation. C steht abgewandt an der Wand, M direkt dahinter, B ist eher neutral und E will weg. Kannst du dich jetzt bitte auf jeden einmal draufstellen und genau nachspüren, was du bei den jeweiligen Personen fühlst?"

Aha, jetzt weiß ich, dass er hier lauter Personen aufgestellt hat. Das muss nicht immer der Fall sein, denn man kann ja auch Objekte wie ein Haus, eine Wohnung, Geld, eine Praxis, ein Auto,

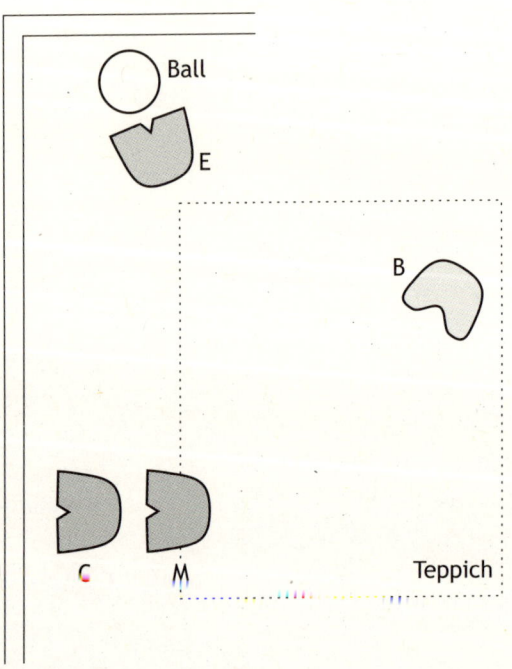

Bild 3

Länder oder Abstraktes wie Liebe, Wut, Distanz, Lösung, Entscheidung, Verbindung und vieles mehr aufstellen.

„Auf wen soll ich mich zuerst draufstellen?" frage ich.

Weil ich Frank vollkommen zur Verfügung stehe, achte ich immer darauf, genau das zu tun, was er sich wünscht. Falls mein Gefühl einmal nicht mit seinen Wünschen übereinstimmen sollte, teile ich ihm das mit, tue dann aber trotzdem, was er sich wünscht, falls er darauf besteht. Fühle ich eine persönliche Grenze, sage ich eigenverantwortlich, dass ich ihm dafür als „Olaf" leider nicht zur Verfügung stehen kann.

Frank entscheidet: „Mich interessiert als erstes, wie C sich dort an der Wand fühlt."

Ich stelle mich auf C und berichte: „Energielos ... ich fühle mich ziemlich energielos, deshalb muss ich mich hier mit der Stirn an die Wand lehnen und die Augen schließen."

Neugierig fragt Frank: „Spielt M für dich eine Rolle? Schließlich steht M sehr dicht hinter dir ..."

„Nein, mir würde es genauso gehen, wenn M nicht da wäre. Weder belastet mich M, noch fühle ich mich durch die Anwesenheit von M leichter."

> **Fragen stellen**
> Fragen Sie Ihren Stellvertreter alles, was Sie interessiert, und experimentieren Sie mit ihm.

„Okay, dann stell dich mal auf M."

Ich wechsle auf das hintere Fühlfeld und sehe C vor mir liegen. Mein Gefühl:

„Mir tut C unendlich leid. Ich möchte am liebsten helfen. Gleichzeitig fühle ich mich aber selbst nicht wohl dabei, denn ich stehe ja sehr unbequem hier auf der Teppichkante. Das ist eine verzwickte Situation. Weder fühle ich mich wohl, noch kann ich hier weg. Als Olaf kommt mir ein Gedanke über diese Rolle: Bemerkenswert finde ich, dass M über ein Weggehen nachdenkt, was C ja nicht tut. Beide fühlen sich so nicht gut, aber C denkt nicht über ein Weggehen nach. Nur M. Das könnte bedeuten, dass C eher eine Krise mit sich selbst hat, während M nur eine Krise aufgrund der äußeren Situation hat und sich entlasten kann, indem er weggeht. Ich würde daraus schließen, dass in C die Ursache für das Leid von beiden liegt. Wobei M das Problem hat, sich zu viele Sorgen zu machen, und sich dadurch mit dem Leid von C verstrickt."

Frank bestätigt: „Ja, das kann ich mir gut vorstellen. Das könnte passen. Ich kenne M auch tendenziell als jemanden, der sich immer um alles kümmern muss. – Und wie fühlst du dich auf B?"

Ich gehe von M aus ein paar Schritte nach rechts hinten zurück und stelle mich auf B. Ich fühle nicht sofort etwas, sondern empfinde mich eigentlich als neutral. Beim Einspüren kratze ich mich – das erste Mal heute – am Kopf.

Frank lacht: „Dieses Kopfkratzen macht sie auch permanent!"

„Ach, das ist ja interessant. Und ich dachte, ich hätte mich als Olaf gekratzt. Dabei gehört es zur Rolle … Also, ich kann nicht wirklich etwas fühlen. Ich empfinde mich als neutral. Wenn ich jetzt sagen würde, ich sei ausgeglichen, dann stimmt das nicht. Ausgeglichen fühle ich mich nicht, sondern eher etwas zurückgezogen, unsicher, aber nicht so eingebunden in das, was dort zwischen C und M abgeht."

Frank leitet mich weiter: „Wie ist es auf E?"

> **Experimente**
> Experimente führen zu neuen Erfahrungen und Erkenntnissen. Probieren Sie alles aus, was Ihnen einfällt.

Als ich mich wieder vor den Ball stelle und allen anderen den Rücken zudrehe, fühle ich wieder, wie mir schlecht wird. „Obwohl ich niemanden sehe, habe ich ein sehr drückendes Gefühl. Ich habe mich zwar weggedreht, aber wirklich gut geht es mir damit nicht. Vielleicht ein wenig besser, als wenn ich hinschauen würde."

„Was wäre denn, wenn du zu C und M hinschauen würdest?"

> **Stellvertreter entlasten**
> Damit ein Stellvertreter etwas gegen einen inneren Rollenwiderstand ausprobieren kann, hat er die Möglichkeit, die Rolle nur zur Hälfte zu spielen oder kurz vollständig aus der Rolle zu gehen.

„Oh, nein, das möchte ich nicht!", drücke ich meinen inneren Widerstand in der Rolle aus.

„Probier es mal bitte, ich möchte es testen."

Um mich entgegen meines inneren Widerstands umdrehen zu können, sage ich mir, dass ich ein wenig aus der Rolle herausgehe und mich als Olaf umdrehe. So geht es. Anschließend spüre ich mich wieder mehr in die Rolle ein.

„Wenn ich B anschaue, geht es mir nicht schlecht, aber wenn ich M und C anschaue, ist mir richtig übel."

Frank bestätigt: „Ja, das stimmt so. Nimm mal bitte hier noch dieses fünfte Fühlfeld und lege es irgendwo in den Raum." Auf das Feld hat er den Buchstaben L geschrieben.

Ich lege L ganz an die andere Seite des Raumes direkt vor das große Fenster mit Blick nach draußen und sage: „Hier fühlt es sich sehr gut an. Alles hinter mir nehme ich nicht wahr. Ich habe nur den weiten Blick in die Ferne."

„Und wie geht es E jetzt?"

Ich gehe quer durch den Raum zurück zu E. „Ja, ich merke, wie ich gerne zu L gehen würde, ich traue mich aber nicht an C und M vorbei."

Frank atmet tief ein, hält kurz inne und platzt dann raus: „Genauso geht es mir! Ich kann meine Lösung einfach nicht finden, weil ich dafür an C und M vorbeigehen müsste."

Schließlich erzählt er mir, was er aufgestellt hat: C ist sein Chef, der private Probleme hat, wie Frank aus sicherer Quelle weiß. M ist ein Arbeitskollege, der sich permanent beim Chef einschleimt und ihm aus jeder Patsche helfen möchte. B ist eine Arbeitskollegin, die sich eher im Hintergrund hält, und E ist er selbst. Sein Problem ist, dass er sich in seiner Arbeitsstelle zunehmend unwohl fühlt und nicht genau weiß, woran das liegt. Aus seinem Gefühl heraus bestätigt er nun, dass dieses Unwohlsein hauptsächlich mit der Verbindung zwischen seinem Chef und seinem Arbeitskollegen zusammenhängt. Sehr oft kommt ihm der Gedanke, sich versetzen zu lassen, um aus dieser Situation herauszukommen. Das wäre seiner Ansicht nach die Lösung, die er mit dem Buchstaben L als ein lösendes Element dazugestellt hat. Aber er sträubt sich dagegen, diese Versetzung mit seinem Chef zu besprechen.

> **Aufdecken**
> Sobald Sie den Beteiligten erzählen, was Sie bisher verdeckt aufgestellt haben, können die anderen darüber nachdenken und Tipps zur Lösung anbieten.

Wieder einmal bin ich fasziniert davon, wie treffend ich die Situation erspüren konnte, ohne von Frank eingeweiht worden zu sein, ohne zu wissen, welches Thema er überhaupt aufstellt. Die Resonanz und das mehrdimensionale Fühlen funktionieren immer wieder. Obwohl ich das Phänomen nun schon seit über fünfzehn Jahren konzentriert erlebe, erwischt mich das Erstaunen jedes Mal aufs Neue.

Als Nächstes überlege ich, wie ich ihm hier jetzt helfen könnte, doch mir fällt gerade nichts ein. In solchen Momenten greife ich immer zum „Joker" und der heißt „lösendes Element".

„Wie wäre es, noch ein weiteres lösendes Element dazuzustellen? Vielleicht zeigt es eine neue Lösungsmöglichkeit oder bringt einen neuen Impuls."

> **Mehrere lösende Elemente**
>
> Stellen Sie so viele lösende Elemente dazu, wie es Ihnen und Ihrer Aufstellung tatsächlich hilft.

Frank stimmt zu, und ich nehme ein Fühlfeld, auf das ich „L2" schreibe. Manchmal zeigt ein zweites oder drittes lösendes Element einen anderen Impuls als das erste – und erweitert auf diese Weise den Blick auf die Lösung oder zeigt etwas Neues. Doch obwohl ich mich anstrenge, einen neuen Impuls zu bekommen, spüre ich, wie ich L2 genau auf L legen möchte. Dieses Mal funktioniert es also nicht, ein zweites lösendes Element bringt keine neue Lösung, sondern bestätigt die bisher vorhandene.

> **Entlassen / Herausnehmen**
>
> Es kann hilfreich sein, einen Stellvertreter zu entlassen oder ein Symbol herauszunehmen, entweder weil es nicht mehr gebraucht wird oder weil es eine wichtige Entlastung bringt.

Weil L2 und L nach meinem Gefühl genau die gleiche Richtung und Position einnehmen, nehme ich L2 mit Franks Einverständnis wieder raus und mache ihm nun den Vorschlag: „Und wenn du doch auf deinen Chef zugehst und mit ihm darüber sprichst? Sollen wir es hier einmal ausprobieren?"

„Nein, bitte nicht!" Frank formuliert eine klare Grenze, und ich nehme darauf Rücksicht, es war ja nur ein Vorschlag.

Mein nächstes Angebot lautet: „Wie wäre es, wenn E ausprobieren würde, in einem großen Bogen an C und M vorbei zu L zu gehen?"

Frank zuckt mit den Schultern: „Du kannst es ja mal ausprobieren, ob es geht und wie du dich dabei fühlst."

Also hebe ich das Fühlfeld E auf, nehme es in die Hand, will langsam einen großen Bogen um C und M machen, stoße dabei aber direkt auf B.

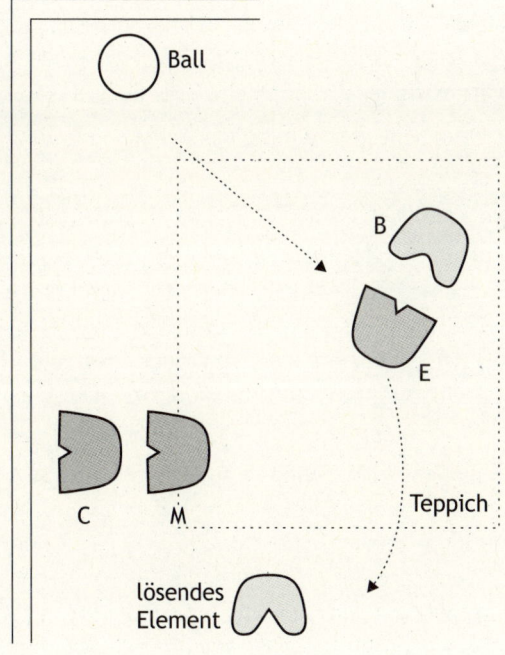

Bild 4

Wenn ich einen großen Bogen machen will, muss ich an B vorbei. Interessant. Das fühlt sich gut an. Als ich bei B stehe, sage ich einfach spontan zu B: „Könntest du bitte dem Chef sagen, dass ich versetzt werden möchte?"

Es fühlt sich so an, als würde B das gerne übernehmen. Deshalb gehe ich erleichtert weiter und stelle mich neben L ans Fenster. Dort geht es mir richtig gut.

Frank atmet tief durch: „Ja, daran habe ich noch gar nicht gedacht. Das ist eine sehr gute Möglichkeit, und ich glaube auch, dass es funktioniert. Meine Arbeitskollegin hat ein sehr gutes Händchen, etwas zu vermitteln. Wenn ich sie darum bitte, habe ich auch nicht das Gefühl, ein Feigling zu sein, sondern einfach nur, meinen Chef mit meinem Wunsch in Ruhe zu lassen. Er muss sich dann nicht auch noch um mich persönlich kümmern, sondern erhält die Information lediglich aus dritter Hand. Bisher dachte ich immer, das sei unhöflich, aber jetzt merke ich, dass das eine gute Lösung sein kann. Ich werde es probieren!"

Frank ist erleichtert und hat ein gutes Gefühl.

Was hat uns bei dieser Aufstellung zu zweit geleitet?

Sein Thema, seine Frage, mein Gefühl, seine Neugierde, zwei lösende Elemente und die Idee, einen Lösungsschritt testweise auszuprobieren, also die Experimentierlust. Dabei ist „zufällig" etwas passiert, das Frank auf eine neue Idee brachte. Mehr braucht man nicht zum Freien Aufstellen zu zweit. Kein Fachwissen.

Manchmal geht eine Aufstellung recht schnell, manchmal muss man etwas länger suchen und manchmal findet man gar keine neue Idee. Stellt man ein paar Tage später das gleiche Thema noch einmal auf, kann es sein, dass sich in der Zwischenzeit im Unterbewusstsein oder auch im Umfeld einiges bewegt hat. Diese Veränderung bringt vielleicht beim zweiten Aufstellungsversuch eine Lösung oder einen nächsten Schritt zum Vorschein. Es besteht auch die Möglichkeit, die gleiche Aufstellung mithilfe einer anderen Person zu wiederholen. Möglicherweise erspürt sie etwas Neues, das der vorigen Person entgangen ist.

Bei diesem Beispiel habe nur ich mich auf die Fühlfelder gestellt, eingefühlt und Frank davon berichtet. Natürlich hätten wir uns bei seiner Aufstellung auch beide in die Positionen einfühlen können. Zuerst stellt er sich auf ein Fühlfeld und beobachtet dort seine Gefühle, anschließend stelle ich mich auf das gleiche Fühlfeld und teile mit, was ich dort fühle. Es könnte sich auch der eine zunächst in alle Fühlfelder einspüren, die gerade im Raum verteilt liegen, und anschließend der andere. Dabei schaut man, ob die Gefühle ähnlich oder unterschiedlich sind und welche Erkenntnisse man daraus ziehen kann.

Wir hätten das Beratungssetting auch umdrehen können. Der Klient erzählt mir, welches Thema ihn beschäftigt, welche Frage er an mich hat, und ich überlege mir, wie man es aufstellen und was meinem Klienten möglicherweise helfen könnte. Ich sage ihm aber nicht, was ich mir überlege, sondern gebe ihm verdeckt ein Fühlfeld nach dem anderen in die Hand, jedes davon in Gedanken mit einer Rolle versehen und mit einer Nummer beschriftet. Während er die Fühlfelder nach seinem Gefühl auf dem Boden verteilt, schreibe ich auf einen Zettel, welche Nummer für welche Rolle steht, damit der Klient das Vorgehen später nachvollziehen kann.

Anschließend fühlt er sich unwissend in die verschiedenen Positionen ein. Ich leite ihn insofern durch die Aufstellung, indem ich Fragen stelle und lösende Ideen mit hineinstelle, bis er sich schließlich wohlfühlt. Dann decke ich auf und zeige ihm den Zettel, auf dem die Rollenverteilung steht. Ich teile ihm mit, was dazu geführt hat, dass er sich am Ende gut fühlen konnte. Möglicherweise kann er daraus Schlüsse für seinen Alltag ziehen. Auf jeden Fall aber hat er bereits selbst erfahren, wie sich das Happy End in dieser Situation anfühlt. Schon alleine diese Erfahrung kann ihm im Alltag weiterhelfen oder lösend wirken. Er hat nun einen Vergleich, eine Orientierung, ein deutlicheres Ziel.

Wäre Frank kein Klient, sondern ein guter Freund, könnten wir anschließend auch tauschen. Ich stelle eine Frage auf, und er steht mir und meinem Thema einfühlsam und unterstützend zur Verfügung.

Einen Konflikt mehrdimensional auseinanderfalten

Steffi und Peter kennen sich seit anderthalb Jahren und wohnen seit Kurzem zusammen. Ihre Beziehung ist sehr leidenschaftlich und zugleich anstrengend für beide. Immer wieder kommt es zu Eifersuchtsszenen. Besonders die Art und Weise, in der Peter mit anderen Frauen spricht, verletzt Steffi zutiefst.

Auf dem Heimweg von einem Essen bei Freunden kommt es im Auto zum Streit, denn Peter hat sich wieder einmal ausführlich mit Susanne unterhalten. Steffi fühlt sich so ohnmächtig, weil sie sich wünscht, dass Peter ihre Gefühle endlich nachvollziehen kann. Sie möchte ihm bewusst machen, was es in ihr auslöst, wenn er sie im Gespräch mit einer anderen Frau nicht mehr beachtet. Peter dagegen fühlt sich angegriffen und verteidigt sich. Es sei doch normal, sich auf seinen Gesprächspartner zu konzentrieren, außerdem habe er nicht die Absicht, Steffi auszuschließen. Es nervt ihn, von ihr so falsch interpretiert zu werden.

Zu Hause angekommen machen sie im Wohnzimmer eine Freie Aufstellung zu dem Thema. Steffi fängt an und beschriftet verdeckt drei Zettel. Dann drückt sie Peter den ersten Zettel umgedreht in die Hand, sodass Peter nicht sehen kann, was draufsteht. Er geht zur anderen Seite des Raumes, wartet ein wenig, dreht sich um, legt den Zettel auf den Boden und stellt sich drauf.

„Ich schaue von hier aus genau auf den Platz, auf dem ich eben gesessen habe."

Steffi muss grinsen. Er hat gerade ihren Zettel mit der Beschriftung „Steffi" aufgestellt und ihn so gelegt, dass er auf den Platz von Peter schaut. Klar, denn im Moment ist sie ja intensiv auf Peter fixiert. Doch sie sagt erst einmal nichts. Die Aufstellung soll noch eine Weile verdeckt bleiben. Sie greift zum zweiten Zettel, schaut noch einmal nach, was sie dort draufgeschrieben hatte, und reicht ihn Peter. Sein Gefühl ist, diesen Zettel genau in die Mitte des Raumes zu legen, und zwar zwischen „Steffi" und seinen Sitzplatz. Nun schaut „Steffi" direkt auf den zweiten Zettel, den Peter so gedreht hat, dass er um ca. 70 Grad rechts an „Steffi" vorbeischaut. Anschließend nimmt er noch den dritten Zettel von Steffi entgegen und legt ihn nach Gefühl genau in das Blickfeld des zweiten Zettels. Steffi fühlt sich bestätigt, denn der zweite Zettel steht für Peter und der dritte für Susanne, mit der sich Peter heute Abend so lange unterhalten hatte. Der Zettel „Peter" und der Zettel „Susanne" schauen sich direkt an.

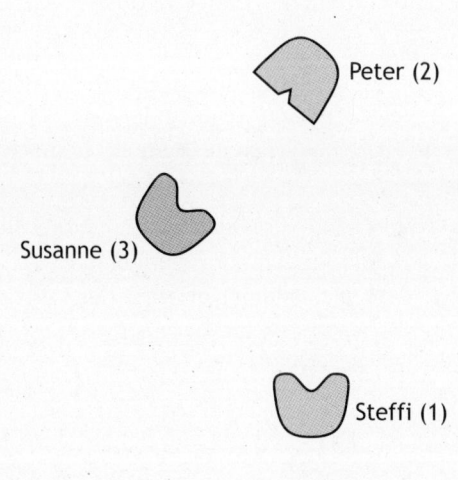

Bild 5

„Stell dich doch bitte mal auf den ersten Zettel. Wie fühlst du dich dort?", fragt Steffi.

„Ich schaue von hier aus auf den zweiten Zettel und bin stinksauer."

Steffi denkt: *Ja, genau!* und fragt laut: „Und wie fühlst du dich, wenn du dich auf den zweiten Zettel stellst?"

„Hier schaue ich auf den dritten Zettel, aber der nervt mich irgendwie. Ich denke, dass der dort nicht hingehört."

Steffi ist überrascht. Das hatte sie nicht erwartet. Auf seinem eigenen Zettel fühlt Peter, dass der Zettel „Susanne" dort nicht liegen sollte.

„Und was fühlst du auf dem dritten Zettel?"

Er wechselt den Platz. „Hier empfinde ich so eine Art Schadenfreude oder auch einen Triumph darüber, dass ich Aufmerksamkeit bekomme. Ich habe mich ja absichtlich genau in das Blickfeld des zweiten Zettels gestellt und genieße diese Aufmerksamkeit total."

„Wie fühlst du dich dort zum ersten Zettel?" Steffi möchte wissen, wie der Zettel „Susanne" zum Zettel „Steffi" steht.

„Ja, wenn ich dort hinschaue, fühle ich Freundlichkeit, aber so wirklich interessieren tut mich dieser andere Zettel nicht. Ich fühle keine Ablehnung, keine Anziehung, einfach nur freundliches Desinteresse."

Steffi forscht weiter: „Stell dich bitte noch einmal auf den zweiten Zettel. Wie fühlst du dich dort zum ersten Zettel?" Es wäre jetzt sehr interessant zu erfahren, wie sich der Zettel „Peter" zum Zettel „Steffi" fühlt.

Peter gibt das Feedback: „Ich kann mich gar nicht richtig auf den ersten Zettel konzentrieren, weil mich die Abwehr gegen den dritten Zettel in meinem Blickfeld so beschäftigt."

Steffi sieht jetzt, dass sie zwar tatsächlich ausgeschlossen ist, aber dass Peter wohl irgendwie ein Problem zu haben scheint. Und dieses Problem hat gar nichts mit den anderen Frauen zu tun. Sie gibt ihm einen weiteren Zettel, den sie verdeckt mit „lösendes Element" beschriftet hat, und ist gespannt, was sich dadurch verändert.

Peter legt diesen vierten Zettel in die Ecke des Raumes hinter dem Zettel „Steffi" und fühlt sich ein.

 Peter (2)

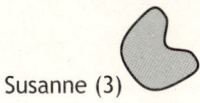 Susanne (3)

 Steffi (1)

lösendes Element

Bild 6

„Hier auf diesem neuen Zettel geht es mir gut und ich habe einen Überblick über die Situation, aber ich habe mit niemandem wirklich etwas zu tun", berichtet er.

„Gut, dann fühl mal auf den anderen drei Zetteln, was sich durch die Anwesenheit des neuen Zettels verändert hat. Gibt es einen Unterschied zu vorher?"

Peter stellt sich zuerst auf den Zettel „Steffi": „Hier fühle ich mich wesentlich ruhiger, bin nicht mehr sauer auf den zweiten Zettel und warte jetzt mal gelassen ab."

Auf dem Zettel „Peter" sagt er: „Also, jetzt kann ich mich ganz klar vom dritten Zettel abwenden, als hätte ich endlich die Erlaubnis, mich von dem Kontakt zum dritten Zettel loszureißen, und schaue jetzt ganz klar dort hinten hin zum vierten Zettel."

Zum Schluss stellt er sich noch auf den Zettel „Susanne": „Hier bekomme ich keine Aufmerksamkeit mehr und denke jetzt:

Gut, dann suche ich mir eben etwas anderes! Dabei blicke ich jetzt durch die Gegend und suche in einer ganz anderen Richtung. Die anderen beiden Zettel interessieren mich nicht mehr."

Steffi genügt das schon und sie würde nun gerne mit Peter darüber reden, was er in dieser Aufstellung mithilfe seiner Gefühle mehrdimensional erspürt hat. Sie deckt auf: „Der erste Zettel bin ich, der zweite Zettel bist du und der dritte Zettel ist Susanne. Als vierten Zettel habe ich ein lösendes Element dazugestellt."

Peter schweigt und setzt sich auf seinen Platz – nachdenklich.

Steffi fährt fort: „Meine Interpretation ist, dass es irgendetwas gibt, worauf du schaust und weswegen du keinen direkten Kontakt zu mir haben kannst. Und es gibt Frauen, die sich dann gerne in dein Blickfeld bewegen und deine Aufmerksamkeit genießen, während ich mich ausgeschlossen fühle. Doch das ist nur die Oberfläche. Diese Frauen nutzen nur deine Blickrichtung aus, deswegen fühlst du dich auch von ihnen genervt."

Peter bestätigt: „Ja, das stimmt. Als ich mich heute mit Susanne unterhalten habe, war permanent ein Gefühl da, eigentlich gar nicht so konzentriert mit ihr sprechen zu wollen, aber es ging nicht anders. Das ist ein Gefühl, das ich schon ganz lange von mir kenne, deswegen halte ich es für normal. Und aus diesem Grund finde ich auch deine Eifersucht so lächerlich, denn ich will ja gar nichts von einer anderen Frau."

Steffi entgegnet: „Kannst du dich noch an das erste Gefühl auf dem Steffi-Zettel erinnern?"

„Ja, ich war tatsächlich stinksauer und kann jetzt auch verstehen, dass du dich ausgeschlossen fühlst, wenn ich dich gar nicht wirklich anschaue. Logisch."

Steffi fühlt sich endlich verstanden und ihr kommen die Tränen. Peter nimmt sie in den Arm: „Tut mir leid."

Als die Tränen versiegt sind, löst Peter die Umarmung wieder und sagt nachdenklich: „Was ist das nur, worauf ich schaue? Ich muss ehrlich sagen, dass mich schon sehr lange innerlich etwas beschäftigt. Das, was sich hier in der Aufstellung gezeigt hat, stimmt irgendwie. Ich weiß nur nicht, was es bedeuten soll. Aber auf jeden Fall verstehe ich jetzt, warum du so eifersüchtig reagierst. Das, was mich beschäftigt, lässt mich dir gegenüber nicht wirklich offen sein. Ich kann gefühlsmäßig keinen direkten Kontakt zu dir leben, und das spürst du und fühlst dich irgendwie ausgeschlossen. Mir wird jetzt bewusst, dass ich innerlich noch an etwas anderes gebunden bin."

„Und ich kann sagen, dass ich mich jetzt viel besser fühle. Auch wenn du noch nicht weißt, was es ist – allein, dass du dich nun damit auseinandersetzt, beruhigt mich total."

„Ja, ich weiß!", antwortet Peter. „Schließlich hab ich das am Schluss ja auch auf deinem Zettel gefühlt, dass keine Wut mehr da ist, sondern einfach nur noch ein entspanntes Abwarten."

Sie lächeln sich an.

„Wenn du das Thema irgendwann einmal aufstellen möchtest, stehe ich dir gerne dafür zur Verfügung", flüstert Steffi zärtlich. Peter nimmt sie fest in den Arm.

Bei diesem Konflikt stellte nur eine Person auf, während die andere einfühlsam zur Verfügung stand. Wenn das Bedürfnis dazu besteht, kann anschließend getauscht werden. Dann stellt der andere beispielsweise dasselbe Thema auf und der vorherige Aufsteller wird zum einfühlsamen Stellvertreter. Auf diese Weise werden die Perspektiven beider Beteiligten berücksichtigt. Außerdem könnte sich eine weitere Ebene öffnen und zu einer zusätzlichen Erkenntnis für beide führen. Mein Vorschlag: Schauen Sie gemeinsam, ob einer von Ihnen noch eine zweite Aufstellung zum selben Thema wünscht. Ist der Wunsch vorhanden, dann ist es auch meistens hilfreich und kann etwas Neues aufzeigen.

Wenn immer mehr Paare die Methode des Freien Aufstellens in ihren Alltag integrieren, ihre Konflikte durch mehrdimensionales Fühlen auseinanderfalten, genauer betrachten und damit besser lösen können, wie wird sich wohl die Trennungs- bzw. Scheidungsrate verändern?

Das eigene Kind mithilfe einer Aufstellung unterstützen

Svenja ist in der 10. Klasse eines Gymnasiums und befindet sich mitten in einem Konflikt. Die Klassenlehrerin verhält sich ihr gegenüber äußerst unfair und auch von manchen Klassenkameradinnen wird sie gemobbt. Es gibt niemanden, von dem sie sich wirklich verstanden fühlt. In den nächsten Wochen steht ein gemeinsamer Aufenthalt im Schullandheim auf dem Plan, aber sie möchte am liebsten nicht mitfahren. Die Situation ist für sie so schlimm, dass sie überlegt, in eine andere Klasse oder vielleicht sogar gleich die Schule zu wechseln. Eine Zeitlang hat sie das Problem zu Hause verschwiegen, doch als die Mutter die Einverständniserklärung für das Schullandheim unterschreiben soll, rückt Svenja mit ihren Gefühlen heraus. Sie erzählt, wie es ihr gerade geht und dass sie nicht mehr weiterweiß. Die Mutter schlägt vor, eine Aufstellung zu machen, und Svenja stimmt zu. Als Nächstes fragt die Mutter:

„Sollen wir uns mithilfe dieser Aufstellung anschauen, warum es dir so schlecht geht und ob wir dafür eine Lösung finden? Oder möchtest du dich lieber gleich auf einen Wechsel konzentrieren?"

„Weiß ich nicht …", klagt Svenja hilflos.

Die Mutter hat eine Idee: „Wir können ja eine Entscheidungsaufstellung machen. Du schreibst auf den ersten Zettel deinen Namen und auf zwei weitere Zettel einmal die ‚Ursache' für deine Situation und einmal das ‚Wechselthema'. Und dann fühlen wir nach, welches der beiden Themen wichtiger zu sein scheint, okay?"

Svenja stimmt zu, beschriftet offen einen Zettel mit „Svenja" und schreibt, während die Mutter diesen Zettel schon einmal auf den Boden legt, verdeckt auf den zweiten Zettel „Ursache" und auf den dritten „Wechsel". Anschließend dreht sie die Zettel um. Die Mutter weiß nicht, was auf welchem Zettel steht, und legt den einen nach Gefühl in einem Abstand von ungefähr zwei Metern zu Svenjas Zettel in ungefähre Blickrichtung, den anderen Zettel positioniert sie sehr nah an Svenjas Zettel, schräg davor links.

> **Entscheidungsaufstellung**
>
> Wissen Sie nicht, welches Ihrer vielen Themen Sie aufstellen wollen, dann nutzen Sie Stellvertreter. Wählen Sie für jedes Thema und für sich einen Stellvertreter und lassen Sie ihn entscheiden, welches Thema gerade wichtig ist. Wenn Sie allein mithilfe von Zetteln entscheiden wollen, dann legen Sie für jedes Thema einen Zettel auf den Boden, stellen sich anschließend auf den Zettel, der Sie darstellt, und beobachten Sie, wie Sie sich von dort aus zu den jeweiligen Themen fühlen.

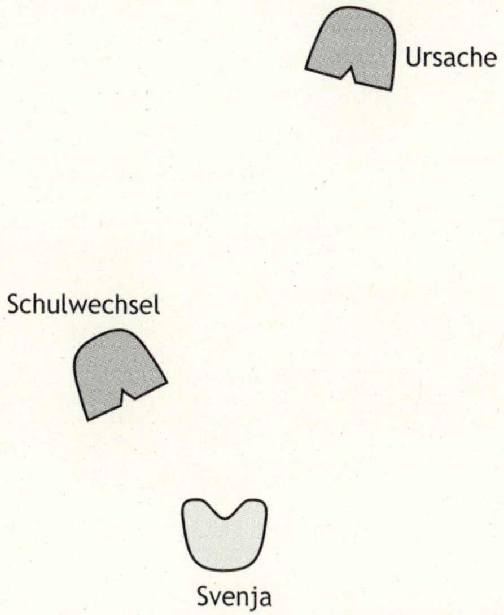

Ursache

Schulwechsel

Svenja

Bild 7

Sie stellt sich auf Svenjas Zettel und fühlt nach, wie es ihr dort geht. Dann fällt ihr noch etwas ein und sie sagt: „Wenn du irgendwelche Wünsche hast oder wenn ich etwas verkehrt mache, sagst du Bescheid, ja?"

„Ja, schon klar", antwortet Svenja.

„Also – hier auf deinem Zettel möchte ich eigentlich keinen der anderen beiden Zettel anschauen."

„Ja, es ist alles blöd!", bestätigt ihre Tochter klagend.

Die Mutter fährt fort: „Ich empfinde die beiden anderen Zettel als total aufdringlich und möchte mit keinem von beiden etwas zu tun haben." Aufgrund dieser Gefühle beginnt sie, sich um ihre Tochter zu sorgen, wird unsicher und fragt Svenja: „Sollen wir die Aufstellung wirklich machen?"

„Ja, ist schon okay, ich will ja endlich wissen, wie es weitergehen soll."

Die Mutter stellt sich nacheinander auf die beiden anderen Zettel: „Beide Themen schauen auf dich, aber ich kann nichts Konkretes fühlen." Dann stellt sie sich noch einmal auf den Zettel „Svenja" und fühlt immer noch die große Abwehr und das Gefühl, damit nichts zu tun haben zu wollen. Sie ist ratlos, geht aus den Rollen und setzt sich in den Sessel.

Nachdenklich schaut sie auf die drei Zettel, die auf dem Wohnzimmerboden liegen, und sagt: „Was sollen wir bloß mit der Situation machen?"

Nach einem Moment der Stille bricht es aus Svenja heraus. Sie fängt an zu weinen: „Mama, es ist so schlimm!"

Die Mutter nimmt sie in den Arm und streichelt sie.

„Deine Lehrerin und deine Klassenkameradinnen tun dir weh, stimmt's?"

„Ja, ganz doll!" schluchzt sie.

„Das verstehe ich gut. Du Arme …"

Svenja lässt das lang Angestaute endlich fließen, und ihre Mutter umarmt sie einfach nur verständnisvoll und wiegt sie ein bisschen hin und her.

Nach einer Weile spürt Svenja neue Energie. „Stell dich jetzt noch einmal auf meinen Zettel", fordert sie ihre Mutter auf.

Die Mutter steht auf und stellt sich wieder auf diesen Zettel. Nach kurzem Warten sagt sie: „Ja, jetzt ist es etwas anders. Ich würde den Zettel hier vorne gerne wegschieben und interessiere mich für den Zettel dort hinten."

„Das dahinten ist die Ursache", deckt Svenja auf. „Der Wechsel hier vorne kommt später dran."

„Okay, dann kümmern wir uns um die Ursache", antwortet die Mutter, während sie die Zettel einsammelt. „Deinen Zettel brauchen wir ja noch, die anderen nicht mehr. Wie wollen wir jetzt am besten weitermachen?", überlegt sie laut.

„Nimm mal meinen Zettel auch wieder raus", wünscht sich Svenja. Die Mutter tut gerne, was ihre Tochter verlangt. Svenja scheint neue Ideen zu bekommen, denn sie beschriftet eifrig ein paar Zettel, ohne ihrer Mutter zu sagen, was sie sich gerade vorstellt. Sie dreht die Zettel um und reicht ihrer Mutter den ersten: „Fang mal damit an."

„Schon wenn ich diesen Zettel nehme, fühle ich eine sehr große Lustlosigkeit und Abneigung. Es fühlt sich so an, als wenn ich keine Aufstellung mehr machen möchte. Wow, das ist aber intensiv!" Die Mutter krümmt sich. „Ich will nicht!", ächzt sie und legt den Zettel direkt an die Tür. „Ich hoffe, das ist nicht dein Zettel?!", fragt sie ihre Tochter.

„Quatsch, der liegt doch hier bei mir", beruhigt sie Svenja.

Die Mutter spürt weiter: „Ich möchte am liebsten hier in den Papierkorb kotzen – und dann aus der Tür gehen!"

Svenja lacht und reicht ihr den nächsten Zettel: „Stell mal das hier auf."

Erleichtert, diese Rolle erst einmal nicht weiter spüren zu müssen, verlässt die Mutter den Platz an der Tür, nimmt den nächsten Zettel und … fühlt sich wieder schlecht: „Mein Gott, was ist denn hier los! Hier fühle ich mich anders schlecht, so schwer, als würde eine große Last auf meinen Schultern liegen … und auch so energielos."

Sie legt diesen Zettel in die Mitte des Raumes, mit Blick zum Fenster.

„Äußerst unangenehm! Aber es ist interessant, wie man sich unterschiedlich schlecht fühlen kann. Dort war mir übel und hier ist es eine Schwere – und auf beiden Zetteln spüre ich eine riesige Lustlosigkeit."

Svenja sitzt aufrecht und gelassen in ihrem Sessel, als könnte sie nichts umwerfen. Sie beobachtet ihre Mutter interessiert und scheint das alles zu kennen.

„Tja, Mama, so ist es bei uns in der Schule! Aber mehr verrate ich noch nicht. Nimm mal diesen Zettel."

„Ich muss mich richtig zusammenreißen, hier noch weiterzumachen. So viel Energielosigkeit habe ich selten gespürt!", stöhnt die Mutter. Svenja erinnert sie: „Du kannst ja die Rollen auch nur halb spielen. Du musst ja nicht so tief einsteigen."

> **Stellvertreter entlasten**
>
> Damit ein Stellvertreter nicht zu viel fühlen muss, kann er die Rolle nur zu 50 % oder noch weniger „spielen". Er sagt zu sich selbst: „Ich stehe dafür nur noch zu 50 % zur Verfügung".

„Ja, du hast recht." Die Mutter nimmt den dritten Zettel – und weiß nicht, wo sie ihn hinlegen soll. „Mit diesem Zettel in der Hand fühle ich mich total durcheinander und laufe hier herum. Ich habe keine Ahnung, wo ich hingehöre."

Svenja reicht ihrer Mutter nun ihren Zettel, auf dem „Svenja" steht: „Und jetzt noch den hier."

„Moment, ich habe diesen Zettel doch noch gar nicht hingelegt."

„Du findest sowieso keinen Platz!", prophezeit Svenja.

Die Mutter lässt den Zettel einfach fallen, dort wo sie gerade steht, und nimmt Svenjas Zettel in die Hand. Sie geht langsam zurück an die Wand, um möglichst großen Abstand zu den drei anderen Zetteln zu haben. Dort legt sie ihn schließlich ab, stellt sich drauf und sagt: „Mir geht es eigentlich am besten von allen. Und wenn ich hier außen stehe, kann ich in Ruhe auf das Chaos dort schauen."

„Tja, dann müssen wir uns wohl mal nach einer neuen Schule umschauen, oder?" Bei diesen Worten wirkt Svenja plötzlich sehr zuversichtlich. Die Mutter ist neugierig. „Wer waren denn die anderen drei?"

„Schau doch mal nach!"

Als die Mutter zur Tür geht und den ersten Zettel umdreht, steht dort „Lehrerin" drauf. Auf dem zweiten Zettel liest sie „Schulleiter", und auf dem dritten steht „Meine Klasse".

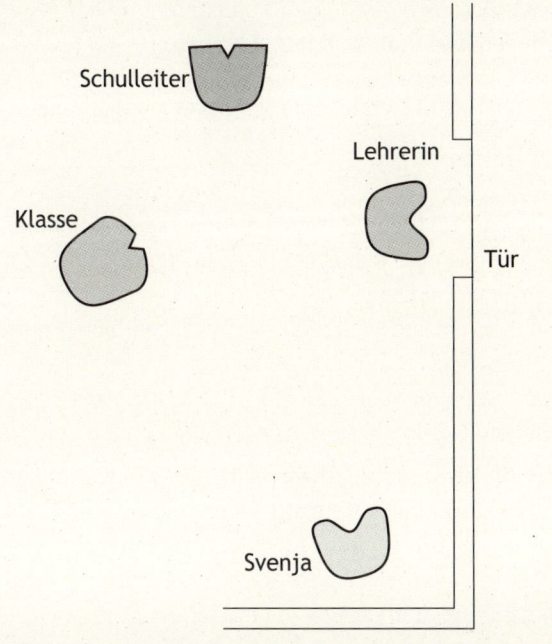

Bild 8

„O je, das ist ja furchtbar. Erlebst du das wirklich so, wie ich es hier gefühlt habe?"

„Mama, du kannst dir gar nicht vorstellen, wie chaotisch unsere Klasse ist. Klar, dass du nicht wusstest, wo die Klasse hingehört. Wir haben keinen ordentlichen Platz. Es geht alles drunter und drüber. Und der Schulleiter ist immer schlecht drauf, wenn ich ihn mal sehe. Er sieht wirklich so aus, als wenn er immer eine Last trägt. Von meiner Lehrerin habe ich dir ja schon genug erzählt."

Die Entscheidung steht: Mutter und Tochter weihen noch den Vater ein, der sich schnell überzeugen lässt, und machen sich auf die Suche nach einer neuen Schule. Die Teilnahme am Schullandheimaufenthalt wird abgesagt.

Das Freie Aufstellen und die darin enthaltene Möglichkeit, Gefühle mehrdimensional zu entfalten, bringt Familien eine neue Methode ins Haus. Man kann auf völlig neue Weise über Konflikt- oder Problemthemen sprechen und sich gegenseitig nahebringen, wie man sich mit bestimmten Themen fühlt. Der eine stellt sich auf den Standpunkt des anderen, fühlt sich ein und vollzieht es nach – wie die Mutter bei ihrer Tochter. Dieses Beispiel spricht für sich.

Am Anfang von Svenjas Aufstellung haben wir ein Phänomen miterlebt, das mir immer wieder in Aufstellungen begegnet. Zunächst konnte Svenja kaum etwas entscheiden, sie steckte gefühlsmäßig in ihrem Problem und war ratlos. Die Mutter empfand nur Abwehr in der Rolle von Svenja. Außerdem spürte sie keine Hilfsimpulse und fühlte sich ebenfalls ratlos. Deshalb brachte sie diese Ratlosigkeit zum Ausdruck, setzte sich in einen Sessel und wartete.

In dem Moment brach Svenja in Tränen aus und ließ ihren Gefühlen freien Lauf. Es löste sich eine Spannung, und sie konnte einen Schmerz verarbeiten. Anschließend entwickelte sie eine neue Energie, und parallel dazu konnte ihre Mutter neue Impulse in der Aufstellung fühlen.

Dieser Zusammenhang zwischen den aktuellen Gefühlen des Aufstellers und dem, was in der Aufstellung wahrzunehmen ist, lässt sich auffallend oft beobachten. Bleibt eine Aufstellung an einem Punkt stecken und niemand weiß weiter, dann wende ich mich an den Aufsteller und frage ihn, wo er innerlich gerade steht. Meistens wird an seiner Reaktion deutlich, dass er tatsächlich an einer Stelle feststeckt. Entweder kommen nun beim Aufsteller Emotionen zum Vorschein oder es taucht eine ungeklärte Frage auf, die er sich bisher nicht traute, offen zu formulieren. So eine Parallele zwischen dem Inneren des Aufstellers und seinem äußeren Umfeld – in diesem Fall in seiner Aufstellung – nennt man auch „Spiegel". Das Umfeld spiegelt das Innere des Menschen (siehe auch S. 166).

Regeln für das Freie Aufstellen zu zweit

Beim Freien Aufstellen zu zweit haben beide Personen unterschiedliche Aufgaben. Der eine hat ein Problem oder stellt eine Frage und sucht nach Antworten, der andere steht einfühlsam oder beratend zur Verfügung. Beide können anschließend auch wechseln, sodass der vorher Einfühlende nun eine Frage stellt.

Weil die Aufgabenverteilung unterschiedlich ist, macht es Sinn, den Personen unterschiedliche Begriffe zuzuweisen. Die Person, die eine Frage oder Problem hat und eine Aufstellung durchführen möchte, nenne ich „Aufsteller". Der Begriff Aufsteller wird im therapeutisch begleiteten Familienstellen oft für den Leiter einer Aufstellung eingesetzt, also für den Therapeuten und nicht für den Teilnehmer, der das Problem mitbringt. Beim Freien Aufstellen setze ich diesen Begriff für denjenigen ein, der für sich selbst aufstellt.

Die Person, die sich dem Aufsteller zur Verfügung stellt, nenne ich in Anlehnung an die üblichen Systemischen Aufstellungen „Stellvertreter". Er fühlt sich in die Rollen ein und vertritt in dem Moment das, was in der jeweiligen Rolle dargestellt werden soll.

Regel 1: Jeder ist eigenverantwortlich

Diese Regel gilt beim Freien Aufstellen immer, egal, ob Sie allein, zu zweit oder in einer Gruppe aufstellen. Wer *frei* aufstellt, ist eigenverantwortlich und bleibt der Chef seiner eigenen Aufstellung. Wer sich als Stellvertreter zur Verfügung stellt, entscheidet dies ebenso freiwillig und eigenverantwortlich. Er darf nicht dazu überredet werden, sonst handelt es sich nicht mehr um Freies Aufstellen.

Regel 2: Alles gehört dazu

Diese Regel gilt ebenfalls beim Freien Aufstellen zu zweit. Allerdings könnte es passieren, dass beide mit der Regel 3 („Der Aufsteller setzt Grenzen") in Konflikt geraten, weil der Aufsteller für sich eine Grenze setzen möchte, der Stellvertreter aber rebelliert und sagt: „Wieso? Es gehört doch alles dazu?!" Dieser Konflikt löst sich, wenn man Regel 1 mit einbezieht, Regel 2 wortwörtlich nimmt und gleichzeitig Regel 3 gelten lässt. Da laut Regel 1 jeder eigenverantwortlich ist, dürfen beide jederzeit für sich ihre Grenze setzen. Nimmt man Regel 2 wortwörtlich, dann gehört tatsächlich alles dazu, nämlich auch, dass der Aufsteller Grenzen setzt, was wiederum in Regel 3 zur Sprache kommt. Grenzen zu setzen gehört genauso dazu und hat aufgrund der Eigenverantwortlichkeit immer Vorrang vor anderen Wünschen. Die Rangfolge, nach der sich die Beteiligten zu richten haben, ist durch die Reihenfolge der Regeln festgelegt, d.h., der Aufsteller hat Vorrang vor dem Stellvertreter. Wird einem Stellvertreter eine Grenze gesetzt, muss er nachgeben und die Grenze des Aufstellers achten – oder sich aus der Aufstellung zurückziehen (siehe Regel 4).

Tipp: Sollte sich ein solcher Konflikt nicht mithilfe der Regeln lösen lassen, können die Streitenden ihn als ein zu lösendes Thema definieren, das sie frei aufstellen und durch mehrdimensionales Fühlen klären, welche eigentliche Verletzung hinter diesem Konflikt steckt.

Regel 3: Der Aufsteller setzt für sich und seine Aufstellung Grenzen

Wenn man zu zweit aufstellt, hat immer einer von beiden ein Anliegen, und der andere steht diesem Anliegen zur Verfügung. Aus dieser natürlichen Ordnung ergibt sich automatisch die Regel und die Rangfolge, dass der Aufsteller der Chef ist und der Stellvertreter der freiwillige Mitarbeiter. Nur der Aufsteller weiß und entscheidet, was ihm hilft und was nicht, was er wünscht und was nicht, welchen Schritt er gehen möchte und welchen nicht. Er allein bestimmt, was ihm guttut. Das bedeutet auch, dass er entscheidet, was alles zu seiner Aufstellung dazugehören darf und was nicht. Er darf auch etwas ausgrenzen, eine Grenze setzen, etwas vermeiden. Wenn man eigenverantwortlich handelt, muss man auch jederzeit die Freiheit haben, für sich selbst Grenzen setzen zu dürfen.

Wenn ein Mensch einen Schritt über eine Schwelle in eine neue Freiheit gehen möchte, gibt es für ihn dabei vieles zu bedenken. Es kann sein, dass er Vertrautes hinter sich lassen muss oder dass er Angst vor dem Neuen, dem Ungewissen hat. Nur dieser Mensch allein kann fühlen, wann er so weit ist, diesen Schritt zu gehen. Kein anderer kann ihm sagen, zu welchem Zeitpunkt er diesen Schritt endlich tun und sich den Emotionen, die dann vielleicht auftauchen, stellen soll. Deswegen kann auch kein anderer als der Aufsteller entscheiden, welche Schritte er während seiner Aufstellung gehen möchte und in welchem Tempo. Alle Beteiligten müssen sich nach dem Tempo des Aufstellers richten, denn schließlich geht es ja um ihn und sein Thema, das er aufstellt.

Wir können eine Pflanze nicht schneller wachsen lassen, indem wir an ihr ziehen. Sie wächst von selbst in ihrem Tempo und auf ihre Art und Weise – und immer in Richtung Licht. Wenn wir ihr Kraftnahrung geben, dann wächst sie manchmal schneller. Doch wir müssen ausprobieren, welche Kraftnahrung ihr bekommt und ob sie auch wirklich hilft.

Probleme entstehen, wenn ein Stellvertreter sein Anliegen gegenüber dem Aufsteller durchsetzen und ihn unbedingt zu etwas überreden möchte, der Aufsteller das aber gar nicht will. Ab diesem Zeitpunkt beginnt der Stellvertreter, die Führung zu übernehmen. Es gibt ein paar therapeutisch begleitete Aufstellungsveranstaltungen, in denen das so praktiziert wird. Beim Freien Aufstellen wird immer darauf geachtet, dass die Chefrolle beim Aufsteller bleibt. Der Stellvertreter muss sich also allen Entscheidungen des Aufstellers beugen, solange er für die Aufstellung zur Verfügung steht.

Regel 4: Der Stellvertreter setzt für sich Grenzen

Leidet ein Stellvertreter darunter, wie ein Aufsteller mit ihm umgeht oder dass er Grenzen gesetzt bekommt, dann muss er sich zwar dem Willen des Aufstellers beugen, darf aber aus der Rolle aussteigen und nicht weiter zur Verfügung stehen. Denn der Aufsteller darf nur über diejenigen bestimmen, die ihm für seine Aufstellung auch wirklich zur Verfügung stehen.

Als Svenja die Lehrerin und den Schulleiter aufstellte, fühlte sich ihre Mutter als Stellvertreterin der Lehrerin äußerst unwohl. Auch in so einem Fall kann ein Stellvertreter eine Rolle verlassen und muss nicht weiter zur Verfügung stehen. Wenn jeder Eigenverantwortung trägt, muss die Möglichkeit bestehen, dass jeder für sich Grenzen setzen und sich schützen darf.

Eine weitere Möglichkeit, in unangenehmen Rollen Grenzen für sich selbst zu setzen, besteht darin, eine solche Rolle nicht vollkommen zu übernehmen. Sie können aus der Rolle auch nur „berichten", wie Sie sich fühlen, und müssen sich nicht hundertprozentig mit dem Gefühl identifizieren oder es ausspielen. Es genügen oft 50 oder auch nur 20 Prozent.

Die Prozenteinteilung gelingt Ihnen durch eine innere Entscheidung, die Sie unterstützen, indem Sie sich innerlich sagen: „Ich spiele die Rolle nur zu 50 Prozent" oder „Ich stehe dafür nur zu 50 Prozent zur Verfügung". Anschließend beobachten Sie, wie Ihr Gefühl auf diesen inneren Satz reagiert. Fühlen Sie sich danach nicht besser, sollten Sie vielleicht erwägen, die Rolle vollständig abzugeben, wenn Sie es nicht mehr aushalten.

Menschen, die sehr hellfühlig sind, schnell etwas spüren und sich das erste Mal als Stellvertreter zur Verfügung stellen oder allein eine Aufstellung durchführen, können sehr intensive Gefühle erleben. Es ist deshalb wichtig zu wissen, dass man diese Gefühle nicht grundsätzlich spüren *muss*. Sich einzufühlen ist eine Möglichkeit; man kann sich auch nur ein wenig oder gar nicht einfühlen; man kann für sich an einem bestimmten Punkt eine Grenze setzen oder für diese Rolle oder dieses Gefühl nach einer gewissen Zeit nicht weiter zur Verfügung stehen und aus der Rolle wieder herausgehen.

Ich wiederhole noch einmal: Wenn ein Stellvertreter für sich eine solche Grenze zieht, dann muss der Aufsteller das achten und diese Grenze akzeptieren bzw. den Stellvertreter gehen lassen.

Manchmal fühlt sich ein Aufsteller verletzt, wenn ein Stellvertreter eine Grenze für sich setzt. Er nimmt es persönlich, sieht sich und seine Aufstellung von diesem Stellvertreter abgewertet und sucht deshalb ein klärendes Gespräch mit ihm. Leider muss sich der Aufsteller seinem Gefühl der Verletzung stellen, denn wenn ein Stellvertreter nicht freiwillig bereit ist, für eine Rolle oder eine Klärung zur Verfügung zu stehen, kann der Aufsteller daran nichts ändern. Er kann seinem Stellvertreter nicht befehlen, zur Verfügung zu stehen, weder für die Aufstellung noch für ein klärendes Gespräch. Das wäre kein Freies Aufstellen mehr.

Konsequenzen für unser Leben

Wer hat das Ziel, und wer steht dafür zur Verfügung?

Beim Aufstellen ist immer ganz klar, wer gerade sein Thema aufstellt und die Rollen bestimmt und wer für diese Aufstellung einfühlend zur Verfügung steht. Mein Klient Frank hatte eine Frage, stellte mit meiner Hilfe auf, und ich stand ihm dafür zur Verfügung. Steffi führte mit Peters Hilfe eine Aufstellung durch und Peter fühlte sich in die Rollen ein. Svenja hatte ein Problem und war die Chefin der Aufstellung, während ihre Mutter sie dabei so gut wie möglich unterstützte.

Einer stellt auf, der andere steht zur Verfügung. Einer hat ein Ziel, der andere hat die Absicht, das Ziel des Ersten zu unterstützen und ihm bei seiner Zielerreichung zu dienen. Eigentlich erleben wir diese Verteilung im Alltag auch immer wieder, doch sie ist uns in den meisten Fällen nicht bewusst. In unseren Auseinandersetzungen kommt sie jedoch zum Vorschein, denn meist geht es dann darum, wessen Ziel gerade Vorrang hat und wer sich diesem Ziel unterordnen soll.

Wollen wir unser Bewusstsein für diese Rangfolgen schärfen, müssen wir uns die Frage beantworten: Wer verfolgt gerade sein eigenes Ziel und wer stellt sich dem Ziel eines anderen zur Verfügung?

Diese Frage ist jedoch nicht immer leicht zu beantworten. Es könnte nämlich sein, dass einer es besonders liebt, zur Verfügung zu stehen, weil er sich selbst in solchen Momenten als sinnvoll erlebt. Wenn er nicht helfen darf, fühlt er sich eher nutzlos. Der andere hat eigentlich kein Problem, aber er rutscht bewusst oder auch unbewusst in einen problematischen Zustand hinein, macht sich selbst klein und bedürftig, damit der Erste sich als Helfer sinnvoll fühlen darf. In diesem Fall ist der Helfer der eigentliche Problemträger und der andere steht mit seinem scheinbaren Problem und seiner scheinbaren Bedürftigkeit dem Helfer zur Verfügung.

Manche Therapeuten brauchen aufgrund einer gewissen inneren Unsicherheit das Gefühl, „wichtig" zu sein. Ihre Klienten stehen ihnen dafür zur Verfügung. In solchen Fällen geht es während der Sitzung oder während eines Seminars weniger darum, dem Klienten wirklich zu helfen, sondern auf einer unbewussten Ebene darum, die Kompetenz des Therapeuten in den Vordergrund zu stellen. Der Klient steht dann dafür zur Verfügung, diese Kompetenz anzuerkennen und sich ihr zu beugen. Ich spürte so etwas früher immer dann, wenn ich anfing, mich gegenüber Therapeuten oder Seminarleitern klein zu fühlen, und hatte den Eindruck, nicht mehr als ebenbürtiger Mensch gesehen und behandelt zu werden. Kein Kontakt auf Augenhöhe.

Wir kennen so etwas auch aus dem Verhältnis Lehrer/Schüler. Manch ein Lehrer „braucht" es, dass man ihm zuhört. So jemand übernimmt die Rolle des Wissenden, des Überlegen, des Strafenden, und kann nicht darauf achten, ob sein Schüler tatsächlich gerade etwas dazulernt und alles verstanden hat. Hier steht der Schüler dem Lehrer zur Verfügung – und nicht umgekehrt.

Um eine Situation grundlegend analysieren zu können und Klarheit zu bekommen, bieten sich zwei Fragen an:

1) Welches Ziel verfolgt gerade der eine und welches Ziel verfolgt gerade der andere?

2) Wessen Ziel hat gerade Vorrang?

Die Beantwortung dieser beiden Fragen führt zur Klarheit darüber, wer gerade der Chef ist und wer ihm und seinem Ziel zur Verfügung steht. Ist das geklärt, können wir mit Konfliktsituationen viel gelassener umgehen.

Steffi und Peter stritten auf ihrer Rückfahrt im Auto. Dabei verfolgten beide gleichzeitig das Ziel, vom anderen verstanden zu werden. Lässt Peter für einen Moment sein Ziel los und stellt sich Steffis Ziel zur Verfügung, dann kommt es nicht zum Streit, weil beide Seiten darum bemüht sind, dass Peter Steffi wirklich verstehen lernt. Will Peter jedoch auch Verständnis für sich selbst, beginnt der Streit, der eigentlich immer nur ein Ringen um die Chefposition bei dem gerade existenten Thema ist.

Ein möglicher neuer Umgang mit dem Streit hätte sein können, sich die erste Frage zu stellen: „Welches Ziel verfolgt Peter und welches Ziel verfolgt Steffi?" Peter verfolgt das Ziel, dass Steffi versteht, dass er nichts von anderen Frauen will. Steffi verfolgt das Ziel, dass Peter versteht, dass sie sich ausgeschlossen fühlt, wenn er mit anderen Frauen redet.

Die zweite Frage wäre dann: „Wessen Ziel hat Vorrang?" Peter verfolgt sein Ziel und Steffi verfolgt ihr Ziel. Keiner ordnet sich dem Ziel des anderen unter. Sie haben sich nicht geeinigt, wer den Vorrang hat. Genau deswegen streiten sie. Wenn man zwei Magnete mit ihren Pluspolen aneinanderhält, dann stoßen sie sich ab. Wenn man sie mit den Minuspolen aneinanderhält, stoßen sie sich ebenfalls ab. Sie passen nur zusammen, wenn der eine den Pluspol und der andere den Minuspol für die Verbindung zur Verfügung stellt.

Wollen zwei Menschen die Chefrolle innehaben, dann streiten sie sich ebenso wie zwei, die gleichzeitig die Mitarbeiterrolle einnehmen möchten. Durch eine schmale Tür kann immer nur einer nach dem anderen gehen. Wenn jeder dem anderen unbedingt den Vortritt lassen will, bleiben beide stehen.

Zwei Menschen können nur erfolgreich miteinander kommunizieren und fließend zusammenarbeiten, wenn der eine das Ziel vorgibt und der andere sich dem unterordnet, wobei jederzeit innerhalb von Sekunden gewechselt werden kann. Sowohl das Ziel kann sich ändern als auch, wer das gegenwärtige Ziel vorgibt.

Derjenige, der diesen Zusammenhang erkannt hat, kann in einer aufkeimenden Spannung innehalten und sich entschließen, jetzt erst einmal für eine Weile dem anderen zur Verfügung zu stehen. Das könnte im gelösten und „reifen" Zustand so aussehen:

Peter: „Also, ich merke, dass wir gerade beide krampfhaft das Ziel verfolgen, vom anderen verstanden zu werden. Ich gebe jetzt einmal nach und stelle mich deinem Ziel zur Verfügung, bis wir es erreicht haben. Danach würde ich mich freuen, wenn du meinem Ziel zur Verfügung stehst, bis wir es ebenfalls erreicht haben, in Ordnung?"

Steffi stimmt zu und Peter fragt: „Du möchtest, dass ich verstehe, dass du dich ausgeschlossen fühlst, wenn ich mit anderen Frauen rede, ja?"

Steffi: „Genau."

Peter: „Was brauchst du denn, damit du das Gefühl hast, dass ich dich verstehe? Was soll ich wissen oder tun?"

Das folgende Gespräch würde nun darum gehen, dass Peter Schritt für Schritt lernt, was sich Steffi von ihm wünscht, und dass er das einfach nur versteht. Das Ziel ist nicht, ihr Versprechungen für die Zukunft zu machen oder sein Verhalten zu verändern. Es geht einfach nur darum zu verstehen.

Natürlich hat Peter auch die Möglichkeit, Steffi in gewisser Weise zu helfen. Er kann ihr Vorschläge machen, wie sie die Sache anders betrachten könnte, doch das wären dann immer nur Angebote, die die Frage nach sich ziehen: Hilft ihr das gerade? Wenn es ihr nicht hilft, muss Peter dieses Angebot sofort wieder loslassen. Schließlich steht er ihr gerade nur zur Verfügung – ohne an eigenen Zielen festzuhalten. Beide verfolgen das Ziel, dass Steffi am Ende sagen kann: „Ja, jetzt habe ich das Gefühl, dass du mich verstanden hast."

Anschließend ist Peter am Zug. Steffi hat jetzt die Aufgabe, Peter so lange Fragen zu stellen und ihm zu sagen, was sie bis jetzt verstanden hat, bis auch Peter sagen kann: „Ja, jetzt habe ich auch das Gefühl, dass du mich verstanden hast." Dabei kann sie ihm auch helfende Angebote unterbreiten, die sie aber loslassen muss, wenn Peter darauf nicht anspringt. Anschließend können beide überlegen, wie sie das Thema lösen, falls es sich durch das gegenseitige Verständnis nicht schon lösen ließ.

Je klarer wir die Ziele der beteiligten Personen sehen, desto schneller können wir sie sortieren, damit sie nacheinander erfüllt werden können. Die Ziele gleichzeitig erfüllen zu wollen führt dazu, dass die Beteiligten gegeneinander kämpfen. Das ist wie beim Aufstellen: Es stellen auch nicht zwei Personen gleichzeitig auf, sondern der eine ist der Chef, während der andere zur Verfügung steht und hilfreiche Angebote macht. Erst wenn die Aufstellung vorbei ist, wird gewechselt – dann ist der andere der Chef und der erste steht zur Verfügung.

Wenn Sie in Ihre Begegnungen und Gespräche mit anderen Menschen bewusst eine Aufstellungssituation projizieren und das gegenseitige Rollenverhältnis für sich selbst so ordnen, dass einer für einen kurzen Zeitraum der Chef ist und der andere zur Verfügung steht, lösen Sie damit spannungsvolle Situationen sofort auf. Das beginnt bereits, wo einer redet und der andere zuhört. Sie selbst sind mit diesem neuen Bewusstsein in der Lage, in jeder Situation aus der Chefposition gezielt in die Stellvertreterrolle zu wechseln und umgekehrt.

Seitdem mir dieser Zusammenhang bewusst ist, kann ich jederzeit ganz leicht von meinem Ziel loslassen und mich dem Ziel eines anderen zur Verfügung stellen. Anschließend konzentriere ich mich wieder auf mein Ziel und versuche es gemeinsam mit dem anderen zu erreichen. Oder aber ich lasse nicht los, sondern stelle klar, dass ich mein Ziel noch nicht erreicht habe und noch für eine Weile der Chef bleiben möchte.

Wenn irgendetwas schiefläuft, bleibt mir immer noch die Möglichkeit, das anzusprechen: „Moment, wir haben jetzt beide gerade ein Ziel. Ich will das und du willst jenes. Wie wollen wir das sortieren? Wer ist zuerst dran, sein Ziel zu erreichen?"

Mit dieser Frage kann ich das Gespräch auf eine andere Ebene heben, auf der wir unsere Bedürfnisse reflektieren und sie gemeinsam neu sortieren. Dann können wir fortfahren, unsere Ziele zu verfolgen – nacheinander und ohne Kampf um Vorrang, denn wir haben uns bereits darauf geeinigt, wer der Chef ist und wer zur Verfügung steht.

Beobachten wir unseren Alltag genauer vor dem Hintergrund, wer gerade Chef ist und wer zur Verfügung steht, dann erkennen wir manchmal einen ganz natürlich ablaufenden Prozess, in dem zunächst der eine Mensch im Mittelpunkt steht und sein Ziel erreicht – und anschließend ganz automatisch der andere. Ich erlebe das beispielsweise so in meiner Partnerschaft. Habe ich ein Thema geklärt und ein Bad End in ein Happy End verwandeln können, dann kommt anschließend automatisch ein Bad End meiner Partnerin zum Vorschein, sodass auch bei ihr ein Happy End möglich wird. Durch das gelöste Thema in mir kann ich sie in einem bestimmten Bereich plötzlich besser verstehen, sodass sie mithilfe meines neuen Verständnisses ebenfalls zu einem Happy End gelangt.

Im schlimmsten Fall steht permanent nur der eine Mensch im Mittelpunkt, weil sein Bad End intensiv wirkt, laut nach einer Lösung schreit, er aber den lösenden Schritt nicht gehen kann und sein Happy End nicht erreicht. So ein Mensch dreht sich ständig mit sich selbst im Kreis. Die anderen, die mit ihm Kontakt haben, spüren die ganze Zeit, diesem Menschen zur Verfügung stehen zu müssen. Sein ungelöstes Thema ist präsenter als alles andere und zieht alle Aufmerksamkeit auf sich.

Im Kontakt mit einem solchen „Chef" bleibt uns nur die Möglichkeit, uns entweder seiner Hauptrolle zustimmend zur Verfügung zu stellen oder uns von ihm zu distanzieren, aus dem Kontakt zu gehen, um uns wieder uns selbst zuzuwenden und unser eigener Chef sein zu können.

Der Chef darf immer frei bestimmen

Die Regel „Der Aufsteller darf für sich und seine Aufstellung Grenzen setzen" stellt klar, dass der Aufsteller vollständig über seine Aufstellung bestimmen darf. Dabei geht es nicht nur um Grenzen, sondern auch um Ziele. Indem er Grenzen setzt, wenn er etwas nicht möchte, bestimmt er gleichzeitig die Richtung, in die er gehen will, wie auch das Tempo.

Vielen Menschen fällt es schwer zu bestimmen, wo sie in ihrem Leben hinwollen, Sie können keine Grenzen setzen, wenn etwas nicht so läuft, wie sie es sich vorstellen. Lieber passen sie sich an die Ziele anderer Menschen an, beklagen sich aber, ihr Leben nicht so richtig in den Griff zu bekommen.

Je klarer ich mir darüber werde, was mein ganz persönliches Hoheitsgebiet ist, wo ich der Chef bin, desto klarer kann ich in solchen Fällen inzwischen auch Grenzen setzen. Ich brauchte eine Weile, bis ich als Erwachsener klar hatte, dass mein Leben mein ganz persönliches Hoheitsgebiet ist. Alles, was mit mir und meinem Leben zu tun hat, gehört definitiv mir – und niemand anderem. Also darf ich auch darüber bestimmen. Ich bin der Chef meines Lebens. Dank dieser Klarheit kann ich in Momenten, in denen es um meine Ziele und Wünsche geht, der Chef bleiben. Ich kann anderen Menschen sagen, wie ich mir etwas vorstelle, was ich mir wünsche, welche Ziele ich habe, und vollständig dazu stehen.

Als Nächstes beobachte ich, ob sie mir dafür zur Verfügung stehen wollen. Wenn ja, dann bleibe ich auch weiterhin der Chef – im Kontakt mit ihnen, denn es geht ja gerade um meine Ziele. Wenn nicht, dann schaue ich, ob ich mich ihren Zielen zur Verfügung stellen möchte und mich entsprechend unterordne. In dem Fall wäre dann der andere der Chef.

Diese Klarheit macht mich gleichzeitig sehr flexibel. Vorbei sind die Zeiten, in denen ich meine Wünsche immer hintanstellte und versteckte, weil ein anderer auf mich dominant wirkte und ich mich von Anfang an unterordnete. Vorbei sind die Zeiten, in denen ich ein schlechtes Gewissen hatte, wenn ich sagte, was ich mir vorstelle. Heute weiß ich: Wir müssen einfach nur klären, wer als Erster aufstellt und wer dieser Aufstellung zur Verfügung stehen möchte. Dann ist geklärt, wer der Chef der Aufstellung ist und wer sich unterordnet. Anschließend kann man tauschen.

Genauso verhält es sich im täglichen Leben. Zunächst muss geklärt werden, wessen Ziel Vorrang erhält. Wenn Sie sich mit einem anderen Menschen auf Ihr Ziel einigen, dann sind Sie der Chef. Sie sagen, wie Sie sich etwas vorstellen, was Sie sich wünschen, und der andere passt sich an und ordnet sich unter – solange er es will. Denn natürlich hat auch der andere jederzeit die Freiheit zu sagen, dass er nicht mehr mitmachen möchte und sich nicht weiter zur Verfügung stellt. Das liegt in seiner Eigenverantwortung (Regel 1). Solange Sie ihm diese Freiheit zubilligen und ihn als eigenverantwortlich sehen, brauchen Sie kein schlechtes Gewissen zu haben.

Sind Sie der Chef und wünschen sich, dass der andere Ihnen hilft und Ihnen zur Verfügung steht, dann müssen Sie auch dafür sorgen, dass er Ihnen „richtig" hilft. Sie haben die Aufgabe, dem anderen mitzuteilen, was er tun und auch was er lassen soll. Sie müssen ihm also manchmal Grenzen setzen und ihn korrigieren. Sie müssen ihm sagen, wo er Sie gerade nicht versteht, wo er nicht andockt, wo er Ihnen gerade nicht hilft. Das ist in der Chefrolle etwas vollkommen Normales. Viele Menschen scheuen sich, den anderen zu korrigieren. Sie verwechseln das Korrigieren damit, ihn in seiner Persönlichkeit abzuwerten. Wie oft fühlt sich ein Mensch persönlich angegriffen, wenn das, was er gerade tut, als nicht passend formuliert wird? Zwischen Chef und Mitarbeiter ist das aber gar nicht anders möglich. Wenn es um die Ziele des Chefs geht, dann muss er allen anderen mitteilen, inwieweit sie das Ziel unterstützen oder ob sie in eine verkehrte Richtung gehen. Anders kann eine Zusammenarbeit gar nicht funktionieren.

Das Freie Aufstellen ist ein wunderbares Übungsfeld. Hier bestimmt der Aufsteller darüber, was er aufstellen will, wofür die Stellvertreter ihm zur Verfügung stehen, was sie ausprobieren sollen und wo die Grenzen sind, also was nicht getan oder gesagt werden soll bzw. was unstimmig und unpassend ist. Und die Stellvertreter müssen tun, was ihnen gesagt wird, solange sie zur Verfügung stehen. Sie haben die Freiheit und die Eigenverantwortung, jederzeit aus der Rolle zu gehen und sich nicht weiter zur Verfügung zu stellen, wenn sie das nicht mehr wollen.

Seitdem ich diese Rangfolge, diese „Ordnung" auf mein Leben übertrage, bin ich viel klarer und selbstsicherer, gleichzeitig auch verständnisvoll, einsichtig, einfühlsam und flexibel – denn ich kann meine Chefrolle auch jederzeit loslassen, wenn ich es möchte, um mich meinem Gegenüber zur Unterstützung seines Zieles zur Verfügung zu stellen und mich bewusst unterzuordnen.

Weil ich in meinem Leben überall die Chefs und die Mitarbeiter sehe, kann ich selbst flexibel zwischen den Rollen hin- und herwechseln – je nachdem, was meinem Gefühl nach gerade angemessen ist. Wenn ich mich mit meinem Gegenüber gerade nicht einigen kann, wer der Chef und wer der Mitarbeiter sein soll, dann wechsle ich die Ebene und sehe mich als Mitarbeiter des Universums. Ich warte, bis das Universum einen Impuls, eine Idee oder eine Situation liefert, die uns zeigt, in welcher Richtung es weitergehen soll.

Wir können erst helfen, wenn wir den anderen verstanden haben

„O je, das ist ja furchtbar. Erlebst du das wirklich so, wie ich es hier gefühlt habe?", fragt die Mutter Svenja, nachdem diese aufdeckte, dass ihre Mutter sich gerade in die Schulsituation eingefühlt hatte. Svenja fühlt sich durch die Gefühle der Mutter bestätigt, sie fühlt sich verstanden. Weil die Mutter versteht, kann sie besser hinter ihrer Tochter stehen und ihr Ziel unterstützen, die Schule zu wechseln. Auch bei Steffi und Peter löste sich eine Spannung, weil sie sich gegenseitig besser verstehen konnten, nachdem sie sich in der Aufstellung in die verschiedenen Rollen eingefühlt hatten.

Eine Freie Aufstellung bietet die Möglichkeit, uns mehrdimensional in einen Zusammenhang einzufühlen und ihn damit besser nachzuvollziehen. Wir sind in der Lage, einen Zusammenhang „räumlich" und damit wesentlich klarer wahrzunehmen. Das fördert und verbessert das Verständnis zwischen Menschen. Je besser wir uns verstehen, desto besser können wir uns auch gegenseitig helfen.

Viele Menschen versuchen es anders. Sie hören kurz zu, wenn jemand ein Problem schildert, machen sich sofort ein persönliches Bild von diesem Problem und geben dann Ratschläge, die sich jedoch nicht auf das tatsächliche Problem beziehen, sondern auf das Bild, das sie sich soeben gemacht haben. Sie überprüfen gar nicht erst, ob ihr Bild richtig ist, sondern verlassen sich darauf, dass es stimmt. Dabei überspringen sie einen ganz wichtigen Schritt: das Andocken.

Wenn jemand ein Problem hat und wir wollen ihm helfen, dann ist der allererste Schritt sicherzustellen, den anderen und sein Problem auch wirklich verstanden zu haben. Wir müssen zuerst vollständig an das Problem andocken, es wahrnehmen, es fühlen. Das lässt sich testen, indem wir in Worte fassen, was wir wahrnehmen und spüren, und dann genau beobachten, ob unser Gegenüber sich verstanden fühlt. Erst wenn wirklich sichergestellt ist, dass wir den anderen tatsächlich verstanden haben und dass wir an seinem Problem andocken konnten, ist der nächste Schritt dran: zu helfen.

Aus diesem Grund ist das Erste, was ich tue, wenn ich anderen Menschen in Aufstellungen wie auch im Leben helfe: mich einzufühlen und Fragen zu stellen. Habe ich mich eingefühlt, dann stelle ich so lange Fragen und wiederhole, was ich verstanden habe, bis mein Gegenüber mich ohne Widerspruch oder Ergänzungen bestätigt und sagt: „Ja, genau so ist es!" Dadurch lerne ich das Problem des anderen intensiv kennen. Je besser ich es kenne, desto besser kann ich anschließend auch wirkungsvolle Lösungsvorschläge machen.

Hilft meine Hilfe dem anderen wirklich?

Als Frank „Nein, bitte nicht!" sagte, merkte ich dass mein Vorschlag, er möge mit seinem Chef über seine Versetzung sprechen, ihm nicht weiterhalf. Also ließ ich von meinem Vorschlag los.

Immer wieder erlebe ich in Aufstellungsveranstaltungen, wie ein beobachtender Teilnehmer dem Aufsteller helfen möchte. Er teilt seine Idee mit, und anschließend beginnt der Aufsteller, sich zu rechtfertigen und diesem Teilnehmer zu erklären, warum seine Idee nicht passt. Statt loszulassen, liefert der Teilnehmer weitere Erklärungen, was er eigentlich gemeint habe.

Ich habe einen Grundsatz gefunden, der in meinem Leben gut funktioniert: Möchte ich jemandem helfen, versuche ich als Erstes, den Kern meines Vorschlags auf den Punkt zu bringen. Ich sage ganz direkt und kurz, was ich ihm für eine Hilfe anbiete, was ich für eine Idee habe, ohne groß zu erklären. Wenn mein Gegenüber dann nachfragt: „Wie meinst du das?", ist das für mich ein Zeichen dafür, dass er neugierig geworden ist und ich kann ihm meinen Vorschlag ausführlicher erklären. Manchmal genügt schon die erste kurze Fassung und der andere reagiert mit: „Tolle Idee! Genau, das probiere ich einmal aus!"

Wenn mein Gegenüber aber nicht weiter auf den kurz angedeuteten Vorschlag reagiert und zu einem anderen Thema übergeht, dann weiß ich, dass es ihn nicht gefesselt hat oder er gerade nicht offen dafür ist. Also wird es ihm auch nicht helfen, wenn ich es ausführlicher erkläre. Mein Vorschlag passt gerade nicht.

Ich vertraue darauf, dass das Unterbewusstsein eines Menschen sehr schnell erspüren kann, ob ihm etwas gerade hilft oder eher nicht. Wenn jemand nicht sofort mit Interesse auf meine Idee reagiert, kann ich inzwischen in den allermeisten Fällen loslassen. Es sei denn, ich habe ein eigenes Problem, will unbedingt, dass der andere meinen Vorschlag versteht, und übernehme für einen Moment die Chefrolle, um mein Ziel zu erreichen. Der andere muss mir dann während meiner Erklärung zur Verfügung stehen. Ob es ihm letztendlich weiterhilft, werde ich anschließend sehen. Meistens ist dies nicht der Fall – die ganze Situation hat eigentlich nur mir geholfen, von meinem Ziel besser loslassen zu können.

Wenn ich mir im Alltag immer wieder bewusst mache, dass Ideen und Vorschläge, die ich einem anderen mache, eigentlich nur das Grundziel haben, ihm zu helfen (und nicht mir selbst), dann schaue ich auch viel genauer hin, ob es ihm *wirklich* hilft. Durch die vielen Erfahrungen beim Freien Aufstellen konnte ich bis zu dem Punkt reifen, dass ich als Helfer mein Bedürfnis, verstanden zu werden, hintanstelle. An oberster Stelle steht immer die Frage: „Hilft mein Impuls dem anderen – oder störe ich ihn eher?" Und ich beobachte genau die Reaktion des anderen auf das, was ich gerade tue oder sage. Sobald ich das Gefühl habe, es hilft ihm nicht, lasse ich los, höre auf und schweige.

Schweige ich, hat der andere zwei Möglichkeiten: Entweder will er, dass ich ihm weiterhelfe, dann wird er sich von selbst wieder melden, genauer nachfragen und mich zum Weiterhelfen auffordern. Oder er konzentriert sich wieder auf sich und kümmert sich nicht weiter um mich. Dann lag ich mit meinem Gefühl richtig, dass ich ihm nicht helfen konnte. Mein Rückzug führt dazu, dass der andere wieder freie Bahn hat und seinen eigenen Impulsen nachgehen kann. Ich störe ihn nicht mehr mit meinem Hilfsversuch. Mit dieser Haltung habe ich meine inneren Kämpfe um Aufmerksamkeit auch im Alltag radikal reduziert und fühle mich in meinem Leben viel gelassener.

Wir müssen den anderen gehen lassen, wenn er nicht mehr will

Wenn ein Stellvertreter sich zurückzieht und nicht mehr für eine Aufstellung zur Verfügung stehen möchte, muss der Aufsteller den Stellvertreter gehen lassen. Es bleibt ihm nichts anderes übrig.

Ich erlebte einmal eine Partnerschaft, die mich sehr belastete. Meine Partnerin empfand ein starkes Bedürfnis nach Nähe. Daher hatte ich das starke Bedürfnis, mich öfter aus dieser Enge zurückzuziehen und ihr dafür nicht zur Verfügung zu stehen. Das verstärkte wiederum ihren Verlustschmerz und ihr Bedürfnis nach Nähe. Damals argumentierte ich, mich vor ihrem Verlustschmerz und ihren entsprechenden Wutausbrüchen schützen zu müssen und daher Distanz zu brauchen. Sie wetterte dagegen, sich selbst vor ihrem Verlustschmerz schützen zu müssen und genau deshalb Nähe zu brauchen.

Eine Patt-Situation. Wir hatten beide recht. Jeder muss sich schützen und braucht jeweils das, was der andere ihm nicht geben will. Ich konnte ihr keine Nähe geben, sie konnte mir keine Distanz, kein Loslassen gewähren. Wie ist es ausgegangen? Ich habe mich getrennt – und sie musste sich ihrem Verlustschmerz stellen.

Ich bin zu dem Schluss gekommen, dass der Tod die größere Macht hat als das Leben. Sollte die Sonne explodieren, dann hat die Erde keine Chance mehr. Egal, wie die Erde sich anstrengt und versucht, ihr Leben zu retten, es wird doch das gesamte Leben auf ihr vernichtet werden. Wir wissen inzwischen durch die Beobachtung unserer Nachbarplaneten, dass das Leben auf der Erde dem glücklichen Umstand zu verdanken ist, genau in der richtigen Entfernung zur Sonne zu liegen. Wäre die Erde etwas näher an der Sonne dran, würden wir schmoren wie die Venus. Ein Stückchen weiter weg und wir würden frieren wie der Mars. Das Leben ist ein großes Wunder und ein einzigartiges Geschenk. Genauso verhält es sich mit der Nähe zwischen Menschen. Sie ist nur ein Geschenk. Man kann zwar versuchen, sie zu beanspruchen, sie einzufordern, sie zu erwarten, aber man wird immer wieder erleben, dass die Distanz, der Verlust, die Trennung und der Tod letztendlich gewinnen. Es bleibt uns nichts anderes übrig als loszulassen und den Verlust zu verarbeiten, wenn wir wieder glücklich werden wollen.

Meine damalige Partnerin konnte übrigens ihren Verlustschmerz annehmen und verarbeiten. Seit ihrer Kindheit gab es eine Gehirnkarte, die durch viele schmerzvolle Verlusterlebnisse in einem Bad End festgeschrieben war und jedes Mal in der Gegenwart aktiviert wurde, wenn sich jemand von ihr distanzierte. Schritt für Schritt löste sie dieses Thema. Sie durchlebte einen Schmerz nach dem anderen, erlöste ihn und führte ihn zu einem Happy End. Ihre Gehirnkarte konnte sich weiterentwickeln, und die durch Trennungen angeregten Schmerzprojektionen ihres Gehirns fanden ein Ende. Die Folge war, dass sie immer besser loslassen konnte und immer liebevoller in ihrem Verhalten wurde, selbst wenn sie Trennungen erlebte.

Inzwischen, zwei Jahre später, sind wir wieder zusammen. Sie ist nicht nur meine damalige Partnerin, sondern auch meine gegenwärtige, allerdings ist sie heute anders, gelöster, mithilfe von vielen Freien Aufstellungen und des mehrdimensionalen Fühlens. Auch ich habe mich weiterentwickelt – und auf einmal passt es wieder zwischen uns, auf einer höheren und viel angenehmeren Ebene.

Im Annehmen der Gesetzmäßigkeit, dass Trennung, Verlust und Tod letztendlich gewinnen werden, liegt unsere Heilung.

Wenn wir diese Gesetzmäßigkeit annehmen, dann leben wir *mit* dem Tod und nicht gegen ihn. Und leben wir mit dem Tod, dann können wir auch das erkennen und wahrnehmen, was jenseits von ihm liegt: das ewige Leben. Die Erde kann zwar von der Sonne zerstört werden, doch wenn sich irgendwo im Universum wieder eine günstige Gelegenheit ergibt, dann wird dort allmählich wieder Leben entstehen. Das Leben kommt immer wieder. Diese permanente Wiederkehr ist die Ebene, auf der wir letztendlich erkennen können, dass die in allem vorhandene Energie – sprich: Leben – doch über dem Tod steht. Das ewige Leben ist der permanente Wandel von Tod und Wiederauferstehung des Lebens, der überall vorhandene Wunsch nach einem neuen und besseren Gleichgewicht, der immer auch den Verlust des bisherigen Gleichgewichts beinhaltet.

Doch diese Sichtweise erkennen und fühlen wir erst tief in unserem Herzen, wenn wir uns mit dem Verlustschmerz versöhnt haben, wenn der Tod dazugehören darf, wenn er zu einem Teil unseres Lebens wird – und nicht zu einem Gegner. In dem Moment sind die Distanz, die Trennung, der Verlust und der Schmerz keine Gegner mehr. Sie gehören dazu – und wir gehen mit ihnen um, indem wir unseren Schmerz vollständig leben, dadurch zugleich verarbeiten und den Raum öffnen für ein neues Leben auf einer neuen Ebene.

Wirken nicht gerade die Menschen, die schwere Verluste in ihrem Leben erfahren mussten und sich diesen Verlusten und dem dazugehörigen Schmerz stellten, sehr milde, verständnisvoll und irgendwie weise?

Und welchen Eindruck machen Menschen auf Sie, die gegen ihren Verlustschmerz ankämpfen?

III

Unterstützung im kleinen Freundeskreis

Wie geht das?

Falls Sie planen, Freies Aufstellen mit Freunden durchzuführen, die es noch nicht kennen, empfehle ich, ihnen eine kleine Einführung zu geben wie auch die Regeln zu vermitteln, die Sie auf Seite 159 finden. Neulinge sollten nicht in kaltes Wasser geworfen werden, sondern sich innerlich vorbereiten dürfen. Allen sollte klar sein, dass sie sich immer eigenverantwortlich schützen können, den Raum verlassen oder die Rolle als Stellvertreter wieder abgeben dürfen, falls ihnen etwas unheimlich oder unangenehm wird. Ein Beispiel für eine solche Einführung finden Sie zu Beginn des vierten Kapitels ab S. 184.

Was ist der Vorteil eines Freundeskreises? Wenn Sie allein aufstellen, steht Ihnen „nur" Ihr eigenes mehrdimensionales Gefühl zur Verfügung. Das Aufstellen zu zweit lässt einen Austausch mit den Gefühlen eines anderen Menschen zu. Sie erhalten ein erstes Feedback „von außen". Im unterstützenden Freundeskreis sind nun Dialoge unter den Stellvertretern möglich und die Aufstellungen beginnen zu leben. Sie können beispielsweise die klärende Wirkung von Sätzen, die Stellvertreter zueinander sagen, live miterleben.

„Ich kenne mein Problem (noch) nicht"

Vor ein paar Jahren hatte ich einige Freunde zu mir nach Hause eingeladen – zu einem privaten Aufstellungsabend. Es war hochspannend, ich erinnere mich gerne.

Wir waren damals eine kleine, aber feine Runde: Michael ist mit seiner Frau Doris da, außerdem ist noch Maria gekommen. Reinhard will auch mitmachen, kann aber erst etwas später zu uns stoßen. Wir sind also zunächst zu viert. Aufstellen wollen Michael, Maria und ich. Doris hat heute keinen Impuls, ein Thema aufzustellen, und Reinhard wusste am Telefon noch nicht, ob er etwas machen möchte. Michael und Maria lassen mir den Vortritt. Ich fange gerne an.

„Ich fühle zwar ein Problem, habe aber keinen blassen Schimmer, was es eigentlich ist. Ich habe nur so ein diffuses Gefühl in bestimmten Situationen – aber kann im Grunde nichts Genaues dazu sagen. Meine Idee ist folgende: Jeder, der von euch einen inneren Handlungsimpuls spürt, mir irgendetwas zu spiegeln, ist herzlich dazu eingeladen. Folgt spontan euren Gefühlen, sprecht eure Ideen aus, sagt mir, wie es euch gerade geht, wenn ihr mir und meinem Problem zur Verfügung steht – und ich schaue dann, ob ich dadurch für mich und mein Problem eine neue Klarheit gewinnen kann. Ich verteile keine Rollen, ich denke an nichts außer an mein diffuses Problemgefühl, ihr folgt euren Impulsen, und ich beobachte, was passieren will, okay? Ihr müsst auch nicht darauf warten, bis ich euch Fragen stelle, sondern dürft jederzeit frei erzählen."

> **Freie Gruppendynamik**
> Die gesamte Gruppe folgt spontan ihren Handlungsimpulsen, ohne jegliche Rollenzuteilung am Anfang. Was zeigt sich?

„Und wenn wir keinen Impuls haben, dürfen wir auch einfach sitzen bleiben?" fragt Michael.

„Ja, klar. Es darf alles dazugehören."

Die erste Minute herrscht einfach Schweigen im Raum. Ich warte. Mir selbst geht es eigentlich im Moment gar nicht so schlecht, trotzdem ist da so ein kleines Unzufriedenheitsgefühl in mir, wenn ich an die Situationen in meinem Leben denke, in denen mein Problem verstärkt zum Vorschein kommt.

Als Erstes steht Doris auf. Sie geht durch den Raum und schaut sich die Bilder an, die an den Wänden hängen. Sofort frage ich mich innerlich: „Was haben meine Bilder mit meinem Problem zu tun?" Ohne eine Antwort zu erwarten, stelle ich mir einfach nur diese Frage, damit mein Gefühl und mein Gehirn dazu angeregt werden, nach einer Antwort zu suchen.

> **Sich Fragen stellen**
> Durch die Frage: „Was hat das, was sich zeigt, mit meinem Problem zu tun?", regen Sie Ihr Gehirn möglicherweise zur Suche nach einer Antwort an.

Doris bleibt nach ein paar Runden „zufällig" vor meinem Lieblingsbild stehen und konzentriert sich darauf. Auf diesem Bild ist ein wunderschöner Stern zu sehen.

Nach einer Weile sagt sie: „Ich schaue hier genau auf das Zentrum von diesem Stern ... und habe das Gefühl, darin zu versinken. Nichts anderes interessiert mich mehr. Nur noch dieses Zentrum. Als würde ich dort gleich tief eintauchen."

Sie beschreibt das ohne negative Wertung, aber genau das ist mein Problem-Gefühl in manchen Momenten im Alltag. Ich empfinde mein Thema gut auf den Punkt gebracht. In solchen Momenten versinke ich in mir und nichts anderes interessiert mich mehr. Ich habe keine Impulse mehr, keine Gefühle mehr, keine Lust mehr zu irgendetwas. Jetzt kann ich es formulieren: Mein Problem ist diese immer mal wieder auftauchende Antriebslosigkeit im Alltag. Aber im Moment sage ich das den anderen noch nicht, sondern beobachte weiter meine Aufstellung.

Michael erwähnt: „Vielleicht ist das auch der Grund, warum ich hier überhaupt keine Lust habe, irgendetwas zu tun. Doris hat kein Interesse an irgendjemandem. Wieso soll ich mich also dazustellen? Da bleibe ich doch lieber hier sitzen und fühle mich faul."

Ja, auch das ist ein Aspekt meines Problems. Ich bewerte mich in solchen Momenten als „faul".

Auf einmal steht Maria langsam auf und bleibt stehen: „Ich fühle hier eine ganz große Klarheit. Es ist, als wenn ich einen umfassenden Überblick hätte und dabei auch viel Energie und Kraft."

Ich denke: „Okay!? Wie passt das jetzt dazu?" und warte weiter ab. Mein Problem hat sich in diesen drei Stellvertretern nun mehrdimensional entfaltet, und ich schaue, was mir diese drei Rollen sagen wollen. Gleichzeitig beobachte ich mich selbst und überlege, ob ich vielleicht Fragen an die Stellvertreter oder Ideen für Experimente habe. Aber im Moment ist da nichts. Ich bin antriebslos, warte und beobachte.

Doris reagiert auf Maria: „Wenn Maria dort steht, dann habe ich das Gefühl, als ob sie mich intensiv in meiner Konzentration unterstützt. Sie stört mich nicht. Ganz im Gegenteil. Es verstärkt meine Konzentration noch. Ich habe sogar den Wunsch, dass sich Maria hinter mich stellt. Michael spielt für mich keine Rolle ..."

„Das kann ich gerne machen", sagt Maria, stellt sich hinter Doris und berührt mit beiden Händen unterstützend ihren Rücken.

„Jetzt kann ich noch mehr entspannen", bemerkt Doris. „Ich wusste gar nicht, dass ich eine Spannung in mir drin hatte. Das wird mir jetzt erst bewusst, während ich viel besser loslassen kann."

Als ich mich wieder frage, was das mit meinem Problem zu tun hat, findet mein Gehirn dieses Mal sofort eine Zuordnung: Wenn es eventuell eine Spannung gibt, dir mir gar nicht bewusst ist, wenn ich durch eine Unterstützung besser loslassen kann und noch tiefer in diesen Zustand gerate, den Doris beschreibt, dann hat meine Antriebslosigkeit möglicherweise mit einer Form von Erholung zu tun. Vielleicht fühle ich keine Impulse, weil sich irgendein Anteil in mir erholen möchte.

„Wenn ich die beiden dort sehe, fallen mir die Augen zu", bemerkt Michael.

Ja, das könnte meine Theorie bestätigen. Michael erlaubt sich auch, noch mehr zu entspannen.

„Oh, ist das ein wunderbares Gefühl!", schwärmt Doris.

Durch das, was sie sagt, löst sich allmählich eine Abwehr in mir auf. Bisher hatte ich mich gegen diesen Zustand der Antriebslosigkeit gewehrt, und jetzt überzeugt mich meine eigene Aufstellung davon, diesen Erholungs-Zustand als dazugehörig anzuerkennen.

> **Gegenstände**
>
> Sie können in eine Aufstellung mit Stellvertretern auch Gegenstände als Symbol für etwas dazustellen (verdeckt oder offen benannt).

Ich möchte aber trotzdem etwas testen, nehme ein rotes Kissen, stelle mir vor, dass dieses Kissen als Symbol für „alle meine Aufgaben, die ich noch tun möchte" steht, und lege es mitten in den Raum.

„Sagt mal, ob sich in euren Gefühlen etwas ändert, wenn ich das Kissen dazulege."

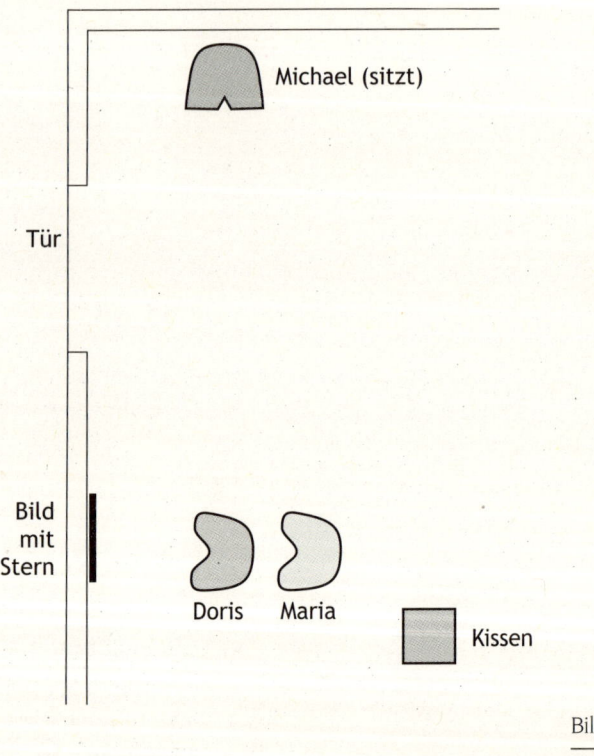

Bild 9

Doris reagiert als Erste: „Ja, ich werde auf seltsame Weise unruhiger. Ich konzentriere mich immer noch auf den Stern, fühle nach wie vor die Unterstützung von Maria, aber ich bin damit jetzt nicht mehr zufrieden. Es ist, als würde mir jemand den Spaß verderben."

Oh, wie gut ich dieses Gefühl kenne! Ja, genau das ist mein Problem. Und mir fällt auch sofort eine Situation aus meiner Kindheit ein: Ich sitze glücklich in der Sandkiste und spiele, tief in meine Fantasiewelt versunken – und auf einmal ruft meine Mutter, ich solle ins Haus kommen und Hausaufgaben machen. Das hat mir jeden Spaß verdorben.

Da es sehr oft vorkam, brannte sich diese Problemsituation in meinen Gefühlen ein und scheint mich noch heute zu beschäftigen. Die vielen Aufgaben, die ich noch erledigen möchte, führen dazu, dass ich entspannte, genussvolle oder erholsame Momente, die sich mein Körper aufgrund von Energielosigkeit holt, nicht wirklich genießen kann.

In diesem Moment hat die Aufstellung eine Erinnerung an eine problematische Situation aus meiner Kindheit berührt und konnte in Kombination mit der Frage *„Was hat das mit meinem Problem zu tun?"* an einer bestimmten problematischen Gehirnkarte andocken. Jetzt heißt es im nächsten Schritt, diese Gehirnkarte weiterzuentwickeln und ein Happy End dafür zu finden.

„Ich habe das Gefühl, als würde das rote Kissen in mich hineinfließen, durch mich hindurch und in meine Hände als zusätzliche Unterstützung für Doris", ergänzt Maria.

„Jaaa …, ich fühle diese seltsame Unterstützung und bin deshalb sehr unzufrieden!", beklagt sich Doris weiter.

Mir wird bewusst: Auf der einen Seite steht das Kissen für eine zusätzliche Unterstützung durch Maria, auf der anderen Seite wirkt diese Energie auf Doris aber wie ein Spaßverderber. Ich warte ab, ob mir dazu etwas einfällt.

Inzwischen sehe ich Doris als meinen Stellvertreter, und Maria steht in meinen Augen für irgendeine universelle positive Unterstützung. Michael könnte einen zusätzlichen Aspekt von mir darstellen, dazu fehlt mir aber noch eine konkrete Vorstellung.

„Jetzt nimm doch endlich an, dass das rote Kissen so eine positive Wirkung hat!", beschwert sich Michael ungeduldig. Er sitzt immer noch auf seinem Platz, hat inzwischen seine Augen wieder aufgemacht und schaut Doris an.

Nach dieser Bemerkung kann ich die Rolle von Michael auf einmal zuordnen. Er ist der Anteil in mir, der andere Menschen kritisiert, wenn er sich selbst in diesem Problemzustand befindet. Der Olaf-Anteil, den Doris darstellt, ist mit sich selbst unzufrieden und der Olaf-Anteil, den Michael repräsentiert, mit anderen. So könnte es passen. Ausschlaggebend dafür sind all die Aufgaben, die ich noch erledigen möchte (rotes Kissen) – und das sind nicht wenige! Wenn sich in dieser Aufstellung nichts löst oder ich zu einem anderen Zeitpunkt keine Lösung finde, dann werden mich diese Aufgaben noch lange belasten, denn ich habe so viele Ideen, was ich in meinem Leben noch – möglichst schnell – umsetzen möchte, dass ich für den Rest meines Lebens im Grunde schon verplant bin.

> **Persönlichkeitsanteile**
> Wir können Stellvertretern die Rollen für verschiedene Persönlichkeitsanteile geben.

Es klingelt an der Tür. Das wird Reinhard sein.

„Wartet mal kurz – ich öffne schnell die Tür."

An der Haustür angekommen begrüße ich Reinhard, sage ihm, dass wir bereits angefangen haben, und frage ihn, ob er eventuell schon eine Rolle übernehmen könnte. Gerne steht er zur Verfügung. Gemeinsam kommen wir in den Raum – kurze Begrüßung der anderen –, dann setze ich mich hin, während Reinhard sich an die Tür stellt und von dort auf Doris schaut. Ich habe ihm verdeckt die Rolle „lösendes Element" gegeben. Keiner – auch er nicht – weiß, welche Rolle er hat.

„Wie geht es euch, wenn Reinhard in dieser Rolle dazukommt?"

Doris antwortet zuerst: „Ich habe das Gefühl, als wäre Reinhard etwas ganz Liebevolles. Ich schaue zwar weiterhin auf die Mitte des Sterns, sehe ihn aber aus dem Augenwinkel. Dabei kommen mir fast die Tränen, so liebevoll ist seine Wirkung auf mich."

„Bei mir ändert sich nichts, ich gebe einfach weiter meine Unterstützung", ergänzt Maria.

Und Michael meint: „Ich bin jetzt raus aus dem Spiel. Mein Gefühl ist, als ob Reinhard hier etwas übernimmt und ich loslassen kann. Ich muss mich nicht mehr kümmern. Das entlastet."

„Und wie fühlst du dich?", frage ich Reinhard.

„Ich stehe hier einfach nur, schaue liebevoll auf Doris und warte."

Um herauszufinden, ob das rote Kissen auch etwas zu sagen hat, bitte ich Michael: „Könntest du dich mal in das rote Kissen einfühlen und mir sagen, wie es dir dort geht?"

Michael nickt, geht rüber und stellt sich auf das Kissen.

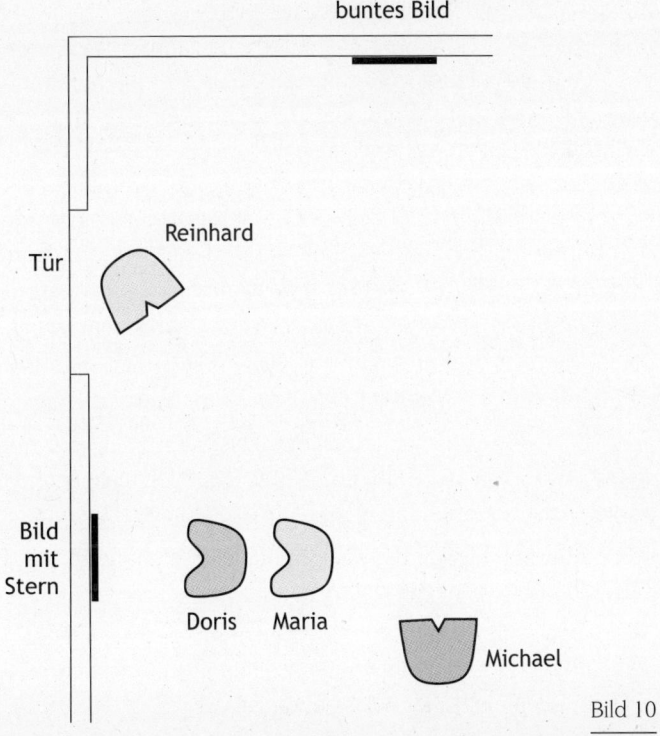

Bild 10

„Ich schaue von hier bloß auf das bunte Bild, das da vorn an der Wand hängt. Ansonsten habe ich keine weiteren Gefühle. Ich bin einfach."

Ich bin baff. Eigentlich hatte ich eine ganz andere Äußerung von Michael auf dem roten Kissen (das für meine vielen Aufgaben steht) erwartet. Auf einmal wird mir bewusst: Ich projiziere in diese Aufgaben hinein, dass sie ganz viele Erwartungen an mich stellen. Nicht umsonst habe ich ein rotes Kissen gewählt, denn diese Farbe symbolisiert für mich in gewisser Weise Druck und Macht. Durch das, was Michael sagt, ändert sich etwas in meiner Vorstellung. Bisher sah ich in diesen Aufgaben immer etwas, das mich fordert, zeitlich unter Druck setzt und von mir erwartet, alles möglichst sofort umzusetzen. So, wie ich es als Kind empfand, wenn meine Mutter mich rief. Es gab kaum Spielraum, die Aufgaben, die meine Mutter erfüllt sehen wollte, zu verhandeln oder später zu tun, sondern es musste meistens sofort geschehen. Ich bin sicher, dass sich meine Gehirnkarte gerade weiterentwickelt, denn ich empfinde das rote Kissen nun ganz anders. Meine vielen Aufgaben haben eine viel angenehmere Wirkung auf mich. Jetzt habe ich das Gefühl, sie stehen einfach nur da und warten, bis ich mich um sie kümmere. Dass Michael von dem bunten Bild sprach, finde ich passend, denn meine Aufgaben sind unterschiedlichster Art, eben sehr „bunt".

Doris reagiert auf die Äußerung von Michael, nimmt das erste Mal ihren Blick von dem Sternbild weg und schaut hinüber zu dem bunten Bild.

„Huch, dort ist ja auch noch etwas! Das hatte ich ganz übersehen. Auf einmal habe ich das Gefühl, dass sich mein Blick weitet. Ich sehe noch viel mehr Möglichkeiten um mich herum."

„Und wie fühlst du dich nun in deiner Beziehung zum roten Kissen bzw. zu Michael?"

„Ja, das ist jetzt ganz anders. Weil er mir die Augen geöffnet hat, fühle ich mich plötzlich auch dankbar ihm gegenüber. Es belastet mich nicht mehr, dass er da ist."

Doris spiegelt gerade, wie ich mich momentan fühle. Mir geht es dank diese Erkenntnis besser, ich fühle mich beweglicher, freier, der Erwartungsdruck, der mir bisher gar nicht bewusst war, ist weg. Ich erkenne jetzt die Ursache dafür in meiner Kindheit und kann, was war, als Vergangenheit in meiner Kindheit lassen. Auf einmal sehe ich alle meine zukünftigen Aufgaben ohne jede Erwartung. Sie sind einfach da, und ich kann sie dann erfüllen, wenn es an der Zeit ist.

„Das ist für mich schon die Lösung. Super. Ich hatte eben eine Erkenntnis. Danke, das genügt mir."

Ich erzähle meinen Freunden, was ich während der Aufstellung in den Rollen sah und welche Erkenntnis ich hatte. Anschließend tauschen wir uns darüber aus. Dabei kommt noch die eine oder andere Information oder Idee meiner Stellvertreter, die mir etwas weiterhilft. Auf Marias Frage, was mir Reinhard als lösendes Element brachte, antworte ich: „Das kann ich eigentlich nicht genau sagen, auf jeden Fall bin ich ungefähr zu dem Zeitpunkt, an dem er in die Aufstellung kam, auf die Idee gekommen, dass sich Michael in das rote Kissen einfühlen soll. Vielleicht lag das an der Anwesenheit des lösenden Elementes. Außerdem kam Reinhard genau zum richtigen Zeitpunkt. Dieses Erlebnis zeigt mir mal wieder, wie wichtig scheinbare Zufälle in diesem Zusammenhang sein können. Das stärkt mein Vertrauen, dass das Lösende oft zum richtigen Zeitpunkt kommt."

> **Austausch hinterher**
>
> Wenn Sie möchten, können Sie sich nach der Aufstellung noch mit Ihren Stellvertretern über das gemeinsam Erlebte austauschen.

Manchmal schafft ein lösendes Element einfach nur einen Raum, in dem neue Ideen fließen können. Ich weiß noch, dass ich in der Nacht nach dieser Aufstellung so lang und so tief geschlafen habe, wie schon ewig nicht mehr. Seitdem kann ich Pausen und Faulenzertage viel mehr genießen.

Wenn wir wollen, dass uns jemand hilft, müssen wir ihm sagen, *wie* er uns helfen kann. In einer kleinen Gruppe ist es am Anfang nötig, als Chef unserer Aufstellung allen Beteiligten zu sagen, was für uns hilfreich wäre. Wie sollen die Stellvertreter agieren? Wie frei dürfen sich die Beobachter verhalten, die nicht an der Aufstellung teilnehmen? Ich habe kurz erwähnt, dass ich mein Problem nicht wirklich formulieren kann, und die kleine Gruppe darum gebeten, dass jeder frei seinen Impulsen folgt. Damit wussten alle, welche Art von Unterstützung ich mir wünsche. Wenn es Unsicherheiten unter den Teilnehmern gibt, kann beim Chef nachgefragt werden.

Im kommenden Beispiel können Sie noch einmal bewusst nachvollziehen, wie sich zu Beginn klären lässt, auf welche Weise sich der Aufsteller von den anderen eine Unterstützung wünscht.

Manchmal gibt es etwas, das dahinterstreht

Als Nächstes stellt Michael auf. Er hat kein Interesse daran, es verdeckt zu machen, sondern erzählt uns gleich das Thema, das ihn belastet:

„Ich möchte meinen Vermieter und mich aufstellen. Wir geraten in den unterschiedlichsten Situationen immer wieder aneinander. Von anderen Mietparteien habe ich gehört, dass er sich bei ihnen nicht so furchtbar verhält wie bei mir. Es scheint so, als hätte er irgendetwas gegen mich. Etwas stimmt an der ganzen Sache nicht, und das möchte ich mir mal anschauen. Reinhard, würdest du bitte meine Rolle übernehmen? Und du, Olaf, die Rolle des Vermieters?"

Wir stimmen zu und ich frage: „Wie sollen wir uns als Stellvertreter verhalten? Möchtest du, dass wir uns frei bewegen oder willst du uns aufstellen?"

Da der Aufsteller beim Freien Aufstellen bestimmen darf, was er möchte, bestehen drei Möglichkeiten: Er kann den

Stellvertretern zu Beginn einen festen Platz zuweisen, so wie es beim traditionell geführten Familienstellen üblich ist oder wie man es bei der Einzelaufstellung mit Zetteln macht. Er kann die Stellvertreter aber auch anweisen, sich selbst einen Platz zu suchen oder sich frei zu bewegen. Falls er beides kombinieren möchte, gibt er den Stellvertretern zunächst einen festen Platz und erlaubt ihnen anschließend, sich von dort aus frei zu bewegen.

> **Stellvertreter positionieren**
>
> Sie können Stellvertretern einen festen Platz zuweisen, wo sie stehen sollen, ihnen die Freiheit geben, sich frei zu bewegen, oder beides nacheinander tun. Auch während der Aufstellung, wenn sich die Stellvertreter beispielsweise bisher frei bewegten, können Sie ihnen probehalber einen festen Platz zuweisen und testen, wie sich das für alle Beteiligten anfühlt.

„Ihr könnt euch ruhig frei bewegen", entscheidet Michael. „Außerdem würde ich mich freuen, wenn zunächst nur die beiden Stellvertreter reden. Sollten Doris oder Maria irgendetwas zu sagen haben, bitte ich euch, dies zurückzuhalten und mir erst später mitzuteilen, wenn ich euch um Hilfe bitte. Der Prozess zwischen den beiden Stellvertretern soll erst einmal ganz ungestört verlaufen."

Doris und Maria stimmen zu und lehnen sich zurück.

Ich (Vermieter) gehe zur Tür und lehne mich lässig mit dem Rücken dagegen. Dabei schaue ich Reinhard (Michael) an und merke, dass er mich genau beobachtet. Er stellt sich mit einem Abstand von zwei Metern mir gegenüber. Mir wird klar, dass ich ihm den Ausgang versperre – ich genieße das sogar ein wenig triumphierend.

Reinhard schimpft: „Der steht genau vor meinem Ausgang, sodass ich hier nicht rauskomme! Das regt mich unheimlich auf! Wie kann er es wagen!"

Ich muss lächeln und fühle eine Überlegenheit. „Es tut mir leid", sage ich, „aber ich freue mich in der Rolle ein wenig darüber und genieße es, eine gewisse Macht über meinen Mieter zu haben. Ich meine es nicht böse, sondern stehe eben einfach hier."

Michael sitzt im Sessel, beobachtet uns und schweigt.

Reinhard geht inzwischen im Raum auf und ab, in sich versunken, nachdenklich, dabei schaut er immer wieder auf mich.

Ich kann mein Gefühl nun etwas klarer deuten: „Jetzt habe ich als Vermieter sogar das Gefühl, als müsste ich mein Eigentum beschützen. Diese Tür gehört mir, und es ist meine Aufgabe, auf sie aufzupassen."

„Und ich bin hier eingesperrt. Ich schaue nun nicht mehr nur auf Olaf, sondern auch überall im Zimmer herum. Ich habe das Gefühl, als würde ich mich in meiner Wohnung aufhalten, hier aber nicht mehr herauskommen. Für immer eingesperrt!"

Ich sehe, wie Michael bestätigend nickt.

Nach ein paar Minuten bemerke ich: „Mein Triumphgefühl ist weg. Irgendwie ist die Situation jetzt traurig für mich. Ich sehe Reinhard hier herumlaufen, weiß, dass ich der Auslöser bin, spüre aber, dass ich das nicht absichtlich mache. Ich beschütze ja nur mein Eigentum, mehr mache ich gar nicht."

Reinhard scheint meine Worte nicht zu hören. Er läuft weiter grübelnd im Raum hin und her. Kurze Zeit später bestätigt er das: „Ich habe gar nicht gehört, was mein Vermieter da eben sagte, es scheint gar keine Rolle für mich zu spielen. Mein Gefühl ist nur, aus diesem Raum nicht rausgehen zu können, weil mir der Ausgang versperrt ist. Ich weiß einfach nicht, wie ich das lösen könnte. Ich fühle mich richtig eingesperrt."

Nachdem sich mehrere Minuten nichts an der Situation ändert und Michael weder eine Frage stellt noch etwas ausprobiert, hebe ich vorsichtig den Finger und frage: „Ich hätte da eine Idee. Passt es für dich, wenn ich etwas ausprobiere?"

„Ja, mach mal."

„Ich würde allerdings zuerst nicht sagen, was ich ausprobiere, sondern es einfach verdeckt tun und auf die Wirkung schauen. Wäre das in Ordnung für dich, Michael?"

„Ja, klar …"

„Maria, würdest du dich bitte hinter mich stellen?"

Ich gehe ein Stück von der Tür weg, damit Maria hinter mir Platz hat. In Gedanken habe ich Maria die Rolle gegeben: „Das, was dahintersteht". Jetzt lehnt sich Maria mit dem Rücken an die Tür. Reinhard ist in einem Abstand von zwei Metern vor mir stehen geblieben, schaut mich an und sagt: „Auf einmal ist der Vermieter für mich unwichtiger geworden. Ich will jetzt wissen, was da hinter ihm steht, das interessiert mich mehr."

> **Element „Das, was dahintersteht"**
>
> Sie können einen Stellvertreter ein solches Element darstellen lassen, ihn hinter einen anderen Stellvertreter stellen und beobachten, ob das eine Wirkung auf die übrigen Teilnehmer hat.

Ich sage: „Wenn ich nun zwei Schritte zur Seite trete und du siehst, was da hinter mir steht, beobachte mal, wie sich das für dich anfühlt. Vielleicht hast du ja auch eine Ahnung, wen du da siehst, wer das sein könnte."

Also gehe ich zwei große Schritte nach links und merke sofort, wie ich mich als Vermieter entlastet fühle.

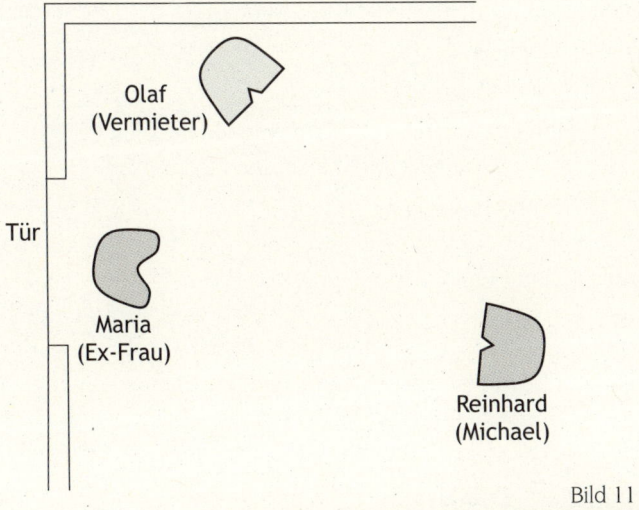

Bild 11

Reinhard schaut Maria an. „Das ist meine Ex-Frau!", platzt es aus ihm heraus. Michael war schon einmal verheiratet, doch Reinhard weiß das nicht. Trotzdem kann er es in dieser Rolle fühlen. Fragend schaut er zu Michael rüber, ob das stimmen könnte, was er gerade fühlt und ausgesprochen hat.

Michael nickt bestätigend und schweigt weiter. Ich habe den Eindruck, dass ihn die Aufstellung innerlich sehr beschäftigt. Dabei fällt mir eine Parallele auf: Reinhard war in der Rolle als Michael permanent schweigend und grübelnd durch den Raum gelaufen. Michael schweigt gerade und wirkt ebenfalls, als würde er grübeln. Das passt. Das ist seine Art, die sich gerade in Reinhards Verhalten widerspiegelt.

Reinhard sagt zu Maria (Ex-Frau): „Ich glaube, wir haben noch etwas zu klären."

„Und ich stehe hier vor der Tür, fühle mich ängstlich und will ihn nicht gehen lassen. Ich habe eine ganz große Verlustangst!", teilt Maria ihr Gefühl mit.

Am liebsten möchte ich mich als Vermieter jetzt hinsetzen. „Ich fühle mich total überflüssig. Das, was hier zu klären ist, gehört wahrscheinlich zu diesen beiden. Ist es in Ordnung, wenn ich mich setze?"

Michael nickt.

Reinhard redet weiter: „Kein Wunder, dass ich mich hier eingeengt fühle, wenn sie mich nicht loslassen will."

Ich sehe bei Michael Tränen in den Augen, während er auf Maria schaut. Er löst die Grenze, die er zu Anfang gesetzt hatte, auf, indem er sagt: „Also, ihr dürft jetzt alle eure Ideen und Hilfsimpulse mitteilen, falls ihr welche habt. Ich weiß gerade nicht mehr weiter. Unsere Scheidung war damals ein unendliches Drama. Davon ist einiges in meinem Gefühl hängen geblieben, und ich kann mir auf einmal sehr gut vorstellen, dass mein Vermieter dieses unverarbeitete Drama in mir nur an die Oberfläche holt. Eigentlich kann er gar nichts dafür."

Doris macht den Vorschlag: „Und wenn Reinhard das mal zum Vermieter sagt? Hier in der Aufstellung?"

„Was soll er sagen?"

„Na, dass der Vermieter nichts dafür kann."

„Ich kann es mal ausprobieren", greift Reinhard den Vorschlag auf und wendet sich mir zu.

Ich stehe auf. Wir schauen uns in die Augen, das erste Mal ganz direkt.

„Du hast mit der Sache überhaupt nichts zu tun", sagt Reinhard.

> **Klärender Satz**
>
> Sie können Stellvertreter auffordern, das, was gedacht oder gefühlt wird, in einem klärenden Satz gegenüber einem anderen Stellvertreter auszusprechen. Wie wirkt es?

„Ja, das sehe ich jetzt auch", antworte ich mitfühlend. Wir nicken uns zu, ich nehme wieder Platz, und Reinhard dreht sich wieder zu seiner früheren Frau. „Was können wir beide jetzt noch tun?"

Maria wirkt auf einmal erstaunt, sie steht aufrechter da als vorher und berichtet: „Dieser Satz hat bei mir gerade etwas komplett verändert. Ich fühle mich auf einmal ausgeglichen und kraftvoll und habe den Eindruck, als hätte ich gar nicht mehr die Rolle deiner Ex-Frau. Eigentlich könnte ich jetzt gehen. Meine Aufgabe ist erledigt. Wahrscheinlich sollte ich hier nur zeigen, wo die Ursache liegt, und jetzt ist alles geklärt. Das ist zumindest mein Gefühl."

Michael bestätigt das: „Auch bei mir hat sich gerade innerlich viel getan. Ich weiß, dass ich mit meiner früheren Frau nichts weiter klären kann, und möchte sie gern so anerkennen, wie sie ist. Mir ist einfach bewusst geworden, wie stark das Drama noch in meine Gegenwart hineinwirkt. Dadurch kann ich das alles jetzt viel besser trennen. Der Satz, den Reinhard eben zum Vermieter gesagt hat, hilft mir sehr – und er befreit auch etwas in meinem Gefühl. Es stimmt. Mein Vermieter kann eigentlich gar nichts dafür, dass ich so auf ihn reagiere. Ich hatte einfach unbewusst meine frühere Frau in ihn projiziert. Das kann ich jetzt sein lassen. Ich glaube, das genügt mir schon. Danke! Ganz herzlichen Dank!!"

Ein paar Wochen später erzählte mir Michael, dass sich das angespannte Verhältnis zu seinem Vermieter beruhigt hat.

Ich wiederhole noch einmal: Zu Beginn einer Aufstellung teilt der Aufsteller den übrigen Personen am besten sofort mit, auf welche Weise er Hilfe braucht. Dann können sich alle darauf einstellen und so zur Verfügung stehen, wie der Aufsteller es braucht.

Im zuvor geschilderten Beispiel sagte Michael am Anfang seiner Aufstellung, dass er eine offene Aufstellung durchführen möchte. Wie Sie wissen, könnte man auch verdeckt aufstellen. Es gibt noch die halb verdeckte Variante.

Offen, halb verdeckt oder verdeckt aufstellen

Der Aufsteller hat zwischen diesen drei Varianten jederzeit die Wahl. Dabei bietet das verdeckte Aufstellen den Vorteil, dass Stellvertretergefühle nicht durch Hintergrundwissen beeinflusst werden.

Bei der offenen Aufstellung informiert der Aufsteller die Gruppe vollständig. Jeder weiß genau, worum es geht und wer welche Rolle spielt.

Wenn man verdeckt aufstellt, behält man sein Thema zunächst für sich, fragt einige Gruppenteilnehmer, ob sie jeweils für eine Stellvertreterrolle zur Verfügung stehen, sagt ihnen aber nicht, wofür genau, sondern stellt sich das nur innerlich vor.

Manchmal möchte ein Aufsteller verdeckt aufstellen, weiß aber nicht genau, wie er sein Thema mithilfe von Stellvertretern darstellen könnte. In dem Fall kann er der Gruppe erzählen, was er aufstellen möchte, und um Vorschläge bitten. Wie ließe sich das Thema aufstellen? Welche Rollen wären wichtig und sinnvoll? Anschließend kann er beim Auswählen der Stellvertreter immer noch verdeckt lassen, wer welche Rolle erhält. Das wäre die Form des halb verdeckten Aufstellens.

Braucht ein Aufsteller während seiner verdeckten oder halb verdeckten Aufstellung Hilfe, kann er alles aufdecken, die Gruppe vollständig über das Thema und die Rollen informieren und fragen, ob jemand eine Idee hat, die weiterhelfen könnte.

Wie wir am Beispiel von Michael gesehen haben, muss ein Aufsteller nicht permanent leitend aktiv sein. Wir müssen nicht ständig Fragen stellen oder mit unseren Stellvertretern experimentieren. Wir müssen nicht immer Impulse in die Aufstellung geben, damit sie sich weiterbewegt. Es besteht auch die Möglichkeit, sich zurückzulehnen und die Aktivität der Stellvertreter nur zu beobachten. Wir können abwarten, was sich im Laufe der Zeit entwickelt. Manchmal gibt es einen Moment in der Aufstellung, in dem alle das Gefühl haben, dass es nicht weitergeht. Gleichzeitig fühlen sich alle ratlos. In meinen Aufstellungen sage ich mir dann immer selbst: „Ich gebe uns fünf Minuten Zeit. Wenn in diesen fünf Minuten tatsächlich nichts weiter passiert, lasse ich es so stehen und stelle das Thema später noch einmal auf. Vielleicht auch mit anderen Stellvertretern." Bisher hatte immer irgendjemand innerhalb dieser fünf Minuten eine neue Idee und die Aufstellung bewegte sich weiter.

> **Die Aufstellung beobachten**
>
> Als Chef seiner eigenen Aufstellung müssen Sie nichts tun. Sie können einfach nur die Aktivitäten der Stellvertreter beobachten und abwarten, was sich von selbst entwickelt.

Während der Aufstellung von Michael kam ich auf die Idee, dass vielleicht etwas anderes hinter der Auseinandersetzung mit seinem Vermieter steckt. Wir alle kennen das: Manchmal haben wir vor einem fremden Menschen Angst, weil er uns an einen anderen Menschen erinnert, der uns früher abwertend behandelte. Lernen wir den fremden Menschen genauer kennen, dann stellen wir überrascht fest, wie freundlich er doch ist.

Manchmal projizieren wir in eine Situation zunächst etwas Negatives hinein, weil sie uns an eine schmerzvolle Erfahrung erinnert. Nachdem ich mich von einer Partnerin in einer großen Szene auf einem Bahnhof getrennt hatte, erinnerte mich jeder Bahnhof an diese Trennung. Obwohl ein Bahnhof eigentlich neutral ist, fühlte ich mich eine Zeitlang in Bahnhöfen nicht wohl.

Unser Gehirn verknüpft zwei Dinge miteinander, was uns oft gar nicht bewusst ist. Beim Freien Aufstellen können wir uns solche unbewussten Verknüpfungen bewusst machen und sie dadurch wieder voneinander unterscheiden. Wir stellen probehalber hinter den Auslöser (in meinem Fall „Bahnhof" und in Michaels Fall „Vermieter") die eigentliche Ursache des unguten Gefühls – unabhängig davon, ob wir in dem Moment die Ursache kennen oder noch nicht. In meinem Fall war mir die Ursache schon bewusst: die „Trennungssituation" auf dem Bahnhof. In Michaels Fall wurde erst später deutlich, dass die Ursache seine „Ex-Frau" war. Haben wir die bekannte oder unbekannte Ursache hinter den Auslöser gestellt, lassen wir anschließend den Auslöser zur Seite treten, damit die Ursache sichtbar wird.

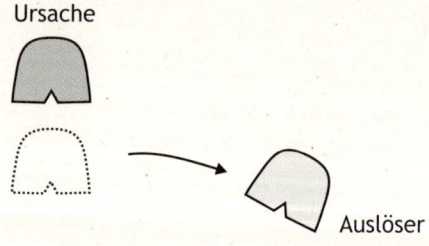

Bild 12

Meistens kommt es dadurch zu Veränderungen in der Aufstellung:

1. Der Auslöser, der zur Seite getreten ist, fühlt sich entlastet.

2. Der Stellvertreter, der nun die Ursache zu sehen bekommt, schaut ab jetzt auf die Ursache.
Der Auslöser ist für ihn weniger wichtig geworden.

3. Der Stellvertreter für die Ursache bestätigt durch sein Verhalten oder seine Gefühle, dass er in der Aufstellung tatsächlich eine wichtige Rolle spielt.

Diese Veränderungen bestätigen eine tiefgründigere Ursache, mit der man weiterarbeiten und versuchen kann, die vorhandenen Spannungen zu lösen, etwa mithilfe eines lösenden Elementes oder klärender Sätze.

Fühlt sich der Auslöser jedoch nicht erleichtert, schaut der Hauptstellvertreter auch weiterhin auf den zur Seite getretenen Auslöser, weil er mit der Ursache nichts anfangen kann, und teilt auch der Stellvertreter in der Rolle der Ursache mit, dass er sich eigentlich gerade überflüssig fühlt, dann gibt es keine wirkliche Ursache, die hinter dem Problem steckt. In diesem Fall hat man tatsächlich mit dem Auslöser selbst ein Problem. Man kann das Experiment beenden und den Stellvertreter für die Ursache wieder aus seiner Rolle entlassen. Dann könnte man mit dem ursprünglichen Auslöser weiterarbeiten, weil er vermutlich nicht nur Auslöser sondern gleichzeitig auch Ursache des Problems ist.

> **Sagen, was ist**
>
> Das Aussprechen von Tatsachen kann eine Verstrickung klären und eine lösende Wirkung entfalten.

Bestimme Tatsachen auszusprechen, wirkt oft schon lösend. Reinhard (Michael) sagte zu mir (Vermieter), dass ich mit der Spannung zwischen ihm und seiner früheren Frau nichts zu tun hätte. Diese Aussage entspricht einer Tatsache und entfaltete eine lösende Wirkung in der Aufstellung und damit für das gesamte Problem. Ich erlebe öfter, dass Verschiedenes miteinander verstrickt ist und dadurch Probleme auslöst. Oft stehen Kinder unbewusst ihren Eltern für unerledigte Themen zur Verfügung und rutschen entsprechend in ein Rollenverhalten. Das Aussprechen von Tatsachen schafft wieder Klarheit und befreit.

Beim Freien Aufstellen stellt sich beispielsweise heraus, dass eine attraktive Tochter für ihren Vater im übertragenen Sinne den „Ersatz für eine Partnerin" darstellt, weil der Vater keinen emotionalen Zugang mehr zur Mutter hat und nun woanders nach Nähe sucht. Der Stellvertreter des Vaters fühlt sich stark zur Stellvertreterin der Tochter hingezogen, und diese steht dem Vater dafür zur Verfügung, fühlt sich aber auf ungute Weise an ihn gebunden. Spricht die Tochter die Tatsache aus: „Du bist mein Vater, und ich bin nur deine Tochter", kann sich die Verstrickung lösen, weil die Tochter endlich ihre Aufgabe ablegen kann, für den Vater einen Partnerinnenersatz darzustellen.

Wer sich der Wirkung solcher Sätze bewusst ist, muss keine Aufstellung machen, sondern kann diese Sätze für sich im Alltag anwenden. Entweder sagt man seinem Gegenüber diese Tatsache ganz offen oder man sagt es im Geiste zum anderen. Beides kann helfen, sich aus einer eventuellen Verstrickung zu befreien. Dies kann sowohl die Tochter als auch der Vater aussprechen, sobald es einem von beiden bewusst geworden ist. Auch der Vater kann zur Tochter sagen: „Ich bin dein Vater, und du bist nur meine Tochter."

Übertragen wir das Beispiel auf Michaels Problem, dann hätte also auch der Vermieter für sich den Satz formulieren können: „Ich bin nur dein Vermieter und habe mit deinen persönlichen Spannungen nichts zu tun."

Wenn ich als Stellvertreter oder Beobachter einem Aufsteller zur Verfügung stehe, denke ich oft auch über die Problematik nach, die der andere gerade aufstellt. Habe ich eine Idee, wie man ihm vielleicht weiterhelfen könnte, dann spreche ich diese Idee entweder aus (wenn ich es darf) oder ich probiere sie zunächst verdeckt aus. Ich frage, ob ich verdeckt etwas dazustellen darf. Habe ich vom Aufsteller die Erlaubnis dafür bekommen, stelle ich meine Idee als Stellvertreter dazu, ohne diesem Stellvertreter mitzuteilen, welche Rolle ich ihm gegeben habe. Dann beobachte ich, ob die Idee hilfreich wirkt, also ob die übrigen Stellvertreter sich besser fühlen.

> **Ideen verdeckt testen**
>
> Haben Sie eine möglicherweise helfende Idee, so können Sie zunächst einen Stellvertreter verdeckt für diese Idee aussuchen und testen, ob seine Anwesenheit Erleichterung bringt.

Wenn ja, dann spreche ich aus, was das für eine Idee war und welche Rolle der Stellvertreter von mir bekommen hat. Hilft es nicht, ziehe ich meine Idee zurück und nehme den Stellvertreter wieder aus der Aufstellung.

Dieses verdeckte Ausprobieren finde ich oft einfacher, als dem Aufsteller eine Idee mit langen Erklärungen begreiflich zu machen, von der ich noch gar nicht genau weiß, ob sie ihm überhaupt weiterhilft. Stelle ich meine Idee verdeckt dazu und wirkt sie positiv, dann sind sowieso alle neugierig, was ich aufgestellt habe. Wirkt es nicht positiv, können alle – inklusive ich – viel schneller von meiner Idee wieder loslassen.

Regeln für das Freie Aufstellen im Freundeskreis

Beim Freien Aufstellen im Freundeskreis gibt es nicht nur den Aufsteller und die Stellvertreter, sondern zusätzlich noch unbeteiligte Personen, die zurzeit keine Rolle übernehmen. Das sind die „Beobachter" einer Aufstellung.

Regel 1: Jeder ist eigenverantwortlich

Wenn Aufsteller und Stellvertreter eine Freie Aufstellung durchführen, an der Beobachter teilnehmen, tun das alle Beteiligten auf eigene Verantwortung.

Regel 2: Alles gehört dazu

Solange der Aufsteller keine Grenzen setzt, gehört es beispielsweise dazu, dass Beobachter Ideen zu einer Aufstellung mitteilen oder den Impuls haben, sich als Stellvertreter in die Aufstellung mit hineinstellen zu wollen und das auch zu tun. So kann es vorkommen, dass die Beobachter das Gefühl äußern, etwas fehle noch und sollte dazugestellt werden, um das Thema besser abzubilden, zu spiegeln oder zu lösen.

Regel 3: Der Aufsteller setzt für sich und seine Aufstellung Grenzen

In einer Gruppe kann es hilfreich sein, als Aufsteller den Teilnehmern von Anfang an mitzuteilen, was man möchte und was nicht. Was soll während der Aufstellung nicht passieren? Darf die Gruppe sich frei einmischen oder soll sie sich eher zurückhalten? Sollen sich die Beobachter mit Handzeichen melden, sobald sie Ideen zur Aufstellung haben oder sich dazustellen wollen, damit der Aufsteller in Ruhe auswählen kann? Soll die beobachtende Gruppe sich ruhig verhalten oder dürfen die Teilnehmer jedem Impuls ungebremst nachgehen? Der Aufsteller allein weiß, was ihm guttut, welche Ziele er verfolgt oder wohin ihn seine Neugier führt, und entscheidet frei über seine eigene Aufstellung.

Regel 4: Die Stellvertreter setzen für sich Grenzen

Jeder Stellvertreter kann sich frei entscheiden, auf welche Weise und wie lange er sich für eine Aufstellung zur Verfügung stellt. Sobald ihm etwas unangenehm wird, kann er jederzeit aus der Rolle herausgehen und wieder Beobachter sein. Er steht für den Aufsteller ab dem Moment nicht weiter zur Verfügung.

Regel 5: Die Beobachter setzen für sich Grenzen

Als Beobachter kann es passieren, dass man sich in die Aufstellung mit hineingezogen fühlt oder das Geschehen so intensiv miterlebt, dass es sich nicht mehr gut anfühlt. Manchen Beobachtern ist es unangenehm, wenn der Aufsteller oder ein Stellvertreter sie anspricht, weil sie dadurch gewissermaßen in den Mittelpunkt rücken, was sie nicht möchten. In diesen Fällen hat der beobachtende Teilnehmer die Möglichkeit, für sich eine Grenze zu setzen und darum zu bitten, ihn in Ruhe bzw. außen vor zu lassen. Der Aufsteller und die Stellvertreter müssen diese Grenze achten und einhalten.

Fällt es dem Beobachter schwer, sich gefühlsmäßig aus der Aufstellung herauszuhalten, darf er eigenverantwortlich so lange den Raum verlassen, wie es notwendig ist, um sich vor unangenehmen Gefühlen zu schützen. Natürlich besteht auch jederzeit die Möglichkeit, die Aufstellungsgruppe vollständig zu verlassen. Hier empfehle ich allen Teilnehmern, immer auf sich selbst und ihre Gefühle zu achten sowie ihrem Herzen zu folgen. Die Befürchtung, als „Feigling" dazustehen oder von anderen den Vorwurf zu hören, man sei gerade besonders empfindlich, darf dabei keine Rolle spielen. Die Hauptsache ist, dass jeder für sich eigenverantwortlich seine Grenzen zieht und es jedem gut geht.

Wenn Rollengefühle bestehen bleiben

Wenn Sie als Stellvertreter entscheiden, für eine Rolle nicht weiter zur Verfügung zu stehen, oder als Beobachter emotional sehr stark in eine Aufstellung verwickelt sind, aber nicht aus dem Gefühl herauskommen, obwohl Sie die Rolle abgelegt oder sogar den Raum verlassen haben, dann könnte das ein Problem für Sie darstellen.

Zunächst einmal möchte ich Sie beruhigen. Bleiben Gefühle bestehen, dann zeigt sich ein ähnlicher Effekt, wie nach einem Kinofilm, der Sie sehr berührt hat. Hinterher fühlen Sie immer noch, in diesem Film zu sein, weil Sie sich vielleicht mit der Hauptdarstellerin oder dem Hauptdarsteller identifiziert haben. Und das wirkt noch Stunden, manchmal Tage in Ihnen nach. So kann es Ihnen auch nach einer Aufstellung ergehen.

Sollten Sie nach einer Aufstellung als Stellvertreter aus Ihrer Rolle gehen und sich danach immer noch fühlen, als hätten Sie die Rolle auch weiterhin inne, dann hat das Gefühl mit Ihnen zu tun. Es zeigt Ihnen ein persönliches Thema. Durch Ihr Rollenspiel wurde eine bestimmte Gehirnkarte (möglicherweise mit einem Bad End) aktiviert, die gerade Ihr Gefühl beeinflusst – im schlimmsten Fall fühlen Sie einen seelischen Phantomschmerz. Nun können Sie sich fragen: „Was hat dieses Gefühl mit mir zu tun? Woher kenne ich es? Was ist das für ein unerlöstes Thema in mir?" Beobachten Sie sich selbst: Vielleicht fällt Ihnen dazu etwas ein oder Sie warten ein paar Tage, bis sich das Gefühl wieder gelegt hat. Natürlich können Sie auch eine Freie Aufstellung dazu durchführen – selbst wenn Ihnen der Inhalt des unerlösten Themas noch nicht klar ist (etwa so, wie ich mir am Anfang dieses Kapitels mein unbekanntes Thema von der Gruppe spontan spiegeln ließ).

Konsequenzen für unser Leben

Keine Rolle mehr spielen, sondern authentisch sein

Als Doris sich in meine Aufstellung stellte, spürte sie den Impuls, durch den Raum zu laufen, die Bilder anzuschauen und bei meinem Lieblingsbild stehen zu bleiben. Als Maria sich dazustellte, sagte sie: „Ich fühle hier eine ganz große Klarheit. Es ist, als wenn ich einen umfassenden Überblick hätte und dabei auch viel Energie und Kraft." Als Vermieter in Michaels Aufstellung fühlte ich, dass ich mich an die Tür stellen und lässig dagegenlehnen möchte.

Wir erleben bei Aufstellungen regelmäßig, dass die Stellvertreter in ihren Rollen Resonanzgefühle entwickeln, die entweder in Resonanz zur aufstellenden Person oder zu der Person stehen, die gerade in der Rolle vertreten wird. Ist die Aufstellung beendet und gehen die Stellvertreter aus ihren Rollen, hören auch die Resonanzgefühle meist auf.

Ich ziehe daraus folgende Konsequenz: Dieses Phänomen geschieht ohne ein besonderes Ritual und ohne besonderes Training. Ein Mensch stellt sich einfach nur für eine Rolle zur Verfügung und entwickelt Resonanzgefühle. Wenn das in Aufstellungen so natürlich passiert, dann muss dieses Phänomen auch in unserem Alltag existieren. Sobald wir uns einem anderen auf irgendeine Weise zur Verfügung stellen, entwickeln wir bestimmte Gefühle – Resonanzgefühle. Dementsprechend lassen sich diese Gefühle wieder lösen und verschwinden, wenn wir uns nicht mehr zur Verfügung stellen.

Kennen Sie das? Sie fühlen sich im Zusammensein mit bestimmten Menschen nicht wohl – und sobald Sie aus dem Raum gehen oder der Kontakt aufhört, atmen Sie erleichtert durch? Das hat nicht nur damit zu tun, dass uns dieser Mensch unsympathisch ist oder ein Gefühl der Abneigung in uns auslöst, sondern auch damit, dass wir auf einer Resonanzebene die inneren Spannungen des anderen spüren können. Ihm selbst sind sie möglicherweise nicht mehr bewusst, weil er sich im Laufe seines Lebens daran gewöhnt hat. Und uns ist im Kontakt nicht bewusst, woher diese Spannung kommt, da wir normalerweise nur zweidimensional fühlen. Wir halten das Spannungsgefühl zunächst für unser eigenes. Erst durch den Positionswechsel und die gefühlte Erleichterung erfahren wir Räumlichkeit und können genauer sagen, dass die Spannung im Kontakt höchstwahrscheinlich nichts mit uns selbst zu tun hatte.

Ob Sie tatsächlich die Spannungen eines anderen Menschen spüren, können Sie daran erkennen, dass Sie sich nach dem Kontakt sowohl erleichtert als auch friedlich fühlen. Sie sind weder wütend, noch ärgerlich, noch haben Sie abwertende oder ausschließende Gedanken. Sie sind einfach nur entlastet und können den anderen weiterhin achten, wie er ist. Schwingt in Ihnen jedoch eine Wertung mit und verurteilen Sie den anderen Menschen als „belastend" oder spüren Sie vielleicht sogar eine Abwehr gegen ihn, können Sie sich fragen, ob Sie selbst eine Spannung in sich haben. Dann hat der andere mit seiner Spannung vielleicht ein ungelöstes Thema in Ihnen aktiviert, aus dem heraus Sie ihn verurteilen. In einem solchen Fall können Sie selbst noch dazulernen oder ein unerlöstes Thema verarbeiten und anschließend eine integrierende Haltung entwickeln.

Resonanzgefühle entstehen, wenn wir einem anderen zur Verfügung stehen, wenn wir Stellvertreter im Alltag sind, wenn wir einem anderen dabei helfen, seine Ziele zu erreichen oder ihn verändern wollen. Stehen wir dem anderen nicht mehr zur Verfügung, lösen sich die Resonanzgefühle auf. Auch andere Menschen kann es entlasten, wenn sie uns nicht mehr zur Verfügung stehen.

Wir können uns selbst entlasten, wenn wir folgende Entscheidungen fällen:

- Ich stehe für deine Ziele und Wünsche nicht weiter zur Verfügung.
- Ich helfe dir, indem ich dir nicht mehr helfe.
- Ich achte dein Schicksal, wie es ist, und lasse es ganz bei dir.
- Ich habe mit deinen Themen nichts zu tun.

Wir können andere Menschen entlasten, wenn wir folgende Entscheidungen fällen:

- Du brauchst mir für meine Ziele und Wünsche nicht weiter zur Verfügung zu stehen.
- Du hilfst mir am besten, indem du nicht mehr versuchst, mir zu helfen. Traue mir zu, dass ich es ganz alleine schaffe.
- Du darfst mich mit meinem Schicksal ganz allein lassen und mir zutrauen, dass ich es tragen kann.
- Du hast mit meinen Themen nichts zu tun.

Wenn Sie sich nicht mehr gegenseitig für die Wünsche und Ziele zur Verfügung stellen, müssen Sie nicht mehr aus dem Raum gehen. Sie können in Kontakt bleiben, weil Sie sich viel authentischer als vorher fühlen. Sie sind viel mehr Sie selbst. Probieren Sie es aus – von Situation zu Situation.

Sollten Sie sich aber gegenseitig zur Verfügung stehen wollen, dann können Sie die Rollenverteilung auch positiv gestalten. Sie können Menschen, die Ihnen zur Verfügung stehen (Ihre Angestellten, Kinder, Personen, die Ihnen zuhören oder für Sie etwas erledigen etc.) in Gedanken besonders positive Rollen zuweisen. So werden sie sich im Kontakt mit Ihnen wohler fühlen als bisher. Vielleicht entwickeln sie unter Ihrem positiven Einfluss sogar ein ungeahntes Potenzial – je nachdem, was Sie in sie projizieren.

Denken Sie beispielsweise über den anderen: „Du kannst allmählich ein ungeahntes Potenzial entwickeln und uns alle (auch dich selbst) positiv damit überraschen." Auch beim Sex können wir unserem Partner innerlich eine Rolle geben – und vielleicht erfüllt er uns dadurch „unabsichtlich" bestimmte Wünsche.

Meine Empfehlung ist, keine Angst vor „Manipulation" zu haben, denn niemand *muss* die von Ihnen projizierte Rolle annehmen. Der andere hat immer die Wahl, sich Ihnen und Ihrer Projektion *nicht* zur Verfügung zu stellen.

Umgekehrt können Sie sich selbst im Kontakt mit anderen Menschen positive Rollen geben. Stellen Sie sich beispielsweise vor, die „hilfreichste Rolle" zu übernehmen, die im Kontakt mit diesem Menschen gerade möglich ist. Lassen Sie sich überraschen, was für Gefühle nach dieser Entscheidung in Ihnen aufsteigen, und beobachten Sie, ob und wie es möglicherweise hilft.

Wenn Sie die Erfahrung machen, dass sich Gefühle nicht so leicht ablegen oder verändern lassen, könnte das ein Hinweis auf ein Thema sein, das mit Ihnen selbst zu tun hat. Dann geht es nicht um Resonanz, sondern um die Auseinandersetzung mit sich selbst, um die Weiterentwicklung einer eigenen unerlösten Gehirnkarte.

Wie können uns andere Menschen einen Spiegel bieten?

Als ich mein zunächst unklares Problem aufstellte, habe ich ab und zu den Begriff „Spiegel" verwendet. Ich habe überlegt, was mir Doris, Maria und Michael mit ihrem Verhalten spiegeln. Viele Menschen sprechen davon, dass sie andere als „Spiegel" für sich nutzen. Was ist damit gemeint, wenn unser Umfeld einen Spiegel für uns darstellt? Und wie soll man diesen Spiegel nutzen?

Einen normalen Spiegel im Badezimmer benutzen wir, um uns selbst zu sehen. Wir schauen in den Spiegel, um darin unser

Gesicht zu betrachten. Entdecken wir dort einen Fleck, dann berühren wir unser Gesicht mit dem Finger, um ihn zu entfernen. Dazu benötigen wir die Orientierung durch den Spiegel. Wir sehen im Spiegel, wo unser Finger das Gesicht berührt, damit wir den Fleck gezielt entfernen können. Wie stellt nun unser Umfeld einen Spiegel für uns dar?

Ein fiktives Beispiel: Angenommen Sie sind in einer Familie aufgewachsen, in der jemand schwerhörig ist, weshalb sehr laut gesprochen werden musste, damit man sich versteht. Sie haben deshalb als Kind gelernt, sehr laut zu sprechen und hielten das für normal. Als Sie anderen Menschen begegneten, die gut hören können, erlebten Sie plötzlich, dass sie sich in dem Moment, in dem Sie zu sprechen begannen, die Ohren zuhielten oder räumliche Distanz zu Ihnen schafften. Als Sie nachfragten, warum sie das taten, bekamen Sie die Antwort, dass Sie schreien würden. Sie bekommen ein Feedback, man hält Ihnen einen Spiegel vor, damit Ihnen etwas über sich selbst bewusst werden darf: Sie sprechen für diese anderen Menschen zu laut.

Ein weiteres Beispiel: Angenommen, ein Mann wuchs in einer Familie auf, in der Körperkontakt vermieden wurde. Als Erwachsener nimmt er an einer Selbsthilfegruppe teil, in der sich alle Teilnehmer umarmen, nur er wird dabei übersehen. Die Teilnehmer kommen nicht auf ihn zu, um ihn zu umarmen. Als er nachfragt, warum keiner Körperkontakt zu ihm sucht, erhält er als Antwort, dass die Teilnehmer im Kontakt mit ihm eine seltsame Bremse spürten. Sie haben keinen Impuls, auf ihn zuzugehen, und erklären sich das damit, dass ihm Umarmungen vielleicht zu viel seien und sie auf ihn Rücksicht nehmen wollten. Sie möchten ihn nicht überfahren. Ihm selbst wird dabei bewusst, dass er auch von sich aus nicht auf die Teilnehmer zugeht. Er wartet, dass man auf ihn zukommt. Nun kann er sich fragen, was ihm das spiegelt, woher er diese Distanz kennt. Schließlich fällt ihm auf, dass er es gewöhnt ist. Es war in seiner Familie üblich, eine körperliche Distanz zu wahren. Das Umfeld spiegelt ihm diese Gewohnheit, sodass sie ihm bewusst werden kann. Er sieht im Umfeld-Spiegel seine Gewohnheit, seine Dynamik, seine unbewusste Ausstrahlung, seine Problematik.

Wie können wir nun so einen Spiegel gezielt für uns selbst nutzen? Wir brauchen ein Feedback, um uns selbst zu erkennen und uns verändern und weiterentwickeln zu können. Ich beobachte an mir selbst, dass meine Entwicklung auf zweierlei Weise geschieht:

1. Ich lerne, etwas getrennt zu betrachten, das ich bisher miteinander vermischt hatte. Den Spiegel brauche ich, um erkennen zu können, was genau ich immer noch vermische. In diesem Fall geht es um **Abgrenzung**.

Michaels Unterbewusstsein vermischte bei dem Problem mit seinem Vermieter zwei Beziehungen miteinander: seine Beziehung zum Vermieter und seine Beziehung zur Ex-Frau. Durch die Aufstellung wurde ihm das bewusst, und er konnte klar unterscheiden und abgrenzen: Die Beziehung zum Vermieter hat mit dem Verhältnis zu seiner Ex-Frau *nichts* zu tun.

Wenn ein anderer Mensch mich nicht versteht, reagierte ich früher mit Ärger und einem großen Erklärungsdrang darauf. Doch irgendetwas stimmte für mich nicht an meiner Reaktion. Bis mir bewusst wurde, dass ich dieses Verhaltensmuster von meinen Eltern habe. Hinter dem Muster stand die Überzeugung, dass ein anderer Mensch mich unbedingt verstehen *muss*. Ein Missverständnis durfte nicht einfach so stehen bleiben, sondern *musste* bis ins Letzte geklärt werden. Nach dieser Erkenntnis sah ich in diesem Klärungsdruck keinen Sinn mehr, deshalb war mein Ziel, dieses Verhaltensmuster loszuwerden, mich davon zu distanzieren, mich davon abzugrenzen. Es war das Verhaltensmuster meiner Eltern, das ich eine Zeitlang übernahm. Jetzt tue ich das nur noch selten. Stattdessen warte ich bei Missverständnissen eher ab oder lasse los.

2. Ich lerne, zwei Dinge miteinander zu verbinden, die ich noch voneinander getrennt halte. Den Spiegel brauche ich, um erkennen zu können, was genau ich trenne. In diesem Fall geht es um **Integration**.

Rainer, der mit einer Einzelaufstellung seine Depression bearbeitete, erinnerte sich in der Aufstellung wieder an den Tod seines Vaters und konnte dieses schmerzhafte Erlebnis besser in sein Leben integrieren.

Ich selbst verurteilte früher das Fehlermachen, sowohl meine eigenen Fehler als auch die anderer Menschen. Ich grenzte Fehler generell aus, hielt mich selbst von ihnen „getrennt", bis ich irgendwann erkannte, dass sie notwendig sind, um erfolgreich dazulernen zu können. Fehler zeigen uns, wo noch Unsicherheiten bestehen. Diesen Unsicherheiten können wir uns aufmerksam zuwenden, um sie in Sicherheiten zu verwandeln. Fehler sind sinnvoll. Dank dieser Erkenntnis konnte ich sie in mein Leben integrieren und mich mit dem Fehlermachen innerlich verbinden.

Zusammengefasst besteht mein Reifungsprozess darin, das, was ich vermische, voneinander zu trennen und das Ausgeschlossene zu integrieren. Um diese Schritte machen zu können, muss ich zunächst einmal erkannt haben, wo ich noch immer etwas vermische und wo ich noch etwas ausschließe. Hierbei hilft mir mein Umfeld. Es dient mir als Spiegel, um mich selbst erkennen zu können.

Wenn im Kontakt mit anderen Menschen alles fließt, ist für mich alles in Ordnung. In diesem Fall brauche ich keinen Spiegel, da ich kein Problem fühle. Ein Problem entsteht erst, wenn ich im Kontakt mit meinem Umfeld eine Spannung wahrnehme, die sich unangenehm anfühlt, und ich den Wunsch habe, diese Spannung aufzulösen. Die Spannung wiederum entsteht nur, wenn ich etwas nicht zulassen kann oder nicht zulassen will, wenn ich nicht zustimmen kann, wenn etwas für mich nicht dazugehören darf. Dann spüre ich eine Abwehr dagegen, etwas miteinander Vermischtes klar zu trennen oder etwas Ausgeschlossenes zu integrieren. Dabei ist mir oft gar nicht mehr bewusst, wogegen ich mich eigentlich wehre.

Ich beginne, über mich nachzudenken, und versuche herauszufinden, was ich noch nicht klar unterschieden oder noch nicht integriert habe. Der spannungsvolle Kontakt mit meinem Umfeld ist dafür der Auslöser. Das Umfeld ist mir ein Spiegel, in dem ich sehe, dass ich für mich noch etwas klären kann.

Dem Mann, den die Teilnehmer nicht umarmten, wird bewusst, dass er unbewusst eine Abneigung gegen Umarmungen ausstrahlt – aus Gewohnheit. Er hat Umarmungen gefühlsmäßig noch nicht in sein Leben integriert. Nun kann er an sich arbeiten, damit sich diese Abneigung auflöst, er sich für Umarmungen öffnet und ein gutes Gefühl hat, auf Menschen zuzugehen und sie zu umarmen. Dann wird er auch bei der nächsten Gruppe erleben, dass die anderen Teilnehmer gerne auf ihn zukommen, um ihn zu umarmen. Der Umfeld-Spiegel zeigt ihm nun seinen inneren gelösten Zustand. Gleichzeitig gewöhnt er sich an Umarmungen und spürt keine Spannung oder keinen Schmerz mehr, wenn ein anderer Mensch ihn wieder einmal nicht umarmen sollte. Beides darf dazugehören.

Erleben Sie also im Kontakt mit Ihrem Umfeld ein Problem, dann können Sie sich fragen: Was hat es mit mir zu tun? Kenne ich das auch von mir? Verhalte ich mich ab und zu auch so oder haben sich meine Eltern früher mir gegenüber so verhalten? Wo finde ich die Parallele zwischen dem, was mir gerade mein Umfeld zeigt, und mir selbst? Zwischen dem Äußeren und meinem Inneren? Gibt es das, was sich im Außen zeigt, in irgendeiner Form auch in mir selbst? Wenn ich eine Blockade im Außen erlebe, eine Abwehr gegen mich, einen Widerstand, einen Misserfolg, wo entdecke ich eventuell diese Blockade in mir selbst?

Sie können sich fragen, wogegen Sie sich wehren. Was geschieht, wenn Sie Ihre Abwehr aufgeben und entweder die Abgrenzung endgültig vornehmen oder die Integration zulassen?

Durch diese Fragen besteht die Möglichkeit, alte unerlöste Gehirnkarten wieder zu aktivieren, an sie anzudocken, um sie anschließend weiterzuentwickeln, neue Happy Ends zu kreieren, befreiende Lösungen dafür zu finden, seelische Phantomschmerzen verschwinden zu lassen, wieder in Fluss zu kommen.

Zusätzlich besteht die Möglichkeit, Ihr Umfeld aus der Spiegelfunktion zu entlassen. Sind Sie sich bewusst geworden, dass andere Menschen Ihnen gerade etwas spiegeln, können Sie innerlich (manchmal vielleicht auch laut) formulieren und damit ausstrahlen: „Vielen Dank für den Spiegel. Ich sehe jetzt, dass ich hier ein Ungleichgewicht lebe, das ich weiterentwickeln kann. Mir ist das jetzt bewusst geworden. Ihr braucht mir nicht weiter als Spiegel zur Verfügung zu stehen. Ich entlasse euch gerne aus euren Rollen."

War Ihr Umfeld tatsächlich ein Spiegel für Sie, dann spiegelt es Ihnen auch diese neue innere Haltung und lässt von dem alten spiegelnden Verhalten los. Ändert sich aber nichts im Außen, hat Ihr Umfeld möglicherweise auch einen eigenen Anteil zu klären oder zu lösen. In dem Fall achten Sie Ihr Umfeld, wie es gerade ist, und kümmern sich um sich selbst und Ihr eigenes Ungleichgewicht.

Wenn Sie Interesse daran haben, sich mit dem Spiegel im Alltag noch ausführlicher auseinanderzusetzen, steht Ihnen ab September 2012 das Buch „Der lebendige Spiegel im Menschen. In Resonanz lernen – lösen – leben – lieben" zur Verfügung, an dem meine Lebensgefährtin Jacqueline und ich gerade arbeiten.

Befreiendes Potenzial
in den Alltag projizieren

In der Einzelberatung mit Frank, der unter den Problemen seines Chefs litt und am liebsten seinen Arbeitsplatz wechseln wollte, setzte ich zwei lösende Elemente ein. Eines davon wies uns den Weg, der für Frank eine Lösung darstellen könnte. In meiner Aufstellung im Freundeskreis setzte ich Reinhard, der später zu uns stieß, als lösendes Element ein und kam dadurch auf neue Gedanken.

Immer wieder erlebe ich in Aufstellungen, dass ein lösendes Element tatsächlich einen lösenden Impuls in die Aufstellung bringt oder die Beteiligten darin unterstützt, ein besseres Gleichgewicht zu finden. Wenn dies in Aufstellungen möglich ist, wieso sollte es nicht auch in unserem Alltag möglich sein?

Sie haben beim Abendessen einen Konflikt mit Ihrem Kind und wissen sich nicht mehr anders zu helfen, als hart und streng durchzugreifen. Doch das wollen Sie nicht. Sie nehmen ein Glas Wasser, dem Sie in Gedanken die Rolle „lösendes Element" zuweisen, und stellen es mitten auf den Tisch. Dann warten Sie, was passiert, was sich in Ihren Gefühlen verändert und ziehen Ihre Schlüsse aus dieser Erfahrung.

Sie werden an Ihrer Arbeitsstelle von Ihren Arbeitskollegen gemobbt oder fühlen sich vom Chef schlecht behandelt. Kaufen Sie sich etwas Kleines, Schönes, geben Sie diesem Symbol die Rolle des „lösenden Elements" und stellen Sie es in Ihrem Arbeitsbereich auf. Anschließend beobachten Sie, welche kleinen oder großen Veränderungen Ihnen im Außen oder auch in Ihren Gefühlen auffallen. Lernen Sie daraus.

Wenn Sie im Alltag problematische Situationen erleben, können Sie auf den Kugelschreiber in Ihrer Hand, auf die Uhr an der Wand oder auch auf einen Stuhl die Bedeutung „lösendes Element" projizieren. Stellen Sie sich vor, wie der entsprechende Gegenstand unbemerkt eine heilsame Wirkung verströmt.

Anschließend beobachten Sie sich, um herauszufinden, ob Ihnen diese Vorstellung ein neues Gefühl vermittelt oder ob ein neuer Handlungsimpuls in Ihnen zum Vorschein kommt. Vielleicht verhält sich Ihr Gegenüber plötzlich anders?

Zusätzlich können Sie sich selbst die Rolle des „lösenden Elementes" geben. Oder Sie betrachten einen anderen Menschen als „lösendes Element". Ihrer Fantasie sind keine Grenzen gesetzt. Projizieren Sie in Ihr Umfeld „lösende Elemente", stellen Sie sich vor, dass diese Elemente heilsame Wirkungen verströmen, und beobachten Sie, ob und wie das die problematische Situation verändert oder was Sie selbst nun anders fühlen bzw. wie Sie anders handeln.

Nebenbei: Was verändert sich in Ihnen, wenn Sie das gesamte Universum als weises lösendes Element betrachten?

Wenn wir uns auf diese Weise mit Konflikten im Alltag auseinandersetzen, verändern wir unser Verhaltensmuster. Wir fühlen uns nicht mehr ohnmächtig oder kämpfen gegen das, was ist, sondern wir werden konstruktiv aktiv. Wir setzen ein lösendes Element ein, entspannen uns wartend und richten unsere Aufmerksamkeit voll positiver Erwartung auf das lösende Element und auf eventuelle Veränderungen in unserem Umfeld oder in unserem Gefühl. Schon allein diese Änderung unserer inneren Haltung wandelt die Situation ein wenig. Wenn wir dann auch noch auf eine lösende Idee kommen oder sich das Verhalten unseres Umfelds zum Positiven verändert, haben wir uns am eigenen Schopf aus dem Sumpf gezogen.

Die Klarheit: „Ich kann nichts dafür!"

Man muss nicht immer alles vollständig „lösen" – es genügt auch, etwas deutlich zu unterscheiden.

In Michaels Aufstellung sagte Reinhard (Michael) zu mir (Vermieter), dass ich nichts mit seinen Problemgefühlen zu tun hätte. Dadurch wurde zwar sein Problem mit seiner Ex-Frau nicht gelöst, trotzdem machte sich bei allen Beteiligten Erleichterung breit, auch bei der Stellvertreterin seiner Ex-Frau.

Als ich in meiner Einzelaufstellung über mein Problem mit der Unruhe (siehe S. 63) hinter die zweite Ursache an der Treppe ihre Eigenverantwortung stellte und mir selbst damit klar machte, dass ich mich nicht mehr um alle anderen Menschen kümmern muss, erleichterte mich das sehr, auch wenn sich dadurch die Gefahr für Ursache 2 nicht löste.

Als Steffi bei der gemeinsamen Aufstellung mit Peter (siehe S. 105) erkannte, dass Peter sie nicht ablehnt, sondern einfach nur ein Problem mit sich selbst herumträgt, war sie bereits dadurch erleichtert, dass Peter begann, sich mit seinem Problem auseinanderzusetzen.

In allen drei Fällen wurde das Ursprungsproblem nicht gelöst. Michaels Verhältnis zu seiner Ex-Frau blieb weiterhin voller Spannungen, bei meiner Aufstellung bestand nach wie vor die Gefahr, dass anderen Menschen ein Unglück passiert, wie zum Beispiel die Treppe hinunterzufallen, und Peter konnte sein Problem mit der inneren Distanz noch nicht klären. Trotzdem machten sich in den drei Aufstellungen erleichternde Gefühle breit. Der Hintergrund für eine Erleichterung war die deutliche Unterscheidung: „Das hat mit mir/dir nichts zu tun."

Kennen Sie den Film „Good Will Hunting"? Ein sehr begabter junger Mann (Will Hunting), der komplexe Mathematikaufgaben lösen kann, blockiert sich emotional, nutzt sein Potenzial nicht und arbeitet „nur" als Bauarbeiter. Ein Professor entdeckt seine Begabung, möchte ihn fördern und schickt ihn zu einem befreundeten Therapeuten. Die entscheidende Wende geschieht in dem Moment, in dem der Therapeut die schmerzhaften Kindheitserfahrungen seines jungen Klienten anspricht und eindringlich sagt: „Du kannst nichts dafür!" Will bricht daraufhin in Tränen aus. Und sein Leben verändert sich danach zum Positiven.

Immer wieder erlebe ich in Aufstellungen, wie es Teilnehmer erleichtert, wenn sie feststellen, dass ihr gegenwärtiges Problem eigentlich viel mehr mit dem Schicksal ihrer Eltern zu tun hat und weniger mit ihnen selbst. Sie können sagen: „Lieber Papa, liebe Mama, ich erkenne jetzt, was ich zusammen mit euch getragen habe und sehe, dass es ganz allein euer Schicksal ist. Ich kann nichts dafür, dass ihr dieses Problem habt und wie ihr damit umgeht, also kann ich es auch nicht für euch lösen. Ich habe mit eurem Problem in Wirklichkeit gar nichts zu tun."

Das gilt auch für unseren Alltag. Es entlastet, wenn wir feststellen, dass wir unschuldig an dem Leid anderer Menschen sind. Wir können uns trotzdem bemühen, ihnen aus ihrem Leid herauszuhelfen, aber wir müssen uns nicht wegen ihres Leids schuldig fühlen.

Je klarer ich sehen kann, dass ein erwachsener Mensch vollkommen eigenverantwortlich für den Umgang mit seinem Leid ist, desto freier fühle ich mich im Kontakt mit ihm. Wenn ich aus Versehen etwas getan habe, wodurch der andere zu leiden beginnt, weiß ich doch immer: Er ist darin eigenverantwortlich, mit diesem Schmerz auf seine Weise umzugehen. Ich kann ihm offen und aufrichtig mitteilen, dass es mir leidtut, und ich den Schmerz nicht auslösen wollte. Aber ich muss mich nicht mehr gleichzeitig klein und schuldig fühlen. Denn für die Art und Weise, wie ein Mensch mit dem Leid, das er erfahren hat, umgeht, kann ich nichts. Macht er mir Vorwürfe, dann hat er sich genauso eigenverantwortlich dafür entschieden, wie wenn er mir meinen Fehler verzeiht. Ich stehe gerne dafür zur Verfügung, sein Leid zu verringern, aber mit seiner Reaktion auf dieses Leid, mit seinem Umgang damit, habe ich nichts zu tun.

Obwohl das Leid in meinem Umfeld nicht gelöst ist, fühle ich mich aufgrund dieser klaren Unterscheidung ausgeglichen und kraftvoll. Mit dieser Energie gebe ich mein Bestes, dem anderen bei seiner Klärung oder bei der Heilung seines Leids zu helfen – vorausgesetzt, er lässt zu, dass ich ihm dafür zur Verfügung stehe.

Was steht eigentlich hinter meinem Problem?

Bei Michaels Aufstellung vermutete ich, dass hinter dem Vermieter jemand anderes stehen könnte. Ich ahnte, dass der Vermieter nur der Auslöser für Michaels Problem ist, aber nicht die Ursache. So etwas passiert öfter. In Aufstellungen lässt sich immer wieder entblättern, dass ein Problem im Alltag entstanden ist, weil jemand Auslöser und Ursache vermischt und auf den Auslöser etwas oder jemanden projiziert.

Ich litt früher darunter, wenn Teilnehmer in meinen Workshops heftig diskutierten. Solche Diskussionen kommen beim Freien Aufstellen sehr selten vor, doch es kann passieren, dass einer nicht damit einverstanden ist, in welchem Tonfall ein anderer etwas sagt. Manchmal verletzten sich dann beide gegenseitig emotional. Ein solcher Konflikt löste bei mir immer Stress aus.

Irgendwann wurde mir bewusst, dass solche Situationen ein Spiegel für mich waren. Ich fragte mich, warum der Konflikt zweier Teilnehmer in mir Stress auslöste. Dabei suchte ich nach einer Parallele zu meinem Leben, zu meiner Kindheit. Was steht eigentlich dahinter? Wenn die diskutierenden Teilnehmer nur der Auslöser für meinen Stress sind, wo steckt die Ursache dafür? Als ich darüber nachdachte, wurde mir sehr schnell klar, dass die eigentliche Ursache für mein Stressgefühl die vielen Auseinandersetzungen meiner Eltern waren. Wenn sie stritten, eskalierte das oft, besonders in der letzten Phase vor ihrer Trennung. Ich litt als Kind immer sehr darunter und empfand intensive Stressgefühle.

Wenn nun Teilnehmer in einen Konflikt rutschten, dann verwechselte mein Gehirn die Teilnehmer mit meinen Eltern – ich fühlte den gleichen Stress wie damals und befürchtete, die Situation könne eskalieren. Aus meiner Perspektive nahmen die Teilnehmer plötzlich eine „Rolle" ein: Sie wurden zu meinen Eltern.

Solche Projektionen sind notwendig, um sich selbst heilen zu können. Wir können sie nutzen, weil etwas dabei passiert: Eine äußere Situation berührt ein Gehirnareal, eine Gehirnkarte, die noch unerlöst ist. Meine streitenden Teilnehmer aktivierten bei mir diejenige Gehirnkarte, die mit meinen Eltern zusammenhing und immer noch kein Happy End erfahren hatte. Sobald Teilnehmer stritten, fühlte ich das „Bad End" meiner „Eltern-Gehirnkarte", ich fühlte den immer noch unerlösten Stress von damals.

Eine Gehirnkarte können wir nur weiterentwickeln, wenn sie gerade aktiviert ist, d.h., wenn eine äußere Situation an sie andockt und uns etwas in der Gegenwart bewusst oder unbewusst an früher erinnert. Durch die Aktivierung projiziert die in der Vergangenheit steckengebliebene Gehirnkarte die vergangene Situation in die Gegenwart.

Michael sieht unbewusst in seinem Vermieter seine Ex-Frau. Ich sehe unbewusst in meinen streitenden Teilnehmern meine Eltern.

Die Weiterentwicklung der entsprechenden Gehirnkarte kann auf zweierlei Weise geschehen:

1. Uns wird im aktivierten Zustand bewusst, dass das eine mit dem anderen nichts zu tun hat. Dann fühlen wir uns befreit. Ab da ist unsere Gehirnkarte mit der Erkenntnis verknüpft: Die Gegenwart hat mit der vergangenen Ursache, die uns endlich bewusst wurde, nichts zu tun. In der Gegenwart kann niemand etwas dafür, dass unsere Vergangenheit so war, wie sie war.

Michael erkennt, dass er zwei Themen vermischt hat, und macht sich bewusst, dass seine Beziehung zum Vermieter mit seiner Beziehung zur Ex-Frau nichts zu tun hat. Er kann auch nichts dafür, dass Michael mit seiner Ex-Frau ein Problem hat.

Ich erkenne meine Vermischung und mache mir bewusst, dass die Teilnehmer meines Workshops mit meinen Eltern nichts zu tun haben. Sie können nichts dafür, dass ich aufgrund der Auseinandersetzungen meiner Eltern Stress fühlte.

Diese klare Unterscheidung befreit.

2. Vielleicht dürfen wir aber auch in der Gegenwart ein Happy End erleben. Ist unsere Gehirnkarte aktiviert, dann projizieren wir unbewusst oder sogar bewusst (mithilfe von Aufstellungen) etwas Altes auf unser Umfeld. Entwickelt sich dann die gegenwärtige Situation so weiter, dass wir ein Happy End erleben dürfen, überträgt sich dieses Happy End auf unsere Gehirnkarte. Wir fühlen uns berührt und erlöst.

Michael darf eventuell erleben, wie sich die Situation in der Gegenwart zwischen ihm und seinem Vermieter anders löst, als er es im Umgang mit seiner Frau kennt. Der Vermieter ist auf unerwartete Weise offen, und Michael kann mit ihm ein klärendes Gespräch führen.

Ich darf erleben, dass ich mir bei einem Streit meiner Teilnehmer in Gedanken die Rolle „lösendes Element" gebe, mit dem Streit klärend umgehen kann, sodass sich die Teilnehmer durch meine Hilfe tatsächlich beruhigen und versöhnen. Am Ende sind beide Konfliktparteien sogar dankbar dafür, dadurch etwas Neues gelernt zu haben. Happy End. Mithilfe dieser Erfahrung kann ich die damalige Situation, die ich mit meinen Eltern erlebte, mit dem in der Gegenwart erlebten Happy End verknüpfen. Ich „weiß" nun, wie eine Konfliktsituation auch positiv enden kann – ohne zu eskalieren. So fühle ich mich viel gelassener, wenn Teilnehmer wieder einmal heftig diskutieren.

Wie also können Sie mit Problemsituationen umgehen?

1.1. Haben Sie ein Problem, das durch das Verhalten eines anderen Menschen ausgelöst wurde, dann können Sie sich vorstellen, was wohl hinter dem anderen Menschen steht. Sie nutzen ihn als Spiegel und überlegen sich, welche Parallele es zu Ihrem Leben, zu Ihrer Vergangenheit gibt. Sie können sich auch vor Ihrem geistigen Auge ausmalen, wie dieser Mensch als Auslöser zur Seite tritt, damit Sie dahinter nun die Ursache Ihres Problems zu sehen bekommen. Wie fühlen Sie sich, wenn Sie sich klar machen, dass der Auslöser eigentlich nichts mit Ihrem Problem zu tun hat? Und was taucht in Ihrer Fantasie hinter dem Auslöser auf, sobald er zur Seite tritt?

1.2. Sie können aber auch überlegen, welches Happy End Sie sich wünschen würden. Lässt sich dieses Happy End in der Gegenwart vielleicht sogar erreichen? Steht der andere Ihnen für dieses Happy End zur Verfügung?

2.1. Wenn ein anderer Mensch mit Ihnen ein Problem hat und nicht damit umgehen kann, was Sie gerade getan oder gesagt haben, dann können Sie in Ihrer Vorstellung einen Schritt zur Seite gehen. Sie stehen dem anderen als Auslöser nicht weiter zur Verfügung. Sie gehen aus der Rolle, die Sie für den anderen gerade spielten, weil Sie lediglich Auslöser waren, und nichts mit der Ursache seines Problems zu tun haben.

2.2. Sie können aber auch überlegen, was für ein Happy End sich der andere wünscht. Wie können Sie ihm zur Verfügung stehen und ihm bei der Lösung seines Problems am besten helfen? Wie fühlen Sie sich und welche Handlungsimpulse spüren Sie, wenn Sie die Rolle als Auslöser verlassen und sich eine neue Rolle als „lösendes Element" geben? Was ist in der Gegenwart möglich? Hilft es dem anderen wirklich?

IV

Heilsame Wirkungen durch viele Stellvertreter

Wie geht das?

Manche Themen in meinem Leben sind sehr verzwickt. Dann reicht es mir nicht, nur zwei oder drei Personen als Stellvertreter zur Verfügung zu haben. Ich möchte möglichst viele Aspekte mithilfe der mehrdimensionalen Gefühle anderer Menschen anschauen. Will ich mir beispielsweise die Gesamtsituation in meiner Herkunftsfamilie spiegeln lassen, benötige ich dafür mindestens sieben Stellvertreter. Zwei für meine Eltern und fünf für meine Geschwister und mich. Sollen die Großeltern noch dazugestellt werden, benötige ich schon insgesamt elf Menschen für Stellvertreterrollen.

In einem meiner großen Workshops stellte einmal ein Ehepaar ihr jeweiliges Herkunftssystem gleichzeitig auf. Etwa dreißig Stellvertreter bewegten sich frei im Raum und spiegelten die Situation. Für mich war diese Erfahrung als Organisator sehr heilsam, weil ich erlebte, wie sich das anfängliche Chaos innerhalb von 45 Minuten wie von Geisterhand selbstständig so sortierte, dass das Ehepaar mit diesem Happy End sehr zufrieden war. Die Annahme, Aufstellungen sollten sich idealerweise auf wenige Stellvertreter konzentrieren, bestätigte sich damit nicht. Nach dieser Erfahrung weiß ich: Wirklich alles gehört dazu und kann hilfreich sein.

Manch einer hat vor größeren Gruppen mit fremden Menschen ein bisschen Angst. Ich zumindest kenne dieses Gefühl aus der Zeit, als ich noch mit meinen inneren Blockaden, Hemmungen und Minderwertigkeitsgefühlen zu tun hatte. Ich konnte in Gruppen kaum reden. In einer Vorstellungsrunde meinen Namen zu nennen und ein paar Worte zu meiner Person zu sagen, löste den meisten Stress in mir aus. Ich hatte dabei immer unglaublich starkes Herzklopfen. Hinzu kam, dass ich nicht jeden der anderen Teilnehmer gut leiden konnte, einige aktivierten in mir Blockadegefühle oder Ängste, und auch manch einen Seminarleiter fand ich einfach blöd. Kurz: Es war mir immer unangenehm, in Gruppen zu sein.

Heute weiß ich: Ich sehne mich nach Gruppen, in denen von Anfang an klar ist, dass alles dazugehören darf und vom Gruppenleiter integriert werden kann – auch ich mit meinen Blockaden und Hemmungen. Es fehlten mir die Gruppen, die ich mittlerweile selbst organisiere.

Bei mehrtägigen Seminaren für Freie Systemische Aufstellungen erlebe ich sehr häufig, dass die Teilnehmer begeistert sind, weil sie noch nie eine so harmonische Gruppe erlebt haben. Endlich können sie sich in einer Gruppe gut fühlen. Ich glaube, das liegt tatsächlich daran, dass von Anfang an alles dazugehören darf und klar geregelt ist, wer zu seinem Schutz welche Grenzen setzt. Aufgrund dieser Atmosphäre und weil die Teilnehmer frei über ihre Emotionen sprechen, können sie sich sehr schnell füreinander öffnen. Es entsteht gegenseitiges Verständnis. Jeder Teilnehmer gehört dazu, und zwar so, wie er ist – mit all seinen Macken und Ungleichgewichten (solange er keine gesetzten Grenzen überschreitet). Heute fühle ich mich mit jeder neuen Aufstellungsgruppe bereits nach kurzer Zeit sehr vertraut und familiär.

Wenn Sie also das Ziel haben, größere Themen aufzustellen, die mehr Stellvertreter erfordern, als Ihnen Ihr Freundeskreis bieten kann, dann haben Sie zwei Möglichkeiten: Entweder Sie sind bereits so selbstsicher, dass Sie eine Gruppe eigenständig organisieren, in der sowohl die Teilnehmer als auch Sie selbst die Möglichkeit haben aufzustellen, oder Sie nehmen an einer Veranstaltung teil, die Freies Aufstellen anbietet. Eine solche Veranstaltung erkennen Sie an den Begriffen „Freies Aufstellen", „Freies Familienstellen", „Freie Systemische Aufstellungen" oder auch „Freies Stellen".

Entscheidend bei all diesen Begriffen ist das Wort *frei*, weil es beinhaltet, dass die aufstellenden Teilnehmer tatsächlich von Anfang bis Ende der Chef ihrer Aufstellung bleiben und vom Organisator immer darin unterstützt werden, *frei* über ihre Aufstellung zu bestimmen. Doch nicht jede Veranstaltung, die sich „Freies Aufstellen" nennt, bietet auch tatsächlich das Freie Aufstellen an, das ich in diesem Buch beschreibe. Leider garantiert diese Bezeichnung nicht immer den entsprechenden Inhalt. Daher empfehle ich, sich in Ruhe umzusehen, eine Veranstaltung erst einmal anzuschauen und zu beobachten, ob Sie das finden, was Sie sich wünschen. Informationen finden Sie im Internet unter www.freies-aufstellen.info. Wer Freie Aufstellungen unter bestimmten Bedingungen selbst organisiert, kann sich dort auch mit seiner Veranstaltung eintragen lassen.

In einem kleinen Freundeskreis ergibt sich normalerweise vieles von allein, man kann die Dinge gut unter sich regeln. Bei einer größeren Aufstellungsgruppe muss es jemanden geben, der während der Veranstaltung ein wenig die Führung übernimmt und sich darum kümmert, dass auch tatsächlich *Freies* Aufstellen stattfindet. Im Folgenden beschreibe ich aus meiner Erfahrung, wie ein optimaler Veranstaltungsrahmen für Freies Aufstellen mit vielen Teilnehmern aussehen könnte. Ich gehe davon aus, dass auch Teilnehmer dabei sind, die das Freie Aufstellen noch nicht kennen. Deshalb muss derjenige, der die Veranstaltung organisiert und den ich „Organisator" nenne, am Anfang ein paar Worte dazu sagen. Ich beginne meistens wie folgt:

„Herzlich willkommen zum Freien Aufstellen. Ich freue mich, dass ihr alle Interesse daran habt und es zumindest einmal kennenlernen wollt.

Entscheidend ist, dass diese Veranstaltung keinen therapeutischen Rahmen bietet. Das bedeutet, dass ihr immer selbst schauen müsst, was für euch gut ist und was nicht. Jeder nimmt eigenverantwortlich teil und bleibt während der gesamten Veranstaltung eigenverantwortlich. Aus diesem Grund muss jedem von euch auch immer gestattet sein, für sich selbst jederzeit Grenzen setzen zu können. Die Beobachter können jederzeit aus dem Raum rausgehen, falls sie sich irgendwann einmal unwohl fühlen sollten. Die Stellvertreter dürfen jederzeit ihre Rollen ablegen, falls die Gefühle in der Rolle zu unangenehm werden sollten. Dazu müsst ihr nicht einmal den Aufsteller fragen, ob ihr die Rolle ablegen dürft. Ihr könnt einfach mitteilen, dass ihr für die Aufstellung nicht weiter zur Verfügung steht, und dann wieder Platz nehmen. Der Aufsteller muss auf eure Entscheidung vollkommen Rücksicht nehmen.

Der Aufsteller wiederum kann frei über seine eigene Aufstellung bestimmen und darf auch entscheiden, was er sich *nicht* anschauen möchte. Er wählt aus, was zu seiner Aufstellung dazugehören darf und was nicht. Zu seinem Schutz kann er nach Gefühl jederzeit Grenzen setzen, falls ihm etwas zu intensiv werden sollte oder die Vorschläge der Stellvertreter oder Beobachter für ihn nicht passen. Er kann frei entscheiden, welche Themen oder blinden Flecken, die ihm die Stellvertreter spiegeln, für ihn momentan eine Rolle spielen und welche nicht. Jeder Aufsteller geht seine eigenen Schritte in seinem Tempo und auch nur er weiß, was ihm guttut und was für ihn ein Happy End darstellt. Er allein fühlt, was eine Lösung ist und was nicht. Als Organisator passe ich auf, dass jeder Aufsteller diese Freiheit behält und dogmatisch auftretende oder sehr überzeugte Stellvertreter oder Beobachter diese Freiheit nicht einschränken.

Ich empfehle immer, dass wir als Gruppe einen Aufsteller mit der inneren Haltung begleiten: ‚Was hilft ihm wirklich?' Machen wir ihm einen Vorschlag oder bieten Hilfe an, dann können wir auch gleichzeitig beobachten, ob unser Impuls tatsächlich hilft oder nicht. Wenn der Aufsteller nicht sofort positiv auf die Hilfe anspringt oder wir das Gefühl haben, ihn zu etwas überreden zu müssen, können wir daran ablesen, dass dieser Schritt wohl im Moment (noch) nicht dran ist. Wir lassen von diesem Impuls los und suchen weiter nach einer wirkungsvolleren Hilfe oder warten auf den Zeitpunkt, an dem unser Impuls angenommen wird.

Wenn jemand unsicher ist, wie er seine eigene Aufstellung leiten soll, weil er das zum ersten Mal macht, kann er mich – oder auch einen anderen aus der Gruppe – bitten, die Leitung zu übernehmen. Ich leite dann seine Aufstellung aus der zweiten

Position heraus, d.h., ich bin ein ‚angestellter Leiter', denn ihr bleibt trotzdem der Chef eurer Aufstellung und könnt mir Anweisungen geben, auf welche Weise ich leiten soll. Ihr könnt mir sagen, was ich gerade verkehrt mache, oder ihr entlasst mich aus der Leitungsposition, sobald ihr wieder selbst die Leitung übernehmen wollt. Wir können auch gemeinsam die Aufstellung leiten – ganz so, wie es zu eurem Gefühl passt.

Das ist zunächst einmal die Basis des Freien Aufstellens. Tauchen dazu im Laufe der Zeit noch Fragen auf, könnt ihr sie jederzeit stellen, und wir klären sie sofort. Was man beim Freien Aufstellen alles machen kann, seht ihr im Laufe der Veranstaltung.

Zum Schluss möchte ich euch noch meine persönliche Grenze mitteilen, die ich als Organisator dieser Veranstaltung habe: Ich wünsche, dass jeder wütende oder aggressive Impuls, den ein Stellvertreter eventuell in seiner Rolle fühlt und ausagieren möchte, vorher angekündigt wird, damit sich die anderen Teilnehmer darauf einstellen können und sich nicht erschrecken oder persönlich angegriffen fühlen müssen."

Das organisierte Freie Aufstellen verläuft im Grunde so ähnlich wie im Freundeskreis: Jemand fällt die Entscheidung, bei sich zu Hause Freies Aufstellen anzubieten und lädt seine Freunde dazu ein. Wenn jemand dabei ist, der noch nicht weiß, wie das funktioniert, erklärt der Organisator kurz, worum es geht und welche Regeln den Rahmen vorgeben. Dann klären die Teilnehmer, wer aufstellen möchte, und stellen sich im Rahmen dieser Regeln gegenseitig zur Verfügung.

Wollen Sie das Freie Aufstellen außerhalb eines Freundeskreises öffentlich organisieren, dann treffen Sie die Entscheidung, in einem bestimmten Raum zu einem bestimmten Zeitpunkt Freies Aufstellen anzubieten, laden Menschen dazu ein und machen Werbung. Zu Beginn der Veranstaltung erklären Sie den neuen Teilnehmern, wie es funktioniert und welche Regeln den Rahmen vorgeben. Dann klären Sie, wer aufstellen möchte und wer aufstellen darf. Anschließend stellen sich die Teilnehmer gegenseitig zur Verfügung.

Wenn Sie Werbung machen und für diese Veranstaltung eine Teilnahmegebühr erheben, verpflichten Sie sich gegenüber Ihren Teilnehmern, dass in Ihrer Veranstaltung auch genau das passieren wird, was Sie bereits in Ihrer Werbung angeboten haben: Freies Aufstellen. Aus diesem Grund haben Sie als Organisator die Aufgabe, dafür zu sorgen, dass von Anfang bis Ende die Regeln eingehalten werden, damit auch tatsächlich Freies Aufstellen stattfindet. Das ist die einzige Aufgabe des Organisators.

Der Organisator des Freien Aufstellens ist nicht verpflichtet, therapeutisch ausgebildet zu sein und seinen Teilnehmern fachliche Hilfe zur Verfügung zu stellen. Oft wird der Organisator des Freien Aufstellens mit einem qualifizierten Berater oder Therapeuten verwechselt – doch eine therapeutische Qualifikation ist für das Freie Aufstellen keine Voraussetzung, sondern nur ein eventueller positiver Nebeneffekt.

Beim Freien Aufstellen leitet der Teilnehmer seine Aufstellung selbst, er ist der Chef und darf deshalb auch frei entscheiden, ob jemand anderes die Leitung der Aufstellung übernimmt bzw. wieder abgibt. Der Organisator achtet darauf, dass dies gewährleistet bleibt. Die Gruppe und auch der Organisator haben die Wahl, dem Aufsteller einfühlsam und unterstützend zur Verfügung zu stehen.

Muss man als Organisator eine Ausbildung haben? Ganz klar: nein. Um das Freie Aufstellen zu organisieren, benötigt man keine Qualifikation, kein Zertifikat, keine Erlaubnis, keine Ausbildung welcher Art auch immer. Man organisiert Freies Aufstellen genauso, wie man eine Diskussionsrunde veranstaltet: Man lädt zu einem Treffen ein, bei dem sich die eigenverantwortlichen Teilnehmer bei bestimmten Fragestellungen gegenseitig zur Verfügung stehen. Antworten auf Fragen sind ebenso wie angesprochene Gefühle nichts weiter als eine einfache „Meinungsäußerung".

Freies Aufstellen ist keine Therapie. Man kann sogar den Begriff „Beratung" weglassen (und damit auch in Österreich ungehindert Freies Aufstellen organisieren). Die Menschen treffen sich und äußern zu den unterschiedlichsten Themen nach bestimmten Regeln ihre Ansichten. **Jemand hat eine persönliche Frage, die anderen antworten und sagen ihre persönliche Meinung dazu.** Ein alltägliches Phänomen. Was ein Teilnehmer anschließend mit den Meinungen der anderen macht und wie weit er sie sogar zur Selbstheilung nutzt, bleibt immer ihm selbst überlassen. Jeder ist und bleibt bei diesem Treffen eigenverantwortlich – wie bei einer Diskussionsrunde.

Und sollte es jemandem einmal nicht so gut gehen, dann gibt es genug liebevolle Teilnehmer, die sich fürsorglich um ihn kümmern – wie bei einer Diskussionsrunde auch. In Notfällen wird Erste Hilfe geleistet und der Arzt gerufen. So etwas habe ich aber in meinen neun aktiven Jahren bisher noch nicht erlebt.

Wenn sich jemand in der von mir organisierten Diskussionsrunde meiner Ansicht nach danebenbenimmt, kann ich ihn jederzeit auffordern, die Veranstaltung zu verlassen. Auch dafür brauche ich keine Ausbildung, nur etwas Mut.

Sie dürfen das Freie Aufstellen nicht als „Heilung" oder „Diagnose" anbieten, wenn Sie kein Heilpraktiker, Arzt oder Psychotherapeut sind. Denn dann würden Sie sich strafbar machen. Das Freie Aufstellen kann jeder anbieten, wenn er es als „Möglichkeit zur Aktivierung der Selbstheilungskräfte" definiert – oder einfach nur als „unterstützenden Meinungsaustausch".

Auch wenn man keine Ausbildung benötigt, bieten Jacqueline Schwindt (www.wajarri.de) bzw. ich (www.in-resonanz.net) kurze Ausbildungen zum Organisator für Freie Systemische Aufstellungen an. Diese dauern zwei bis drei Wochenenden und stehen denjenigen zur Verfügung, die noch ein wenig mehr Sicherheit im Organisieren gewinnen wollen. Sie stellen aber keine Voraussetzung oder Qualifikation dar, Freies Aufstellen zu organisieren.

Das darf jeder. Und jeder macht es so, wie er es kann und wie es zu ihm passt. Die Teilnehmer entscheiden eigenverantwortlich, ob sie sich bei dem Organisator wohlfühlen und wiederkommen wollen, um regelmäßig persönliche Themen mithilfe vieler Stellvertreter zu beleuchten und in bessere Gleichgewichte zu bewegen.

Wie soll sich die Gruppe verhalten?

Nachdem ich als Organisator die Gruppe zu Beginn begrüßt und die Regeln erläutert habe, folgt als Nächstes die Vorstellungsrunde. Jeder nennt seinen Namen und sagt, ob er in dieser Gruppe aufstellen möchte. In meinen Workshops wird unter denjenigen, die den Wunsch haben, eine Aufstellung durchzuführen, anschließend ausgelost, wer aufstellen darf. Dann beginnen wir. Der ausgeloste Teilnehmer teilt der Gruppe mit, wie er aufstellen möchte, bestimmt den Rahmen seiner Aufstellung und legt los.

Auch dazu wieder ein Beispiel: In meinem Workshop sind 17 Teilnehmer. Einige davon sind Paare. Amira und Bastian kennen sich seit zwei Jahren. Es ist unübersehbar, dass Amira schwanger ist. Und sie hat Glück, denn sie ist soeben ausgelost worden.

„Amira, du darfst aufstellen", sage ich. „Wie möchtest du es machen?"

„Ja, ich möchte kurz erzählen, worum es geht. Also, Bastian und ich sind zusammen hier und wollen unsere Beziehung aufstellen. Wir bekommen bald ein Baby und möchten gerne vorher bei uns aufgeräumt haben. Jeder von uns bringt seine Geschichte mit, die ich hier aber noch nicht erzählen möchte. Das wird dann wahrscheinlich im Laufe der Aufstellung deutlich."

> **Der Organisator leitet**
> Steht ein Organisator als Leiter zur Verfügung, kann er die Aufstellung als „angestellter" Leiter führen, wenn der Aufsteller ihn darum bittet.

Zur Klärung des Rahmens stelle ich noch ein paar Fragen: „Wollt ihr ganz eigenständig aufstellen oder braucht ihr von mir Hilfe? Soll ich eure Aufstellung leiten?"

Amira überlegt kurz und antwortet: „Wir fangen erst einmal alleine an, und wenn wir Hilfe brauchen, kommen wir auf dich zu."

„Okay, und wie soll die Gruppe während der Aufstellung aktiv sein? Darf sich jeder mit seinen Ideen und Handlungsimpulsen frei einmischen oder soll man sich vorher durch Handzeichen melden, wenn man etwas zur Aufstellung beitragen möchte? Es besteht auch die Möglichkeit, dass die beobachtende Gruppe sich erst einmal vollständig zurückhält."

Amira bespricht sich kurz mit Bastian. Dann sagt sie: „Wir freuen uns über Handzeichen. Also wenn jemand eine Idee oder das Gefühl hat, irgendwie in die Aufstellung mit hineingehen zu wollen, bitte meldet euch einfach, und wir entscheiden dann, ob es für uns gerade passt."

Damit ist der Rahmen für alle Beteiligten geklärt. Amira und Bastian kennen das Freie Aufstellen schon, nutzen es auch zu zweit für sich zu Hause, und so brauche ich ihnen nichts mehr zu erklären. Deswegen sage ich nur noch: „Gut, dann könnt ihr anfangen und euch Stellvertreter aus der Gruppe aussuchen."

Dabei gehe ich davon aus, dass die beiden sich bereits überlegt haben, was sie aufstellen und wie sie es machen möchten. Sollten sie Fragen haben, würden sie auf mich zukommen. Als Organisator kann ich mich nun zurücklehnen und beobachten, wie es weitergeht.

Amira schaut in die Runde, dann fragt sie die Teilnehmerin Andrea, ob sie ihre Rolle übernehmen würde.

„Ja, gerne", stimmt Andrea zu.

Anschließend ergreift Bastian das Wort: „Ich möchte meinen Stellvertreter nicht selbst aussuchen. Hat jemand aus der Gruppe das Gefühl, mich vertreten zu wollen?"

Zunächst Schweigen unter den Teilnehmern. Dann steht Bernd auf.

„Danke! Mit den beiden Stellvertretern wollen wir erst einmal anfangen. Es kommen später noch andere dazu", sagt Bastian und lehnt sich zurück.

Ich füge hinzu: „Den neuen Teilnehmern möchte ich noch erklären, dass der Aufsteller die Möglichkeit hat, seinen Stellvertretern einen Platz im Raum zuzuweisen, wo sie sich hinstellen und in welche Richtung sie schauen sollen. Man kann aber auch entscheiden, dass sie sich frei bewegen und ganz spontan ihren Impulsen folgen dürfen."

Zu Amira und Bastian gewandt frage ich: „Wie möchtet ihr es machen?"

Amira entscheidet und sagt zu den beiden Stellvertretern: „Ihr dürft euch einfach frei bewegen und auch frei erzählen, wie es euch in euren Rollen geht und was ihr fühlt."

> **Stellvertreter auf unterschiedliche Weisen aussuchen**
>
> Der Aufsteller hat mehrere Möglichkeiten:
>
> Er kann gezielt Teilnehmer ansprechen, ob sie zur Verfügung stehen würden.
>
> Er kann jemand anderen bitten, für ihn die Stellvertreter auszusuchen.
>
> Und er kann sich innerlich eine Rolle vorstellen und der Gruppe mitteilen: „Ich denke gerade an eine Rolle, ohne euch zu sagen, welche. Wer ist bereit, diese Rolle verdeckt zu übernehmen?"

(Zur Erleichterung beim Lesen dieser Aufstellung wurden die Namen so gewählt, dass der Anfangsbuchstabe der realen Person mit dem Anfangsbuchstaben der stellvertretenden Person übereinstimmt.)

Eine Patchwork-Familie: „Endlich fühlt es sich richtig gut an!"

Andrea geht zum Fenster und dreht sich so, dass sie das Fenster im Rücken und den gesamten Raum vor sich hat. Bernd kommt zu ihr und stellt sich zunächst links neben sie. Dann wenden sie sich einander zu und lächeln sich liebevoll an.

Auch Amira und Bastian lächeln, als sie das sehen.

Mir liegt auf der Zunge, einen Scherz zu machen und zu sagen: „Noch Fragen? Scheint ja alles in Ordnung zu sein!". Doch da die beiden erst einmal in Ruhe auf die Stellvertreter schauen möchten und um Handzeichen gebeten hatten, wenn jemand einen Impuls hat, verkneife ich es mir.

„Wir haben uns sehr gern!", teilt Bernd in seiner Rolle als Bastian mit.

„Fühlt ihr euch wirklich rundum wohl?", fragt Amira.

Andreas Gesichtsausdruck wird etwas ernster, sie scheint nachzudenken. Nach einer Weile sagt sie: „Ja, mir fehlt tatsächlich etwas, aber nur ein bisschen, sagen wir zu 10 Prozent. Zu 90 Prozent fühle ich mich glücklich."

„Und ich fühle mich sehr glücklich. Ich merke zwar, dass ich mich ein wenig kleiner als Andrea fühle, irgendwie schaue ich ein bisschen zu ihr auf. Damit habe ich aber absolut kein Problem", ergänzt Bernd.

„Stimmt, ich spüre etwas zu viel Überlegenheit ihm gegenüber ... aber mir fehlt etwas anderes. Da ist irgendetwas, das meine Energie abzieht, und das hat nichts mit Bernd zu tun."

> **Ablauf der Aufstellung**
>
> Sie können Stellvertreter nicht nur gleichzeitig, sondern auch nacheinander in die Aufstellung stellen.

Amira dreht sich zu Bastian: „Sollen wir den nächsten Schritt machen?"

Bastian nickt. Sie steht auf, stellt sich vor die Gruppe, schaut in die Runde und geht dann auf Christian zu: „Magst du die Rolle meines ersten Mannes übernehmen? Von Christoph? Wir sind inzwischen geschieden, aber er spielt natürlich eine Rolle in meinem Leben."

„Ich stehe gerne zur Verfügung!", reagiert Christian charmant und steht auf.

„Folg´ einfach deinem Gefühl", gibt ihm Amira schmunzelnd als Anweisung und nimmt wieder Platz.

Christian stellt sich in die Mitte des Raumes, auf Höhe von Andrea, und schaut sie an.

Andrea reagiert sofort: „Ja, das ist es, was gefehlt hat. Aber jetzt geht´s mir noch schlechter, und ich verliere den Kontakt zu Bernd."

„Das merke ich", sagt Bernd, „Auch ich habe das Gefühl, sie etwas zu verlieren."

„Ich stehe einfach nur hier und schaue auf Andrea, ziemlich emotionslos", ergänzt Christian.

> **Das Fehlende dazustellen**
> Wenn einem Stellvertreter etwas fehlt und man weiß nicht, was das ist, dann kann man es dazustellen als „das, was fehlt".

Andrea dreht sich so, dass sie sowohl Bernd als auch Christian sehen kann. „Ich muss beide im Blick haben."

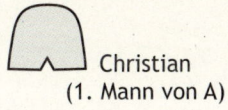
Christian
(1. Mann von A)

Bernd   Andrea
(Bastian) (Amira)

Bild 13

„Wenn sich Andrea etwas wegdreht und nicht mehr nur mich anschaut, beginne ich, nach etwas anderem hier im Raum zu suchen." Bernd dreht sich zwar nicht weg, bewegt aber seinen Kopf suchend.

Bastian reagiert darauf und sagt: „Dann möchte ich jetzt auch meine erste Frau dazustellen. Ich glaube, sie fehlt genauso. Wir sind ebenfalls schon lange getrennt, haben aber durch unsere Tochter immer noch Kontakt miteinander. – Denise? Würdest du die Rolle meiner ersten Frau übernehmen?"

Denise steht auf und schlendert suchend durch den Raum: „Ich haben hier zu niemandem Kontakt." Schließlich bleibt sie in der Nähe von Bernd stehen, schaut aber in eine andere Richtung und sagt: „Mich interessiert dieses Bücherregal dort, als hätte ich irgendwas mit Büchern zu tun. Darauf möchte ich mich jetzt gerade konzentrieren."

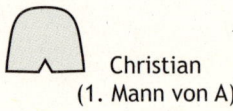
Christian
(1. Mann von A)

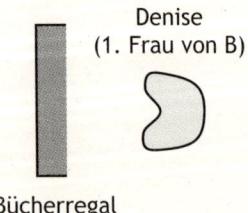
Denise
(1. Frau von B)

Bücherregal

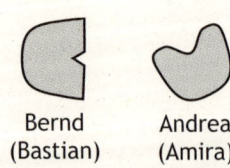
Bernd
(Bastian)

Andrea
(Amira)

Bild 14

„Ja, sie ist Buchhändlerin", erklärt Bastian. Die Gruppe lacht. Bastian fragt Bernd, wie es ihm jetzt mit Denise geht.

Bernd fühlt nach und sagt: „Es ist gut, dass sie da ist. Ich muss sie nicht angucken, sondern kann wieder entspannter auf Andrea und Christian schauen. Jetzt warte ich ab, wie es weitergeht."

Christian: „Holla, wer ist das denn!? Diese Dame interessiert mich!" Er deutet auf Denise – trotzdem bleibt er an seinem Platz stehen.

Amira klärt auf: „Denise und Christoph kennen sich nicht, aber Christoph hat eine neue Partnerin, die Denise sehr ähnlich ist... Andrea, wie geht es dir inzwischen?"

„Die Anwesenheit von Denise stört mich nicht. Ganz im Gegenteil. Sie gehört dazu. Aber ich stehe immer noch im Konflikt zwischen Bernd und Christian. Christian zieht mich zwar nicht an, er ist also keine Alternative zu Bernd, aber energetisch ist da noch eine starke Verbindung, die mich daran hindert, voll für Bernd da zu sein."

Amira bestätigt das: „Du spürst das absolut richtig! Genau so geht es mir. Allerdings wird diese Verbindung auch immer bleiben. Ich suche nur nach einer angenehmeren Form. Wir haben nämlich zwei Kinder zusammen, so wie Bastian mit seiner ersten Frau auch eine Tochter hat." Sie wendet sich der beobachtenden Gruppe zu: „Erik und Florian, würdet ihr bitte meine beiden Söhne sein? Erik stellt den Älteren dar."

Die beiden stehen auf und suchen sich einen Platz im Raum. Erik stellt sich genau zwischen „seine Eltern" (dargestellt von Andrea und Christian) und schaut Andrea an, sodass Christian Andrea nicht mehr sehen kann.

Dann sagt Andrea: „Ja, jetzt werde ich innerlich etwas ruhiger. Es ist, als würde Erik mich vor Christians Blicken schützen. Ich kann mich aber immer noch nicht wieder ganz zu Bernd hinwenden."

Auch Bernd scheint erleichtert: „Und ich muss nicht mehr zu Christian rüberschauen, sondern warte weiter ab, wann Andrea wieder ganz bei mir sein kann."

Florian (der jüngere Sohn) hat sich inzwischen links neben Christian gestellt: „Ich stehe hier beim Papa und habe keine besonderen Gefühle. Ich bin einfach da."

„Mein zweiter Sohn ist mir ein bisschen zu anhänglich!", kommentiert Christian Florians Position, bleibt aber weiterhin dort stehen.

„Genau das kenn ich!", stöhnt Amira, winkt ab, will wahrscheinlich das Thema wechseln und fragt Bastian: „Sollen wir noch deine Tochter dazustellen?"

„Ja, ich habe auch das Gefühl, dass der Zeitpunkt dazu reif ist. – Giannina, spielst du meine Tochter?"

„Hab ich mir fast gedacht, dass du mich auswählst. Ich habe schon die ganze Zeit das Gefühl, als würde ich mit in die Aufstellung gehören." Giannina steht auf und stellt sich so zwischen ihre beiden Eltern (dargestellt von Bernd und Denise), dass sie beide sehen kann. (siehe Bild 15)

„Hier fühle ich mich wohl. Ich schaue liebevoll zu meinem Vater und stehe gerne bei meiner Mutter. Mir geht's gut."

Da sagt Bernd: „Ich kann mich jederzeit zu meiner Tochter umdrehen und schau sie gerne an. Im Moment jedoch ist meine Aufmerksamkeit auf Andrea gerichtet. Und ich warte, was sich hier noch bewegt."

Ein beobachtender Teilnehmer hebt seine Hand und möchte etwas sagen. Amira erlaubt es.

Ulrich: „Ich habe den Eindruck, dass du noch einen versteckten Groll gegen deinen ersten Mann hast. Wenn es deine Stellvertreterin erleichtert, den ersten Mann nicht mehr sehen zu müssen, sobald sich der älteste Sohn dazwischenstellt, vermute ich eine Abwehr in dir. Kann das sein?"

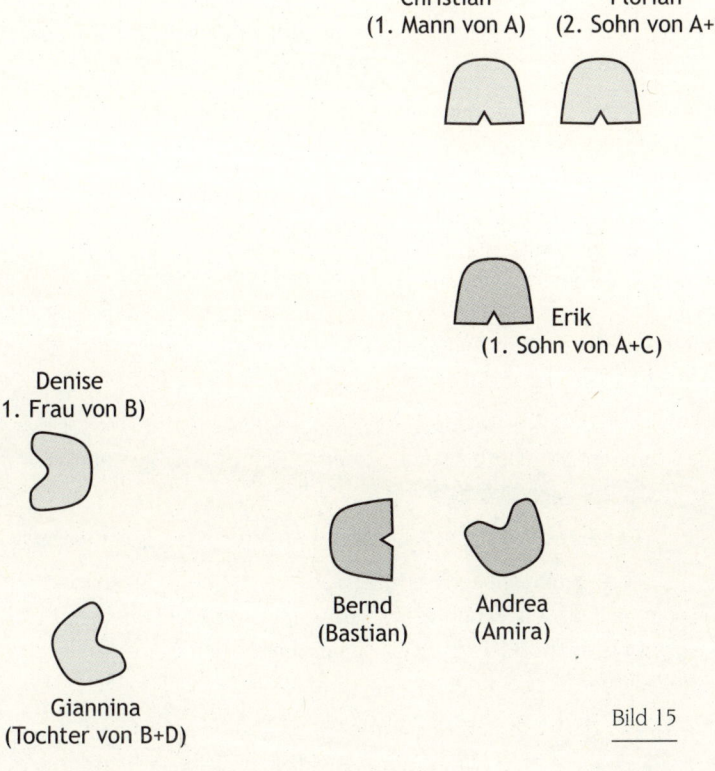

Bild 15

„Ja, das ist definitiv so", antwortet Amira, „aber das hilft mir jetzt nicht weiter. Die Frage ist, was ich tun kann, um die Situation zu klären."

Mir fallen die Rangfolgen ein und dass es oft lösend wirkt, diese Rangfolgen einmal auszusprechen. Ich schaue mir die Situation an und fühle einen Plan in mir heranreifen. Deshalb hebe ich meine Hand und melde mich, denn solange mir Amira und Bastian keine Sonderstellung gegeben haben, bin ich während der Aufstellung ein normales Gruppenmitglied und melde mich wie alle anderen auch. Amira bittet mich, meine Gedanken mitzuteilen.

„Darf ich auch Fragen stellen und die Stellvertreter um ein paar Dinge bitten? Ich habe da eine Idee und würde gerne etwas ausprobieren."

„Gerne!", lädt mich Amira dazu ein.

Ich frage: „Andrea, wie fühlst du dich zu Erik?"

> **Einmischen von Beobachtern**
>
> Beobachter können hilfreich sein, wenn sie ihre Ideen mitteilen oder etwas ausprobieren wollen.

„Ich schau gerne zu ihm – auch mit einem dankbaren Gefühl."

„Passt es zu deinem Gefühl, wenn du zu ihm sagst: ‚Du bist mein ältester Sohn und ich schaue gerne zu dir'?"

Sie bejaht es, wendet sich Erik zu und sagt ihm diesen Satz voller Liebe: „Du bist mein ältester Sohn und ich schaue total gerne auf dich. Ich habe dich sehr lieb!"

Ich entdecke Tränen in Amiras Augen, als Andrea das sagt.

Erik reagiert auch gerührt: „Das tut mir sehr gut ... Und auf einmal habe ich das Gefühl, dass ich hier nicht mehr im Weg stehen möchte." Er geht ein paar Schritte zur Seite, sucht eine Weile nach einem neuen Platz und stellt sich schließlich zu seinem Vater (dargestellt von Christian).

Diese Nebenwirkung, dass Erik zur Seite geht, hatte ich nicht geplant, finde sie aber logisch. Denn durch die Aussage, dass Erik der Sohn ist, wurde ihm die Rolle des „Beschützers" abgenommen. Die Stellvertreterin seiner Mutter entließ ihn durch diese Aussage indirekt aus der Beschützerrolle, da sie nicht sagte, dass er ihr Beschützer sei. Jetzt ist er „nur" noch der geliebte Sohn. Und als Sohn sucht er sich einen neuen Platz – bei seinem Vater.

Nun ist der Blick zwischen Andrea und Christian wieder frei. Ich frage: „Wie geht es dir jetzt, wenn du Christian wieder siehst?"

Ich sehe, wie Andreas Augen feucht werden. „Jetzt, wo ich ihn mit unseren beiden Söhnen dort stehen sehe, bin ich berührt."

Ich frage weiter: „Passt es zu deinem Gefühl, zu Christian zu sagen: ‚Du bist mein erster Mann. Als Paar sind wir getrennt und als Eltern sind wir für immer miteinander verbunden.'?"

Andrea beginnt: „Du bist mein erster Mann ..." Sie kommt nicht mehr weiter und beginnt vor Rührung zu weinen.

Amira weint auch.

Nach einiger Zeit holt Andrea tief Luft und sagt: „Du bist mein erster Mann und wir haben zusammen zwei tolle Söhne!"

> **Tränen**
>
> Tränen zuzulassen kann einen inneren Entwicklungsprozess fördern und das Happy-End-Gefühl unterstützen.

Jetzt kommen auch bei Christian die Tränen. Er nickt. „Ja, das stimmt!" Er nimmt seine beiden Söhne in den Arm, die jeweils rechts und links neben ihm stehen.

Andrea und Christian schauen sich an.

Dann dreht sich Andrea zu Bernd und sagt liebevoll: „Ich komme gleich wieder. Auch wenn ich jetzt einmal kurz dort hingehe, trage ich unser Kind im Bauch und bleibe bei dir." Bernd reagiert sehr verständnisvoll und sagt: „Das ist dein erster Mann! So, wie meine erste Frau dazugehört, gehört auch dein erster Mann dazu."

Andrea und Bernd umarmen sich kurz. Auch Amira und Bastian halten sich liebevoll an der Hand. Ich selbst möchte gar nichts mehr an Hilfsimpulsen hinzufügen, denn die Stellvertreter machen momentan alles ganz eigenständig.

Nun geht Andrea zu Christian und nimmt seine Hände. Dann schaut sie ihm in die Augen und sagt: „Als Paar sind wir getrennt und als Eltern sind wir für immer miteinander verbunden."

Christian nickt.

Dann wendet sie sich zu den beiden Söhnen: „Ich freue mich, dass ihr bei eurem Vater steht. Und wenn ihr zu mir kommen wollt, seid ihr jederzeit herzlich willkommen. Ich bin immer für euch da, falls ihr mich braucht."

Amira nickt zustimmend, als Andrea das sagt.

„Und nun gehe ich zu meinem neuen Mann und gründe eine neue Familie." Sie lächelt die drei noch einmal an und geht dann zurück zu Bernd. Es ist ihr wieder möglich, sich ihm direkt zuzuwenden, und sie berichtet erleichtert:

„Jetzt fühle ich mich sehr kraftvoll. Viel besser als am Anfang. Sehr befreit. Ich spüre meine erste Familie rechts an meiner Seite und empfinde das als sehr angenehm und ausgeglichen. Nicht mehr störend. Sie gehören alle zu mir dazu, wenn ich jetzt auf Bernd schaue!"

Bernd scheint diese Energie von Andrea jedoch nicht annehmen zu können. Sein Gesicht strahlt nicht so wie ihres. Seine folgenden Worte bestätigen meinen Eindruck.

„Es ist toll, Andrea jetzt so ausgeglichen und kraftvoll sehen zu können, doch ich spüre, dass ich mich ihr nicht anpassen kann. Ich kann nicht ausgeglichen sein. In meinem Gefühl gibt es etwas, das mich bremst. Ich weiß aber nicht, was das ist. Ich erlaube mir diese Stärke und Offenheit nicht, die Andrea jetzt hat. Aber ich weiß, dass das mit Andrea nichts zu tun hat."

Er dreht sich um – zu seiner ersten Frau und seiner Tochter, wahrscheinlich um zu überprüfen, ob die beiden etwas mit seiner Bremse zu tun haben. Denise schaut inzwischen nicht mehr auf das Bücherregal, sondern hat sich umgedreht. (siehe Bild 16)

Bernd berichtet weiter: „Wenn ich die beiden so anschaue, dann habe ich das Gefühl, ich kann gar nicht richtig hingucken, so, als würde ein Schleier zwischen uns hängen. Ich glaube aber nicht, dass das mit ihnen zu tun hat. Das ist etwas anderes."

Bastian stöhnt auf: „Ach ja, ich weiß, was das ist!" Er schaut suchend auf die beobachtende Gruppe und wendet sich dann an Hannah: „Würdest du bitte eine Rolle übernehmen? Ich möchte aber zunächst nicht sagen, wen du darstellst. Ich will meine Vermutung erst noch testen. Die Rolle stelle ich mir nur innerlich vor, und du fühlst dich bitte ein. Folge spontan deinen Gefühlen, und wir schauen, was passiert."

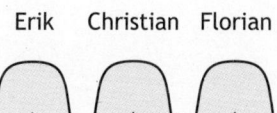

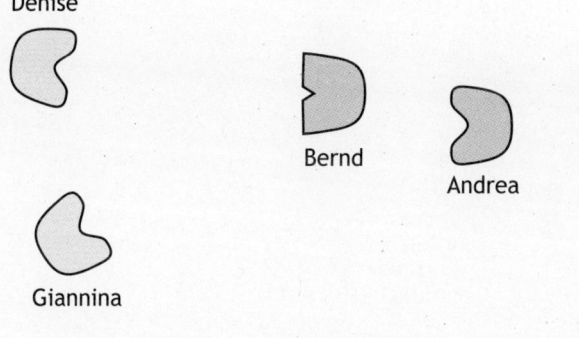

Bild 16

Hannah stellt sich geradewegs zwischen Bernd und Denise, und zwar direkt vor Bernd, dabei stemmt sie die Arme in die Hüften.

„Da bin ich! Schau mich an!"

Bernds Knie werden offensichtlich weich.

„O je, das nimmt mir alle Energie. Ich habe das Gefühl, auf der Stelle zusammenzusacken."

Bastian greift sich an seine Stirn und atmet tief durch. „Ja, genau das ist es. Das blockiert mich!"

Amira schaut ihn fragend an, doch Bastian ist offensichtlich sehr mit sich selbst beschäftigt. Er schweigt und grübelt. Ich hebe meine Hand und warte darauf, dass er meine Meldung von selbst entdeckt.

Inzwischen hat sich Bernd auf den Boden gesetzt. Andrea ist einen Schritt zurückgegangen, wahrscheinlich um die beiden allein zu lassen, und Hannah schaut – die Arme nach wie vor in die Hüften gestemmt – auf Bernd herab. Auch Giannina, die Tochter von Bernd (Bastian), hat ihre Arme nun in die Hüften gestemmt. Gemeinsam mit Denise beobachtet sie Bernd und die unbekannte Stellvertreterin aus sicherem Abstand.

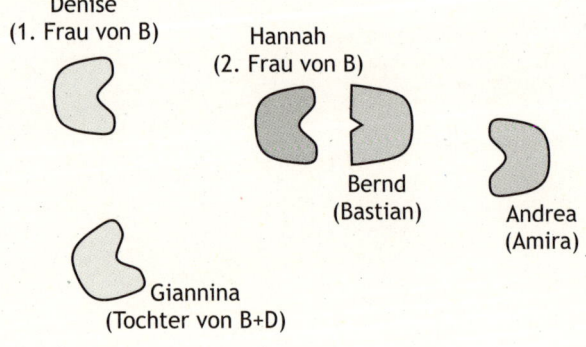

Bild 17

Dann gibt Bastian die Anweisung: „Bernd, sag mal bitte zu Hannah: ‚Du bist meine zweite Frau und gehörst auch dazu!'" Amira atmet auf. Sie wusste von der zweiten Frau und hatte immer so eine Ahnung, dass sie noch einen Einfluss auf ihre Beziehung haben könnte.

Ich nehme meine Hand wieder runter, denn ich wollte ihm vorschlagen, auch hier wieder Sätze anzuwenden, die die Tatsachen ausdrücken, doch Bastian kam gerade selbst auf die Idee und bat Bernd, einen Satz aussprechen.

Bernd zögert aber: „Das kann ich nicht sagen!"

„Warum nicht? Was fühlst du denn?", fragt Bastian.

„Ich bin stinksauer – aber so extrem sauer, dass ich nur noch reine Ohnmacht fühle!"

Bastian wirkt sehr aufgewühlt. Er kann nicht mehr sitzen bleiben, steht auf, stellt sich hinter seinen Stuhl und stützt sich mit den Händen auf die Rückenlehne.

Ich werde ein bisschen unsicher und frage fürsorglich: „Ist es noch in Ordnung für dich? Oder wird es zu viel?"

„Nee, ist schon in Ordnung. Wir wollen ja endlich einmal aufräumen, und da gehört dieses Thema dazu. Und wenn nicht jetzt, wann dann?!"

Ich habe zwar als Organisator keine Verantwortung dafür, was der Aufsteller mit seiner Aufstellung macht, aber ich bin auf jeden Fall fürsorglich. Manchmal gerät nicht nur ein Aufsteller in heftige Gefühle, sondern auch ein Stellvertreter. Sobald ich mir Sorgen mache, ob für den Aufsteller noch in Ordnung ist, was gerade passiert, oder ob der Stellvertreter seine Rolle noch weiterspielen kann, frage ich einfach nach. Vielleicht hat ja jemand vergessen, dass man für sich jederzeit Grenzen setzen darf. Manchmal stelle ich diese Frage auch, wenn ich mir Sorgen um neue Teilnehmer mache, die die Aufstellung beobachten. Einige von ihnen wirken bei heftigen Emotionen unsicher, weil sie vielleicht nicht gewohnt sind, so etwas mitzuerleben. Signalisiert der Aufsteller oder der entsprechende Stellvertreter in einem solchen Fall, dass alles im grünen Bereich ist, bekommen die Beobachter es mit und können sich wieder entspannen.

> **Fürsorgliche Teilnehmer**
>
> Jeder Teilnehmer darf fürsorglich den Aufsteller oder einen Stellvertreter fragen, ob für ihn noch alles in Ordnung ist, oder ob er Unterstützung wünscht.

Da Bastian mit den Geschehnissen und seinen Gefühlen einverstanden ist und entschieden hat, sich dem Thema zu stellen, lehne ich mich wieder zurück, warte, was weiter geschehen will, und beobachte meine Gefühle. Vielleicht kommt mir ja eine Hilfsidee. Dieses Mal kommt der nächste

Impuls aber nicht von mir, sondern von einem anderen Teilnehmer. Markus meldet sich, und Bastian erlaubt ihm, seine Idee mitzuteilen.

„Wie wäre es, wenn Bernd seine gegenwärtigen Gefühle gegenüber Hannah mitteilt?"

Bernd reagiert sofort und schaut hoch zu Hannah: „Ich bin stinksauer auf dich!"

Ich weiß, dass hinter Wut in den allermeisten Fällen ein tiefer Schmerz steckt, und warte auf den richtigen Zeitpunkt, das mitzuteilen.

„Stinksauer!", wiederholt Bernd.

An Hannahs Haltung ändert sich aber nichts – und auch Bernd bleibt weiterhin auf dem Boden sitzen.

Hannah bestätigt meine Beobachtung, als sie sagt: „Das kommt nicht so wirklich bei mir an. Ich bleibe hart."

Ich melde mich und als Bastian mich drannimmt, frage ich: „Was ist denn passiert?"

Bastian schweigt. Er bringt es nicht über die Lippen. Wir warten. Amira schaut auf den Boden, wahrscheinlich weiß sie es. Sie hält sich aber rücksichtsvoll zurück und wartet ebenfalls.

Ich ergänze: „Vielleicht hilft es, wenn dein Stellvertreter Bernd in Worte fasst, was passiert ist. Es muss aber auch nicht sein. Du hast die freie Wahl."

Bastian kämpft mit sich und wahrscheinlich auch mit den Tränen. Ich weiß, dass er in dieser Situation ganz eigenverantwortlich entscheiden muss, entweder über eine Schwelle zu treten, an dieser Stelle erst einmal stehen zu bleiben oder umzukehren. Daher halte ich mich ab jetzt zurück und beobachte die Gruppe, ob sie eventuell aus einem Helferdrang heraus beginnt, auf Bastian Druck auszuüben. Sollte das der Fall sein, müsste ich als Organisator einschreiten und die Gruppe auffordern, es Bastian zu überlassen, was er als Nächstes tun möchte. Aber Gott sei Dank warten alle ganz rücksichtsvoll. Da er bereits seine

Bereitschaft mitgeteilt hat, sich diesem Thema zu stellen, ist es wahrscheinlich nur noch eine Frage der Zeit.

Selbst wenn er sich jetzt entscheiden sollte, die Klärung doch auf einen späteren Zeitpunkt zu verschieben, weil es ihm jetzt zu viel ist, gehört das dazu. Er ist eigenverantwortlich und hat immer die freie Wahl.

> **Warten**
> Die Zeit ist ein wichtiges Werkzeug, um ganz allmählich für sich Klarheit zu bekommen, wie es weitergeht.

Schließlich beginnt Bastian zu sprechen: „Bernd, sag mal zu Hannah …", seine Augen werden feucht, „… sag mal: ‚Ohne mich zu fragen … hast du … unser Kind abgetrieben!'" Er kann diese Anweisung kaum zu Ende aussprechen, bricht laut schluchzend in heftige Tränen aus und plumpst auf seinen Stuhl. Er weint und weint. Liebevoll legt Amira ihre Hand auf seinen Oberschenkel. Ich reiche Amira Papiertaschentücher, damit er etwas zum Schnäuzen hat, falls er es braucht. Auch in der Gruppe entdecke ich mitfühlende Tränen. Es ist heftig, was aus ihm herausbricht. Der ganze unverarbeitete Schmerz kommt zum Vorschein und kann nun verarbeitet werden. Bastians Selbstheilungskräfte sind in vollem Gange …

Nach einer Weile steht Bastians Stellvertreter Bernd auf. Auch daran kann man ablesen, dass sich etwas bei Bastian löst. Sein Stellvertreter spiegelt, dass blockierte Energie frei wird und wieder fließen darf. Bernd hat neue Energie zum Aufstehen.

Inzwischen weint Bastian nicht mehr so heftig. Er hat ein Taschentuch von Amira entgegengenommen, putzt sich die Nase und wischt sich die Tränen ab. Ein bisschen schluchzt er noch. Dabei schüttelt er immer wieder langsam seinen Kopf.

„Es hat so wehgetan, als ich das damals erfahren habe. Ich konnte nicht weinen. Es hat sich eine Tür in mir für immer verschlossen. Ich habe das Gefühl, jetzt darf sie sich wieder öffnen."

Er weint wieder. Dann schaut er auf Bernd, der inzwischen aufrecht vor Hannah steht. Die Machtverhältnisse scheinen sich gedreht zu haben. Hannah hält jetzt den Kopf gesenkt.

Bernd schaut sie geradeheraus an und sagt: „Ohne mich zu fragen, hast du unser Kind abgetrieben."

Er scheint es ohne Wut zu sagen, nur mit einem klaren Ausdruck. Hannah zieht sich langsam zurück – schweigend.

Die beobachtende Teilnehmerin Steffi meldet sich, und Bastian erlaubt ihr, zu sprechen.

„Was hältst du von dem Gedanken, euer abgetriebenes Kind als Stellvertreter noch einmal dazuzustellen?"

Etwas erschöpft und mit traurigem Blick stimmt Bastian zu. „Wer würde aus der Gruppe diese Rolle übernehmen?", fragt er.

„Das kann ich machen", sagt Steffi und steht auf.

> **Verstorbene Personen**
> Es kann heilsam sein, verstorbene Personen dazuzustellen.

Sie geht zu Bernd und setzt sich ihm zu Füßen, ihren Rücken gegen seine Beine gelehnt. Bernd ist sehr berührt und legt seine Hände auf ihren Kopf. Ihm kommen Tränen. Auch Bastian schaut den beiden mit Tränen in den Augen zu.

Dann wendet sich Bernd zu Hannah und sagt: „Das ist unser gemeinsames Kind. Ich trage es immer in meinem Herzen. Und deine Entscheidung lasse ich vollkommen bei dir." Er atmet tief durch, während Hannah sich noch weiter zurückzieht (siehe Bild 18).

Dann fällt Bernd ein weiterer Satz ein: „Ich achte dich und deine Last, die du trägst."

Hannah dreht sich langsam weg und berichtet: „Jetzt kann ich dort nicht mehr hinschauen. Mein schlechtes Gewissen ist so unendlich groß. Ich muss mir erst einmal selbst verzeihen können."

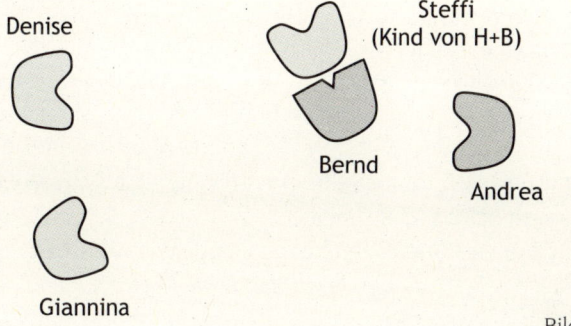

Bild 18

Bernd fügt noch einen letzten Satz hinzu: „Auch wenn du dich jetzt wegdrehst und es schwer hast, dir selbst zu verzeihen, gehörst du für immer zu meinem Leben dazu, als meine zweite Frau." Nach diesem Satz atmet er tief durch, blickt zu Bastian und berichtet ihm: „Jetzt fühle ich wieder meine ganze Kraft."

Bastian schaut auf Hannah und sagt nach einer Weile: „Kann man ihr irgendwie helfen?"

Ich melde mich und darf reden: „Man kann in Aufstellungen auch Elemente dazustellen, die für das stehen, was man gerade sucht. In diesem Fall kannst du einen Stellvertreter auswählen für ‚das, was Hannah unterstützt'."

Bastian schaut Markus an: „Würdest du das darstellen, was Hannah unterstützt?"

„Ich kann es versuchen."

Markus steht auf und stellt sich zu Hannah – hinter sie. Seine Hände legt er auf ihre Schultern.

Hannah sagt: „Das tut gut – und gleichzeitig macht es mich unendlich traurig. Aber Tränen kommen nicht."

Ich ergänze: „Wahrscheinlich wird hier durch die Unterstützung ihrem Verarbeitungsprozess Raum gegeben, durch den sie erst einmal selbst hindurchmüsste. Deshalb zunächst die Traurigkeit. Ich vermute, dass sie diesen Schritt selbst gehen muss, und wir hier in der Aufstellung eventuell nur sehen können, wo sie gerade mit sich steht. Aber das ist nur eine Vermutung. Wir können eine Aufstellung nie als die Abbildung einer Wahrheit ansehen. Mein Vorschlag ist, an dieser Stelle deine zweite Frau mit ihrer Unterstützung und ihrem Verarbeitungsprozess sich selbst zu überlassen und darauf zu vertrauen, dass sie es schaffen wird, es irgendwann vollständig zu verarbeiten und zu integrieren."

> **„Das, was gerade hilft"**
> Sie können Stellvertreter dazustellen, die danach benannt werden, was man sich von ihnen als Wirkung wünscht.

„Ja, dein Vorschlag fühlt sich gut an", stimmt Bastian zu und wendet sich an die beiden Stellvertreter: „Hannah und Markus, ihr könnt gerne aus den Rollen gehen und wieder Platz nehmen. Ich danke euch!"

> **Stellvertreter entlassen**
> Man kann Stellvertreter während einer Aufstellung wieder entlassen, auch wenn ihr Thema noch nicht gelöst zu sein scheint.

Hannah atmet erleichtert durch und setzt sich wieder auf ihren Stuhl. Man konnte ihr ansehen, dass die Rolle nicht leicht für sie war. Aber jetzt scheint es ihr wieder gut zu gehen. Sie wirkt wesentlich lockerer als in der Rolle.

Bastian fragt Bernd: „Und wie geht es dir inzwischen?"

„Ich habe meine Hände auf dem Kopf unseres abgetriebenen Kindes, fühle mich sehr wohl und schaue auf Giannina. Mein Satz zu ihr lautet: ‚Du hast noch ein Halbgeschwisterchen.'" Giannina lächelt und sagt: „Ja, ich sehe es." Sie steht übrigens seit ein paar Minuten auf der anderen Seite neben ihrer Mutter, seitdem Hannah sich zurückgezogen hat.

Steffi hat den Impuls aufzustehen und sich mit einem gewissen Abstand in die Nähe von Giannina zu stellen. Auf diese Weise können sich alle anschauen und lächeln dabei.

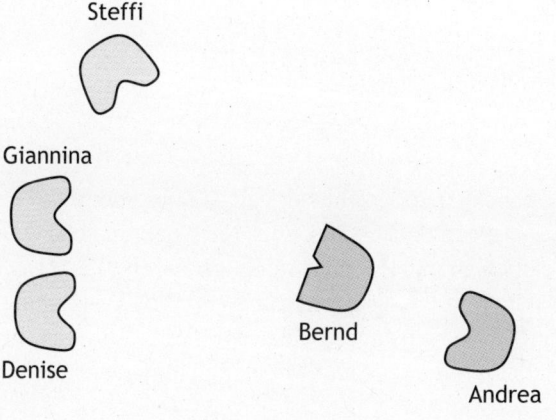

Bild 19

„Ja, das fühlt sich ziemlich gut an", berichtet Bernd. Er nickt und atmet durch. Ich sehe, wie auch Bastian tief durchatmet.

Bernd ergänzt: „Ich glaube, jetzt kann ich mich wieder zu meiner neuen Frau umdrehen." Er dreht sich um, schaut Andrea an und sagt: „Meine Güte, und du hast die ganze Zeit so lieb auf mich gewartet! Danke!" Sie umarmen sich. Bernd löst sich wieder kurz und wendet sich zu Bastian: „Jetzt fühle ich mich auch nicht mehr kleiner als sie. Auf einmal fließt die volle Energie zwischen uns!"

Andrea lacht. Sie umarmen sich wieder. Bastian und Amira umarmen sich ebenfalls.

Wir hören, wie Bastian Amira ins Ohr flüstert: „Danke dir!"

Nach einer Weile lösen sie die Umarmung wieder, und Amira sagt zu allen Stellvertretern: „Das war's für uns. Wir bedanken uns ganz herzlich bei euch. Ihr seht ja selbst, dass es uns ganz viel gebracht hat. Danke an alle, auch an diejenigen, die uns mit ihren Ideen geholfen haben. Ach – und überhaupt: Danke an die gesamte Gruppe!"

„Ja! Ganz herzlichen Dank!", ergänzt Bastian.

Wir öffnen die Fenster und machen eine Pause.

Zwei Wochen später erzählt mir Bastian, dass der Verarbeitungsprozess nicht zu Ende gewesen sei. Nach der Aufstellung seien zu Hause noch einmal lösende Tränen geflossen. Und jetzt fühlten sich Amira und er viel glücklicher als je zuvor. Sie freuten sich sehr auf ihr gemeinsames Baby. Seine Worte am Telefon waren: „Endlich fühlt es sich mit uns beiden richtig gut an!"

Beim Aufstellen kann es passieren, dass verdrängte Themen zum Vorschein kommen. Das *muss* nicht passieren, aber es *könnte*. Wird Ihnen ein schmerzhaftes Thema wieder bewusst, kann das sehr anstrengend sein – und auch sehr befreiend. Entscheiden Sie eigenverantwortlich, ob Sie wirklich so weit sind und langsam über die Schwelle gehen wollen – ins Freie. Sie haben jederzeit die Wahl, in welche Richtung Sie gehen, wie langsam Sie vorgehen und wie tief Sie sich auf Ihren Prozess einlassen wollen. Gehen Sie davon aus, dass manche Lösungsprozesse auch mehrere Monate oder sogar Jahre dauern können, je nachdem, wie intensiv der entsprechende Schmerz ist und wie umfassend er im Gehirn vernetzt ist.

Regeln für das Freie Aufstellen in größeren Gruppen

Beim Freien Aufstellen in größeren Gruppen gibt es neben den Teilnehmern jemanden, der die Aufstellungsveranstaltung organisiert und sich darum kümmert, dass es während der Veranstaltung immer *Freies* Aufstellen bleibt. Das ist der „Organisator".

Regel 1: Jeder ist eigenverantwortlich

Ich erlebe sehr oft, dass Teilnehmer, die bisher nur das therapeutisch begleitete Familienstellen kannten, aus Gewohnheit dem Organisator des Freien Aufstellens eine gewisse Verantwortung für das Seelenheil der Teilnehmer zuschreiben. Man müsse doch aufpassen, dass es den Teilnehmern nicht schlecht ginge, oder sofort fachliche Hilfe leisten können, falls jemand in eine Krise rutschte.

Diesen Menschen fällt es schwer, sich vorzustellen, dass es für intensive Lösungsprozesse nicht unbedingt eines therapeutischen Rahmens bedarf. Das funktioniert ebenso im nicht-therapeutischen Rahmen, wenn jeder – der Organisator eingeschlossen – von Anfang bis Ende eigenverantwortlich ist. Schließlich setzt sich auch der Organisator in seiner Veranstaltung einer gewissen Verletzlichkeit und Angreifbarkeit aus und könnte durch die Aufstellung eines Teilnehmers mit eigenen unverarbeiteten Themen konfrontiert werden. Er muss ebenso eigenverantwortlich mit den Folgen leben.

Einmal fragte mich eine neue Teilnehmerin: „Was passiert, wenn jemand beim Aufstellen unbewusst seine eigenen Grenzen überschreitet und danach Hilfe braucht?" Da ich das in meiner bisherigen Zeit als Organisator noch nie erlebt hatte, konnte ich diese Frage nicht wirklich beantworten, sondern nur sagen, dass so etwas bisher noch nicht passiert sei.

Weil mir solche Fragen immer wieder mal gestellt werden, dachte ich zu Hause darüber nach und schaute mir die Frage ganz genau an – bis mir klar wurde: Diese Frage enthält einen Widerspruch. Deswegen kann man sie nicht zufriedenstellend beantworten. Wenn Grenzen unbewusst sind, dann sind es keine Grenzen. Eine Grenze ist ein Gefühl, das einen bremst, etwas zu tun. Hat man aber keine Bremse im Gefühl, dann gibt es auch keine Grenze. Man kann also gar nicht unbewusst Grenzen überschreiten.

Was passiert stattdessen? Nichts anderes als das, was wir sonst auch im Alltag erleben können: Wir tun etwas, ahnungslos – und es kommt zu einem völlig unerwarteten Unfall. Jeder „Unfall" ist nichts anderes als eine Situation, in der wir „unbewusst Grenzen überschritten" haben und nun Hilfe brauchen. Unfälle passieren überall. Wir können aus ihnen lernen und danach Sicherheitsmaßnahmen ergreifen, dass so etwas nicht wieder passiert. Das verhindert aber nicht unbedingt einen neuen Unfall, zu dem es unter anderen Umständen kommt, die wir nicht voraussahen konnten. Überall, wo wir hingehen, könnte ein Terrorist eine Bombe zünden.

Die Gefahr eines unvorhergesehenen Unfalls ist überall im Alltag gegeben, also auch beim Freien Aufstellen. Die Psyche eines jeden Menschen ist anders. Es lässt sich nicht voraussehen, wo und bei wem sich ein seelischer Unfall ereignen könnte.

Das seelische Ungleichgewicht eines Menschen lässt sich beispielsweise durch einen Wortwechsel aktivieren, egal, wo er sich grade befindet. Er könnte sich plötzlich wieder an etwas erinnern, das tief vergraben war und viel Schmerz enthält. Das lässt sich auch im Alltag nicht verhindern. Weder ein ausgebildeter Therapeut noch ein Hirnforscher weiß, wie das Gehirn eines Individuums gestrickt und mit welchen aktivierbaren Traumata es angefüllt ist.

Wir können nur damit umgehen, wenn es so weit ist, und unser Bestes geben, um einem Menschen in einer Krise zu helfen. Beim Freien Aufstellen ist es wie im Alltag wichtig, jedem, dem es schlecht geht, sofort fachliche Hilfe zukommen zu lassen. Entweder rufen wir einen Krankenwagen oder wir schicken ihn zu einem ausgebildeten vertrauenswürdigen Therapeuten.

Wie gesagt: In den vergangenen neun Jahren als Organisator der Freien Systemischen Aufstellungen ist mir so etwas noch nie begegnet. Jeder Teilnehmer geht eigenverantwortlich mit seinen Gefühlen um – so wie wir es aus dem Alltag kennen, wenn wir (vielleicht auch tiefgehende) Gespräche miteinander führen. Und falls Krisengefühle auftauchen, nutzten die Teilnehmer bisher immer die Chance, sich gezielt auf positive Weise damit auseinanderzusetzen – so wie Bastian im letzten Beispiel.

Der Organisator kümmert sich nur darum, dass jeder Teilnehmer eigenverantwortlich der Chef seiner Aufstellung bleiben darf, von Anfang bis Ende. Wenn er sich nicht darum kümmert, dann bietet er gerade kein Freies Aufstellen an und muss fairerweise seinen Teilnehmern die Teilnehmergebühr erstatten.

Sollten Sie eine Unsicherheit spüren, an Aufstellungsveranstaltungen teilzunehmen oder sie selbst durchzuführen bzw. zu organisieren, dann spüren Sie bereits eine Grenze in sich selbst: Ihre Unsicherheit. Führen Sie dennoch eine Freie Aufstellung durch, haben Sie *bewusst* Ihre Grenze überschritten und müssen/dürfen eigenverantwortlich mit den Folgen leben.

Prüfen Sie deshalb immer eigenverantwortlich, ob Sie das, was Sie tun, auch wirklich tun wollen, und bereit sind, mit den noch unbekannten Folgen zu leben und dazuzulernen.

Regel 2: Alles gehört dazu

In manchen therapeutisch begleiteten Familienaufstellungen wird Wert darauf gelegt, dass die Gruppe sich besonders achtsam verhält. Alle Handys sollten ausgeschaltet sein, damit es nicht zu Störungen kommt, als Beobachter mischt man sich möglichst nicht ungefragt ein und sollte während einer Aufstellung nicht auf die Toilette gehen etc. Diese Grenzen gelten von Anfang an für die gesamte Veranstaltung.

Beim Freien Aufstellen gehört zunächst alles dazu. Alles darf sein und geschehen und könnte der Aufstellung eventuell sogar dienlich sein – das gilt für jede Unruhe, jede Störung, jeden Impuls von außen, jedes zufällige Ereignis, Stellvertreter, die den Raum verlassen oder sich hinlegen und schlafen etc. Die entsprechenden Grenzen setzt jeder Teilnehmer eigenständig, sie gehören genauso dazu, sobald der Teilnehmer sie formuliert hat, und haben Vorrang.

Regel 3: Der Organisator setzt für sich und seine Veranstaltung Grenzen

Unterschiedliche Organisatoren setzen in ihrer Veranstaltung unterschiedliche Grenzen und bieten daher unterschiedliche Rahmenbedingungen für das Freie Aufstellen an. Als Organisator setze ich die persönliche Grenze, dass die Stellvertreter aggressive Impulse innerhalb einer Rolle ankündigen, bevor sie sie ausleben. Niemand darf einem anderen Teilnehmer unangekündigt Vorwürfe machen, ihn plötzlich anschreien oder schubsen, damit jeder Teilnehmer rechtzeitig für sich selbst eine Grenze ziehen und mitteilen kann, dass er das nicht möchte. Auch der Raum, in dem die Aufstellungen stattfinden, und sein Inventar sollten achtsam behandelt werden. Ansonsten darf bei mir alles dazugehören.

Wenn ein Aufsteller, Stellvertreter oder Beobachter für sich Grenzen setzt, um sich zu schützen, dann unterstützt der Organisator diese Grenzen, damit das Freie Aufstellen gewahrt bleibt.

Regel 4: Der Aufsteller setzt für sich und seine Aufstellung Grenzen

Der Aufsteller weiß allein, was ihm guttut, welche Schritte er gehen möchte, welche Ziele er verfolgt oder wohin ihn seine Neugier führt. Er entscheidet frei über seine eigene Aufstellung. Zur Aufstellung gehören alle Stellvertreter, die sich dafür bewusst zur Verfügung gestellt haben – nicht die Beobachter. Der Aufsteller darf den Beobachtern Grenzen setzen, indem sie sich vollständig zurückhalten und nur auf das Beobachten beschränken.

Regel 5: Die Stellvertreter setzen für sich Grenzen

Jeder Stellvertreter kann sich frei entscheiden, auf welche Weise und wie lange er sich für eine Aufstellung zur Verfügung stellt. Wenn ihm etwas unangenehm wird, kann er jederzeit aus der Rolle herausgehen und wieder zum Beobachter werden. Er steht für die Aufstellung und für den Aufsteller ab diesem Moment nicht weiter zur Verfügung.

Regel 6: Die Beobachter setzen für sich Grenzen

Alle Beobachter können jederzeit die Grenze setzen, nicht mitzumachen. Dazu gehört auch die Grenze, nicht angesprochen zu werden. Fühlen sie sich selbst beim Beobachten unwohl, können sie aus dem Raum gehen und sich auf diese Weise distanzieren und schützen.

Eventuell auftauchende Schwierigkeiten klären

Die durch diese Regeln vorgegebene Ordnung kann manchmal durcheinandergeraten, wenn ein beobachtender Teilnehmer helfen möchte und seine Überzeugung dogmatisch formuliert. Beispiel: „Du kannst dein Thema nur lösen, wenn du deinen Vater vollständig achtest, mit seinem gesamten Schicksal!"

Dadurch steht die Behauptung eines Teilnehmers im Raum und gewinnt auf einmal die Oberhand, wenn sich der Aufsteller verunsichern lässt. Das sprengt den Rahmen des Freien Aufstellens. Damit auch ein unsicherer Aufsteller sich bewusst bleibt, dass er als Chef seiner Aufstellung die Wahl hat, ob er diese Behauptung annimmt oder nicht, ergänze ich: „Beim Freien Aufstellen hast du die Wahl, wie du es sehen möchtest. Meiner Ansicht nach gibt es auch noch andere Lösungsmöglichkeiten. Auf jeden Fall kannst du ausprobieren, was dir letztendlich wirklich hilft und dir guttut." Dadurch rückt der Organisator das *Freie* Aufstellen wieder ins Blickfeld, damit der Aufsteller wählen und entscheiden kann.

Selten fühlen sich Teilnehmer während ihrer Aufstellung so unsicher, dass sie überhaupt nicht mehr wissen, was sie tun sollen. In diesen Momenten erlebe ich oft, dass die Gruppe plötzlich vermehrt Hilfsvorschläge anbietet und den Aufsteller mit Ideen überhäuft. „Mach doch mal ...", „Probier doch mal aus ...", „Es wäre bestimmt sinnvoll, wenn du ..." usw. Dann verliert der Aufsteller seine Leitungsposition. Als Organisator kann ich allen Teilnehmern wieder bewusst machen, wer der Chef ist, indem ich den Aufsteller frage: „Wie können wir dir am besten helfen?"

Lautet die Antwort: „Weiß ich nicht!", dann sage ich als Nächstes: „Gut, dann warten wir alle, bis du wieder weißt, wie wir dir am besten helfen können. Kein Problem. Lass dir einfach Zeit."

Die Gruppe und ich haben bisher nie länger als einige Minuten warten müssen, bis der entsprechende Aufsteller sich wieder fing und etwas Neues entschied, wonach wir uns dann richteten. Meine Lebensgefährtin Jacqueline durfte in Ihren Veranstaltungen einmal erleben, dass eine Teilnehmerin von der Rücksicht der Gruppe sehr berührt war. Schon alleine die Tatsache, dass alle darauf warteten, bis sie wieder wusste, wie sie weitermachen möchte, war für sie ein Lösungsprozess.

Manchmal agiert ein Stellvertreter die Gefühle innerhalb einer Rolle unkontrolliert aus und fühlt beispielsweise Wut. Anstatt neutral über diese Wut zu berichten, wird er in seiner Rolle richtig wütend und nimmt seine Gefühle zum Anlass, nicht nur andere Stellvertreter, sondern auch den Aufsteller oder einen Beobachter zu beschimpfen oder in harten und strengen Worten zu konfrontieren. Hinterher rechtfertigt er sein Verhalten und sagt, dass es nur aus der Rolle heraus geschehen sei und nicht persönlich gemeint war. Doch ein solches Verhalten kann den Aufsteller oder Beobachter trotzdem verletzen, ihm seine Würde nehmen oder ihn das Gesicht verlieren lassen.

Das ist der Grund, warum ich meine Teilnehmer am Anfang bitte, Wutausbrüche, Vorwürfe oder aggressive Impulse in einer Rolle vorher anzukündigen, bevor sie sie ausleben. So kann sich jeder rechtzeitig schützen. Sollte dies während einer Veranstaltung nicht eingehalten werden, greife ich als Organisator ein und setze eine Grenze.

Probleme können auch entstehen, wenn ein Aufsteller über Teilnehmer bestimmen möchte, die sich seiner Aufstellung nicht bewusst zur Verfügung gestellt oder eine Rolle wieder abgegeben haben, weil sie nur beobachten wollen. Diese Teilnehmer gehören nicht (mehr) zur Aufstellung. Der Aufsteller darf also nicht über sie bestimmen, sondern muss Rücksicht nehmen und sie in Ruhe lassen, sobald sie für sich eine Grenze gesetzt haben.

In den seltensten Fällen habe ich erlebt, dass ein Aufsteller die Beobachter seiner Aufstellung für sich „benutzt", indem er laut über sie nachdenkt und beispielsweise beschreibt, wie sie dasitzen, wie sie die Aufstellung beobachten oder wie die Beobachter zum aufgestellten Thema passen könnten. Dadurch bekommen die Beobachter aber eine gewisse Aufmerksamkeit, sie stehen etwas mehr im Mittelpunkt und werden in gewisser Weise in die Aufstellung mit hineingezogen. Auch hier setze ich als Organisator eine Grenze, denn der Aufsteller muss die Beobachter erst fragen, ob sie damit einverstanden sind, auf diese Weise benutzt zu werden.

Es kann natürlich passieren, dass ein Teilnehmer, dem gerade nach den Regeln des Freien Aufstellens eine Grenze gesetzt wurde, beleidigt ist. Bietet ein Beobachter beispielsweise in positiver Absicht Hilfe an, doch der Aufsteller weist ihn genervt zurück und nimmt die Hilfe nicht, könnte sich der Beobachter durch die schroffe Zurückweisung angegriffen fühlen. In diesem Fall sortiere ich als Organisator wie folgt: Ich weise den Beobachter darauf hin, dass der Aufsteller jederzeit für seine Aufstellung Grenzen setzen darf, und ich bitte den Aufsteller, seine Grenzen gegenüber den anderen Teilnehmern freundlich zu setzen.

Konsequenzen für unser Leben

„Wer ist schuld daran, dass ich so leiden muss?!"

Bastian war stinksauer auf seine zweite Frau, weil sie ein gemeinsames Kind abgetrieben hatte, ohne das zuvor mit ihm zu besprechen. Er gab ihr die Schuld daran, dass er nun so intensive Schmerzen erleiden musste. Michael machte seinen Vermieter dafür verantwortlich, dass er immer wieder Auseinandersetzungen mit ihm hatte.

Viele Menschen, die durch eine schmerzvolle Situation zum Opfer wurden, machen ihr Leben lang die Täter dafür verantwortlich. Schwächere Geschwister wehren sich innerlich gegen die stärkeren, die in der Kindheit die Auseinandersetzungen immer gewonnen hatten. Getrennte Paare machen sich gegenseitig für die zerbrochene Beziehung verantwortlich. Vergewaltigte Frauen kämpfen innerlich gegen den Vergewaltiger.

An den Lösungen, die in Aufstellungen möglich werden, können wir ablesen, dass wir unser Leid selbst in der Hand haben. Auch wenn andere Menschen es verursacht oder ausgelöst haben, können wir frei wählen, wie wir damit umgehen wollen. Warten wir darauf, dass der andere seinen Fehler einsieht oder die Folgen seiner Tat anschaut und bereut, dann machen wir uns abhängig von unserem Umfeld – und können manchmal lange warten. Diese Haltung verlängert unser Leiden oder kann es sogar intensivieren.

Meine Haltung ist: Wenn ich unter einem Baum stehe, ein Ast fällt herab und landet direkt auf meinem Kopf, dann fühle ich den Schmerz und kümmere mich darum, meine Wunde sofort zu verbinden. Mein Körper sorgt allmählich für die Heilung. Vielleicht kann ich auch hören, wie der Ast abbricht, und rechtzeitig einen Schritt zur Seite zu gehen, um mich zu schützen. Egal wie, ich mache dem Baum keinen Vorwurf, sondern konzentriere mich ganz allein auf mich. Der Baum ist perfekt, so, wie er ist. Der Ast brach als Folge einer natürlichen Kettenreaktion ab, die ich aber nicht vorausberechnen oder vorausfühlen konnte.

Auf diese Weise schaue ich auch auf Menschen. Jeder ist perfekt, wie er ist. Das, was Menschen tun, ist die Folge einer natürlichen Kettenreaktion in ihnen, die ich weder vorausberechnen noch vorausahnen kann. Bin ich verletzt worden, dann kümmere ich mich um meine Wunde, heile sie (Pflaster bei einer körperlichen Wunde und Tränen bei einer seelischen) und schaue, dass ich mein Gespür verfeinere und der Gefahr beim nächsten Mal rechtzeitig aus dem Weg gehe.

In unserer Gesellschaft haben wir bestimmte Gesetze und Regeln vereinbart. Es gibt Dinge, die erlaubt, und Dinge, die verboten sind. Tut jemand etwas Verbotenes, dann überlege ich mir, ob ich den Täter bei der Polizei anzeige. Nützt es mir oder belastet es mich nur weiter? Bin ich davon überzeugt, dass der andere eingesperrt werden muss, damit er nicht noch mehr Menschen einen Schaden zufügt? Ich kann ganz neutral für mich entscheiden, was ich möchte, welchen Weg ich gehe, was ich selbst für wichtig erachte und welche Möglichkeiten ich habe.

Ich fühle keine Wut, keinen Ärger, keine Strenge, Schadenfreude oder Rache in mir, so wie ich auch den Baum nicht bestrafen möchte. Also leide ich nicht unter der Situation und entwickle keine Abwehrgefühle. Mit dieser Haltung beschränke ich mein Leid auf das Spüren der Wunde. Ansonsten sehe ich immer: Das schmerzvoll Erlebte war die Folge einer für mich undurchschaubaren natürlichen Kettenreaktion und gehört nun zu meinem Leben als Erfahrung und Erinnerung dazu.

Wenn ich auf der anderen Seite stehe, also einen Fehler gemacht habe, sodass jemand anderes nun leiden muss, dann erkenne ich, dass ich gerade der Baum war, dessen Ast auf den Kopf eines anderen Menschen gefallen ist. Ich habe kein schlechtes Gewissen, aber ich habe Verständnis und intensives Mitgefühl und kann sofort sagen, dass es mir leidtut und nicht meine Absicht war. Dann biete ich dem anderen an, ihm – so gut es mir möglich ist – für seine Heilung zur Verfügung zu stehen. Ich bin offen, verständnisvoll, gebe meinen Fehler zu, lebe mit den Folgen und stehe dazu, dass mir das passiert ist. Ich übernehme also die volle Verantwortung für den von mir verursachten Fehler, der ja bereits passiert ist.

Ich stehe aber nicht zur Verfügung, wenn der andere mir aus seinem Schmerzgefühl heraus Vorwürfe macht und im Nachhinein gegen mich zu kämpfen beginnt. Denn ich weiß: Für seinen Umgang mit seinem Schmerz trage ich keine Verantwortung und auch keine Schuld. Jeder erwachsene Mensch hat die Wahl und die Verantwortung dafür, wie er mit seinem Schmerz umgeht.

Aufgrund meiner eigenen Erfahrung weiß ich, dass es möglich ist, die eigenen Wut- und Abwehrgefühle zu lösen. Sie gehören nicht automatisch zu einer Verletzung, sondern zeigen nur die momentane Unfähigkeit des anderen, mit seinem Leid lösend umzugehen.

In diesem Moment dreht sich die Situation sofort um: Der andere verwandelt sich vom Opfer zum Täter, zum Baum, der aus einem Schmerz heraus seine Äste fallen lässt. Deshalb gehe ich seiner Wut aus dem Weg, um mich bestmöglich zu schützen. Meine offenen Angebote, dem anderen bei der Heilung seiner Wunde, die durch meinen Fehler entstand, zu helfen, bleiben nach wie vor bestehen – mit der Bedingung, dass ich nicht selbst „zurückverletzt" werde.

Auf einer übergeordneten Ebene weiß ich natürlich, dass auch diese „Zurückverletzung" Teil einer natürlichen Kettenreaktion ist, die durch meinen Fehler ausgelöst wurde. Ich werfe sie also dem anderen nicht vor. Aber da ich ihn in keiner Sekunde absichtlich so behandelt habe, wie er das jetzt tut, sehe ich keinen Grund dafür, meinen Fehler wiedergutzumachen, indem ich Wutausbrüche und Vorwürfe erdulde. Also entscheide ich mich dafür, demjenigen solange aus dem Weg zu gehen, wie die

„Gefahr" von Wut und Vorwürfen besteht. Für alles andere stehe ich gerne zur Verfügung.

Mit dieser Haltung kann ich gelassen die Organisatorenrolle beim Freien Aufstellen einnehmen. Ich bin dafür verantwortlich, dass auf meiner Veranstaltung Freies Aufstellen stattfindet. Ich bin für meine eigenen Taten verantwortlich. Wenn sie zu Verletzungen bei meinen Teilnehmern führen, dann tut es mir leid und ich trage aufrecht die Folgen. Ich bin verständnisvoll, fürsorglich und mitfühlend und stehe meinen Teilnehmern gern und so gut ich kann zur Verfügung, sobald sie meine Hilfe wünschen. Aber ich kann keine Verantwortung dafür übernehmen, wie ein anderer Mensch bewusst oder unbewusst mit sich selbst umgeht und welche Folgen daraus resultieren. Deswegen habe ich in diesen Fällen keine Schuldgefühle, auch wenn der andere mir vorwurfsvoll die Schuld gibt.

Und ich gebe anderen Menschen keine Schuld mehr an meinem Leid. Ich sehe die volle Verantwortung bei mir, wie ich mit meinen leidvollen Erfahrungen umgehen will.

Wie das Aussprechen von Tatsachen Gefühle befreien kann

„Du bist mein Sohn und ich schaue gerne auf dich."

„Du bist mein erster Mann. Als Paar sind wir getrennt und als Eltern bleiben wir immer zusammen."

„Du hast unser Kind abgetrieben."

„Du bist meine zweite Frau und gehörst für immer zu meinem Leben dazu, auch wenn wir inzwischen getrennt sind."

„Ich bin dein Kind und habe mit deinem Schicksal nichts zu tun."

In Aufstellungen können diese einfachen Sätze, die nur beschreiben, was Tatsache ist, große Emotionen, Befreiungsgefühle und Klarheit auslösen. Warum? Sind die Tatsachen nicht sowieso schon klar genug?

Auf Seite 176 schrieb ich darüber, wie wichtig meiner Ansicht nach Projektionen sind. Unser Gehirn projiziert alte unerlöste Zustände in unser gegenwärtiges Umfeld, damit uns bewusst wird, wo ein „Updaten" hilfreich sein könnte. Oft korrigieren wir aber unsere alten Sichtweisen nicht – und so entstehen durch diese Projektionen viele Verstrickungen, Verwirrungen und Verwechslungen. Ein Neuling in der Firma kann sich aufgrund unverarbeiteter Schmerzen und unerlöster Gehirnkarten nicht unterordnen und drängelt sich immer vor – zum Ärger seiner schon länger angestellten Kollegen. Eltern benutzen ihre Kinder als Partnerersatz oder gehen mit ihnen um, als wären die Kinder ihre eigenen Eltern. Partner projizieren in den anderen Partner die eigenen Eltern. Der Chef einer Firma sieht in seiner Sekretärin seine Mutter. Die Angestellten sehen im Chef wiederum den eigenen Vater.

Oft fühlen wir bei solchen Projektionen auch seelische Phantomschmerzen. Spricht man aber aus, was ist, dann entstehen neue Verbindungen zwischen der gerade aktivierten projizierenden Gehirnkarte und der Gegenwart. Die Gehirnkarte kann sich weiterentwickeln und dem aktuellen Zustand anpassen. Dadurch verschwinden die seelischen Phantomschmerzen, und man fühlt sich freier und klarer.

„Sie sind nur mein Chef. Mein Verhältnis zu meinen Eltern kläre ich ohne Sie. Damit haben Sie nichts zu tun."

„Sie sind nur meine Sekretärin. Ich bin Ihr Chef. Alles andere steht nicht in Ihrem Arbeitsvertrag."

„Du bist meine Partnerin und nicht meine Mutter. Mit meinem Verhältnis zu ihr hast du nichts zu tun."

„Du bist nur unser Kind. Mit den Spannungen in unserer Ehe hast du nichts zu tun."

Zu einer verstorbenen Person: „Du bist tot und ich lebe noch ein Weilchen. Ich vermisse dich sehr."

In der Firma: „Du bist schon länger hier, und ich bin der Neuling."

„Ich mache mehr Überstunden als du und bringe hier mehr Leistung."

„Du arbeitest besser als ich. Du bist der Qualifiziertere von uns beiden."

„Du bist der Chef."

Manchmal muss man noch einen unverarbeiteten Schmerz durchleben, bevor sich eine Gehirnkarte weiterentwickeln kann, wie wir es im Fall von Bastian miterleben durften. Die Befreiung und Klarheit macht sich dann erst später bemerkbar, wenn der Schmerz vollständig ausgedrückt und verarbeitet wurde.

Erst wenn der Schmerz verarbeitet ist, wird es möglich, den früheren Partner als solchen anzuerkennen und nicht mehr emotional gegen ihn zu kämpfen oder ihn aus dem eigenen Leben auszugrenzen. Erst wenn der Schmerz verarbeitet ist, wird es möglich, die eigenen Eltern als Eltern anzuerkennen und sie nicht mehr auszugrenzen, weil sie einem so viele Verletzungen in der Kindheit verursacht haben. Ist der schmerzvolle Verlust verstorbener Personen verarbeitet, haben auch die schönen Erinnerungen wieder Raum im Leben und werden nicht mehr ausgegrenzt. Depressionen verwandeln sich in Lebensfreude.

Bleiben wir jedoch im Schmerz, dann drückt er sich auch in unseren Worten aus:

„Der ist für mich gestorben!"

„Sie sind nicht mehr meine Eltern!"

„Du verhältst dich wie meine Mutter!"

Können wir diesen Verarbeitungsprozess von Verlust- und Trennungsschmerz in unser Leben integrieren, dann lösen sich auch die schmerzvollen Projektionen unseres Gehirns immer mehr auf und wir werden zu offenen und verständnisvollen Menschen. Wir projizieren immer weniger, können besser sehen und anerkennen, was jetzt ist – und wehren uns nicht mehr unter Schmerzen dagegen.

Den Weg dorthin können wir anregen, indem wir genau die Tatsachen in Worte fassen, die jetzt – in der Gegenwart – Wirklichkeit sind, und indem wir die dadurch angeregten Gefühle zulassen.

Schauen Sie, in welchen Situationen es Ihnen im Alltag gefühlsmäßig schwerfällt, Tatsachen so anzuerkennen, wie sie sind, und was passiert, wenn Sie diese Tatsachen einmal in einfachen Sätzen in Worte fassen – vielleicht in einem Tagebuch. Der nächste Schritt könnte sein, dies in einer Aufstellung zu tun. Und der größte Schritt wäre möglicherweise, diese Sätze direkt im Alltag zu der Person zu sagen, gegen die Sie sich bis heute gewehrt haben. Doch dazu müssten Sie für sich selbst klären, ob das überhaupt angemessen wäre. Vielleicht verschlimmert ein Aussprechen die Gesamtsituation für das Gegenüber nur. Sollte ein Zweifel bestehen, klären Sie das lieber für sich im Vorfeld.

Unverarbeiteter Schmerz führt immer zu Härte, Strenge und Wut

Aus der Psychologie wissen wir, dass hinter Wut und Strenge ein unverarbeiteter Schmerz steht. Dies konnten wir bei Bastians Stellvertreter Bernd sehr gut miterleben. Zuerst war er auf seine zweite Frau stinksauer. Als die Tatsache ausgesprochen wurde, worüber er sauer war, kam der ganze Schmerz zum Vorschein. Wut und Strenge verwandelten sich in eine ausgeglichene Klarheit, nachdem der Schmerz durchlebt worden war.

Ich erlebe das immer und immer wieder bei Aufstellungen und auch im Alltag, beispielsweise zusammen mit meiner Lebensgefährtin. Wenn Härte, Strenge oder Wut sich auflösen, dann kommen regelmäßig Tränen, und ein seelischer Schmerz wird verarbeitet. Ich könnte es fast als ein natürliches Gesetz sehen:

Jede Härte, Strenge oder Wut ist eine Abwehr gegen einen noch nicht durchlebten Verlustschmerz in der eigenen Seele.

Ist der Verlustschmerz vollständig verarbeitet, bedeutet das nicht, dass sich alle Grenzen auflösen. Es verschwinden nur Härte, Strenge, Wut und Abwehr. Ein Mensch wird liebevoll klar. Er kann verständnisvoll, freundlich und deutlich seine Grenzen formulieren und dazu stehen, ohne emotional aufgebracht kämpfen zu müssen. Und er kann tolerant bestimmte Grenzen öffnen – je nachdem, welche Ziele er gerade verfolgt und wie wichtig ihm diese Ziele sind.

Wenn ich mit diesem „Gesetz" auf unsere Gesellschaft schaue, besonders auf die ältere Generation, die den Krieg noch miterlebt und eine gewisse „Härte" entwickelt hat, sehe ich überall die unverarbeiteten seelischen Schmerzen. Aber auch in den nachfolgenden Generationen erlebe ich viele Menschen voller kämpferischer Abwehr, innerer Härte und Unbarmherzigkeit. Es gibt noch unheimlich viel Verlustschmerz zu verarbeiten.

Auf der anderen Seite bedeutet das: Wir Menschen haben noch ein großes Potenzial zu entfalten. Stellen Sie sich vor, wie unsere Gesellschaft wäre, würde sich jeder Mensch intensiv mit seinen Verlustschmerzen auseinandersetzen und sie eigenständig schrittweise auflösen. Und wie klar und offen wären wir, hätten wir den Verlustschmerz vollständig in unser Leben integriert? Wenn wir nicht mehr gegen den Verlust kämpfen, sondern mit ihm umgehen können?

Wie können wir nun mit diesem „Gesetz" auf unser eigenes Leben schauen?

Wir können uns selbst beobachten und schauen, in welchen Situationen uns in unserem Gefühl eine Härte auffällt. Wo kämpfen wir? Wo regen wir uns auf? Wo werden wir hart oder streng?

Was wäre, wenn wir in diesem Moment stattdessen liebevoll klar fühlen würden? Was wäre anders? Was würde uns über uns selbst bewusst werden?

Können Sie sich diese Fragen nicht sofort beantworten, dann hilft Ihnen vielleicht eine Freie Aufstellung dabei – allein, mit einem verständnisvollen Partner, innerhalb eines Freundeskreises oder sogar in einer größeren Gruppe.

Rechnen Sie damit, dass Sie möglicherweise in Tränen ausbrechen, weil Sie einen alten Schmerz verarbeiten, wenn Ihnen durch diese Fragen oder durch eine Aufstellung etwas über sich selbst bewusst wird.

Meine Empfehlung ist: Folgen Sie Ihrem Herzen, so, wie es Sie führt. Gehen Sie immer nur über die Schwelle, über die Sie auch wirklich gehen wollen.

Schauen wir wieder auf die Aufstellung von Amira und Bastian. Bernd fühlte in seiner Rolle nicht nur seine Wut, er saß auch auf dem Boden. Seine Knie sind weich geworden, als Hannah dazukam.

Ich erinnere mich an meine Schulzeit. Bei einem Kampf auf dem Schulhof war ich der Schwächere und lag unter meinem Klassenkameraden, der auf mir saß. Eigentlich hatte ich schon verloren, doch ich versuchte noch einmal mit aller Kraft, ja mit Wut, mich aus seiner Umklammerung zu lösen, doch ich schaffte es nicht. Ich gab auf. Es war aber kein gelassenes Aufgeben, sondern eine Art Resignation. Dann traten Hilflosigkeit und Ohnmacht ein – totale Energielosigkeit. Diese Energielosigkeit ist meiner Erfahrung nach noch eine Schicht, die sich um die Wut legt.

Zuerst erleben wir einen Verlustschmerz, so wie ich bei dem Kampf meine Macht verlor. Wenn wir diesen Schmerz nicht sofort tränenreich verarbeiten können, wird etwas in uns hart und „verschließt" sich. Es bildet sich eine „harte Schale" um den Verlustschmerz. Diese Härte steht in engem Zusammenhang zur Wut.

Hat diese Wut aber keine Möglichkeit, sich erfolgreich auszuleben, dann bildet sich drum herum die nächste Zwiebelschale: die Resignation und die darauffolgende Energielosigkeit.

Immer wieder mache ich die Erfahrung, dass unter meiner Energielosigkeit ein nicht verarbeiteter Verlustschmerz steckt. Setze ich mich dann mit meiner Energielosigkeit auseinander und frage mich: „Wie verhalte ich mich, wenn ich genau jetzt viel Energie, Lust, Freude und Spaß fühlen würde?", dann wird mir oft die Ursache meiner Energielosigkeit bewusst, ich breche in lösende Tränen aus und kann den Verlustschmerz verarbeiten.

Die Energielosigkeit ist die Schicht über der Wut – und beides hat die gleiche Ursache: einen nicht verarbeiteten Verlustschmerz.

Übrigens: Als ich damals nach dem Kampf mit meinem Klassenkameraden vom Schulhof ins Klassenzimmer kam und meine Lehrerin mich liebevoll ansah, brach ich in Tränen aus und konnte den erfahrenen Schock auf diese Weise nachträglich verarbeiten.

Jeder trägt sein eigenes Schmerz-Päckchen

Zuerst klärte Amira ihr Verhältnis zu ihrem ersten Mann, anschließend wurde sich Bastian seines unverarbeiteten Schmerzes bewusst und stellte sich ihm. Beide Male haben die Stellvertreter mitteilen können, dass das Ungleichgewicht, das sie gerade in sich spürten, mit dem anderen nichts zu tun hat.

Die Stellvertreterin Andrea sagte: „Da ist noch etwas, was meine Energie abzieht, und das hat nichts mit Bernd zu tun."

Später formulierte der Stellvertreter Bernd: „Ich erlaube mir diese Stärke und Offenheit nicht, die Andrea jetzt hat. Ich weiß aber, dass das mit Andrea nichts zu tun hat."

Ich beriet einmal eine Mutter, die ratlos war, wie sie mit ihren streitenden Kindern umgehen sollte. Wir machten eine Aufstellung innerhalb einer Einzelberatung und sie erzählte mir dabei, dass es ihr Bestreben sei, bei jedem ihrer Kinder Verständnis für das Verhalten des anderen zu erreichen – und umgekehrt. Würden die beiden Kinder sich gegenseitig verstehen, dann müssten sie nicht mehr streiten – so war ihre These.

In der Aufstellung legten wir zwei Fühlfelder für die beiden Kinder und ein Fühlfeld für die Mutter auf den Boden, fühlten uns ein und tauschten uns über die Situation aus. Nach einer Weile stellten wir ein lösendes Element dazu, und ich fühlte mich in diese Rolle ein. In dem Moment stieg etwas Neues in meinem Gefühl hoch. Ich spürte, wie ich als lösendes Element das Bedürfnis hatte, erst dem einen Kind ganz viel Nähe und Verständnis für seinen eigenen Schmerz zu geben und anschließend dem anderen Kind. Mir kam auch sofort eine logische Erklärung dazu:

Wenn Menschen streiten, dann tun sie das, weil gerade beide von etwas nicht loslassen können. Sie wollen den Verlustschmerz nicht fühlen, mit dem sie beim Loslassen konfrontiert werden würden, sondern wehren sich dagegen. In so einem Moment ist keiner von beiden offen dafür, Verständnis für den anderen zu haben. Jeder ist ausschließlich auf seine Verteidigung konzentriert. Um Verständnis entwickeln zu können, müssten beide erst einmal von ihrem eigenen Kampf loslassen.

Als Jugendlicher war ich bestrebt, meinen Eltern, als sie sich noch nicht getrennt hatten, alles Mögliche zu erklären. Ich wollte, dass der eine Elternteil den anderen besser versteht. Heute weiß ich, dass der wirkungsvollere Weg gewesen wäre, dem jeweiligen Elternteil einfach nur ganz viel Verständnis entgegenzubringen. Doch dazu war ich damals noch nicht in der Lage. Das kann ich erst heute.

Wenn zwei Menschen streiten, was fehlt beiden?

Das Gefühl, vollständig verstanden und gesehen zu werden.

Kommt ein Dritter dazu und möchte vermitteln, mit dem Ziel, dass beide Parteien sich untereinander besser verstehen, dann will auch er verstanden werden. Damit wird er aber meistens keinen wirklichen Erfolg haben.

Sinnvoller wäre es, ganz genau hinzuschauen: Was wünscht sich der eine, und was wünscht sich der andere?

Dann kümmert sich der Dritte nacheinander um jeden einzeln, zeigt Verständnis für den jeweiligen Wunsch und findet heraus, welcher unverarbeitete Verlustschmerz dahintersteht. Vielleicht lässt sich auch so noch etwas lösen?

Es geht nicht mehr darum, dass die beiden Streitparteien sich untereinander verstehen, sondern darum, jedem Einzelnen das zu geben, wonach er schreit: Verständnis, Nähe, Aufmerksamkeit und vielleicht – wenn möglich – auch die Erfüllung eines Wunsches.

Mit dieser Sichtweise können wir Auseinandersetzungen neu betrachten. Wir suchen nicht mehr danach, wie wir zwischen beiden Parteien Frieden stiften können, sondern fragen uns: Was ist das Problem eines jeden Einzelnen? Was fehlt ihm? Wonach schreit er eigentlich wirklich tief in seiner Seele?

Stellen Sie sich zwei Babys vor, Zwillinge, beide liegen nebeneinander im Bettchen und schreien. Was macht die Mutter? Sie denkt nicht, dass die beiden sich gerade streiten, sondern sie erfüllt beiden jeweils ihre Bedürfnisse, nacheinander, vielleicht sogar auch gleichzeitig, je nachdem, was machbar ist.

Dieses Bild können wir auf unser Leben übertragen. Wenn zwei Menschen sich streiten, dann befinden sich beide gerade im Kontakt mit eigenen unverarbeiteten Schmerzen und schreien. Bei beiden Menschen sind Gehirnkarten mit „Bad Ends" aktiv und projizieren fleißig auf das Gegenüber. Es entstehen viele Missverständnisse.

Diese Schmerzen haben aber in Wirklichkeit nichts mit dem anderen zu tun. Die Ursache dafür liegt tiefer und in jedem selbst begründet. Wollen wir erfolgreich helfen, dann sollten wir nach der tiefer liegenden Ursache bei beiden suchen und unsere Hilfe auf dieser tieferen Ebene anbieten – jedem einzeln und nacheinander, vielleicht sogar auch gleichzeitig – je nachdem, was machbar ist.

In einer Aufstellungssituation können wir dem einen leidenden Stellvertreter wie auch dem anderen einen weiteren Stellvertreter an die Seite stellen mit der Bezeichnung „Das, was ihm gerade fehlt". Und dann beobachten wir die Wirkung.

> **Das, was demjenigen fehlt**
> Sie können einen Stellvertreter als Hilfe dazustellen mit der Bezeichnung „Das, was ... xy ... fehlt".

Wenn wir selbst in einen Streit verwickelt sind, können wir vielleicht überlegen, was uns eigentlich gerade wirklich fehlt und wie wir es vielleicht anders bekommen könnten ...

Oder wir können unseren Verlustschmerz annehmen und als erster nachgeben ...

Es kann keine „bedingungslose" Liebe geben

Es gibt keine bedingungslose Liebe, denn die bedingungslose Liebe hat bereits eine ganz wichtige Bedingung: Sie *muss* bedingungslos sein!

Wie selbstverständlich benutzen viele Menschen den Begriff „bedingungslose Liebe" und sind sich dabei nicht bewusst, dass er einen folgenschweren Widerspruch enthält, der den Begriff unglaubwürdig werden lässt. Diesen Widerspruch kann man entlarven, wenn man die Ebene wechselt und über den Begriff an sich nachdenkt. Durch die Bedingung, dass die Liebe bedingungslos sein muss, ist sie nicht mehr bedingungslos.

Wer nicht in der Lage ist, die Ebene zu wechseln und diesen Widerspruch (noch) nicht erkennt, verwendet Sätze wie:

„Nur wenn du bedingungslos liebst, wirst du deinen Konflikt lösen können" oder „Nur die bedingungslose Liebe wird dich letztendlich befreien" oder „Ich kann immer noch nicht bedingungslos lieben, will es aber unbedingt schaffen".

Wenn wir diese Aussagen wirklich ernst nehmen, binden wir uns an die Vorstellung der bedingungslosen Liebe, ohne jemals das Ziel erreichen zu können. Das Bild der bedingungslosen Liebe funktioniert nicht. Wer den Widerspruch dahinter nicht erkennt, muss damit leben, auf dem Weg zur bedingungslosen Liebe immer wieder enttäuscht zu werden, da ihm unauflösbare Wertungen im Weg stehen. Auf diesem Weg muss uns permanent schmerzhaft bewusst werden, wo wir die Bedingung noch nicht erfüllt haben und noch nicht bedingungslos lieben können. Selbst wenn wir der Ansicht sind, die bedingungslose Liebe endlich erreicht zu haben und sie zu fühlen, bewerten wir insgeheim andere Menschen an genau den Stellen, wo diese noch nicht bedingungslos lieben können. Die Bedingung, dass die Liebe bedingungslos sein muss, stellt uns immer wieder ein Bein.

Unter Regel 1 „Jeder ist eigenverantwortlich" schrieb ich, wie ich über die Frage einer Teilnehmerin nachdachte: „Was passiert, wenn jemand beim Aufstellen unbewusst seine eigenen Grenzen überschreitet und danach Hilfe braucht?" Die Antwort fand ich, als ich die Ebene wechselte und die Unbeantwortbarkeit der Frage entlarvte. Es gibt kein unbewusstes Überschreiten von eigenen Grenzen, denn eine „Grenze" ist nur eine Grenze, wenn man sie auch bewusst als Grenze fühlt.

„Hör doch mal auf zu werten!" Wenn ein solcher Satz fällt und wir ebenfalls die Ebene wechseln, um über diese Aussage nachzudenken, dann erkennen wir: Diese Aussage ist eine Wertung. Es gibt keine Wertfreiheit, denn wir geben der Wertfreiheit einen Wert, wenn wir versuchen, sie zu erreichen.

Wer die Bedeutungslosigkeit anpreist und betont, dass die gesamte Welt und alles, was existiert, ohne Bedeutung sei, gibt der Bedeutungslosigkeit eine Bedeutung. Es gibt keine Bedeutungslosigkeit. Sie ist wie die bedingungslose Liebe ein Widerspruch in sich.

Selbst in dem Moment, in dem ein Erleuchteter von der Leere redet, vom Nirvana, hat er sie verlassen. Manche Weisheitslehrer versuchen zu vermitteln, dass es nichts zu erreichen gäbe. Doch genau in dem Moment haben sie das zu erreichende Ziel formuliert, etwas nicht mehr erreichen zu wollen.

Letztendlich ist das Bild, dass die Polarität den Gegenpol zur Einheit darstellt, ein polarisierendes Bild. Wer Polarität und Einheit gleichwertig nebeneinanderstellt, hat schon verloren, denn er wird die Einheit niemals erreichen. Die Lösung liegt darin, die Polarität als untergeordneten Teil von der immer und überall vorhandenen Einheit zu erkennen. Bei diesem neuen Bild sieht man sofort: Die Einheit ist bereits da, und die Polarität muss nicht vermieden werden. Es gibt kein Bestreben mehr, von der Polarität in die Einheit zu gelangen, weil man sich innerhalb der Polarität bereits in der Einheit befindet.

Wenn wir diese Sichtweise übernehmen, werden plötzlich alle anderen Sichtweisen und Methoden unwichtig, die eine Annäherung an ein Einheitsgefühl versprechen und gleichzeitig die Widersprüche auf diesem Weg übersehen. Jedes (kennen-) gelernte Einheitsgefühl ist ein Gefühl der besonderen Harmonie, aber nicht der wirklichen Einheit, in der tatsächlich alles dazugehört und sein darf – auch der Schmerz, die Trennung und der Ausschluss. Die wirkliche Einheit können wir nicht wahrnehmen, denn sie IST immer – ohne Gegenpol. Etwas, das immer ist, kann man nicht wahrnehmen. Wir können nur wahrnehmen, was auftaucht und wieder verschwindet, was Grenzen und Formen hat, was sich bewegt und verändert. Doch das alles trifft auf die Einheit nicht zu, denn sonst wäre sie keine.

Meine Sichtweise ist: in jedem Moment alles, was gerade ist, als dazugehörig anzuerkennen. Alles ist Teil der überall vorhandenen Einheit. Alles gehört zum Universum dazu. Es gibt nichts, das nicht dazugehört. Selbst die Dualität, die Trennung, die Unterscheidung, die Wertung, die Widersprüche, der Irrtum, der Schmerz, der Krieg, der Tod etc. gehören zur Einheit, zum Universum, zu Gott, zum ewigen Leben dazu.

Die Befreiung: „... und auch das gehört dazu."

In dem Buch „Du gehörst zu uns – Systemische Einblicke und Lösungen für Lehrer, Schüler und Eltern" (Carl-Auer Verlag 2001) schreibt die Lehrerin und Familientherapeutin Marianne Franke-Gricksch über einen Schüler, der seine Klassenkameraden auf verschiedene Weise immer wieder belästigte, „Krieg" führte und ihnen Angst machte. Sie erzählt: „Plötzlich erkannte ich die Dynamik, in der dieser Junge sein Grundgefühl, nicht dazuzugehören, ausagierte und sich durch sein Verhalten außerhalb der Gruppe stellte. Spontan sagte ich zu ihm, ich habe ihm eine Mitteilung zu machen und alle anderen Kinder auch, jeder dasselbe. Die Kinder wussten vom Inhalt der Mitteilung noch nichts.

Ich begann, sehr laut und bestimmt zu ihm zu sprechen: ‚Rainer, du gehörst zu uns!'

22 Kinder wiederholten nun diesen Satz, einer nach dem andern, durch alle Bänke. Es war eine große Stille in der Klasse [...] Rainer weinte und setzte sich dann, ich glaube, zum ersten Mal freiwillig und ohne Aufforderung ruhig an seinen Platz. [...] Nach wenigen Wochen hatte er sich integriert."

Andrea sagte in der Rolle von Amira: „Ich spüre meine erste Familie rechts an meiner Seite und empfinde es als sehr angenehm und ausgeglichen. Nicht mehr störend. Sie gehören alle zu mir dazu, wenn ich jetzt auf Bernd schaue." Gleichzeitig kann sie die erste Frau von Bastian als dazugehörig anerkennen.

Der Stellvertreter von Bastian sagt zu Hannah: „Auch wenn du dich jetzt wegdrehst und es schwer hast, dir selbst zu verzeihen, gehörst du für immer zu meinem Leben dazu, als meine zweite Frau."

Hat ein Mensch etwas sehr Schlimmes getan, dann erwische ich mich manchmal, wie ich wieder hart werde und ihn in Gedanken am liebsten ausschließen möchte. Doch dabei geht es mir selbst nicht wirklich gut. Dieser Kampf gegen den anderen ist anstrengend und benötigt viel Energie. Der Gedanke „Auch du gehörst zum Universum dazu, wie jeder andere auch" öffnet mich wieder und lässt mich die notwendige Grenze ihm gegenüber liebevoll und klar ziehen, ohne abwertende Härte, ohne Kampf, einfach nur mit viel Klarheit. Ich sehe wieder den Baum vor mir, der durch eine natürliche Kettenreaktion angeregt seinen Ast herunterfallen lässt – und gehe einen deutlichen Schritt zur Seite, um mich zu schützen.

Beim Freien Aufstellen teilen mir die Leute immer wieder mit, wie befreiend sie es empfinden, dass alles grundsätzlich erst einmal dazugehören darf.

In meiner Partnerschaft erlebe ich, wie sich Spannungen sofort auflösen, wenn wir uns an den Satz erinnern „… und auch das gehört jetzt dazu."

Oft bleiben wir Menschen in einem Kampf stecken, sei es äußerlich oder innerlich. Ein solcher Kampf enthält immer die Dynamik, dass irgendetwas nicht dazugehören darf. Wir wollen etwas möglichst erfolgreich ausschließen und wenden viel Energie dafür auf, dieses Ziel zu erreichen. Haben wir etwas ausgeschlossen, müssen wir uns permanent darum kümmern, dass es auch ausgeschlossen bleibt. Alle Konflikte haben mit Ausschluss zu tun.

Ist es an dieser Stelle im Buch mein Ziel, diesen Kampf und diesen Ausschluss zu lösen? Will ich Ihnen vermitteln, wie man diesen Kampf loswird? Wie man ihn erfolgreich ausschließen kann?

Nein, denn dann würde ich ja genau das Gleiche tun, nämlich den Kampf und den Ausschluss ausschließen wollen.

Manchmal wird mir bewusst, wie ich wieder ausschließende Gedanken hege. Dann kann ich mit dem Satz reagieren:

„… und auch das gehört dazu."

Mein Wunsch ist es, Ihnen eine alles integrierende Sichtweise anzubieten, die selbst die Nicht-Integration integriert. Diese Sichtweise erweitert unseren Horizont ins Unendliche, in jeder Sekunde.

In dieser Sichtweise ist der Ausschluss enthalten. Die Trennung, der Tod, der ewige Wandel gehören dazu. Der Kampf, die Abwehr, die Grenze und der Ausschluss gehören auch dazu.

Diese Sichtweise heißt einfach nur:

„… und auch das gehört dazu."

Sie können sie in jeder Sekunde, in jeder Situation, auf jeden Menschen, auf jedes Objekt, auf jede Aufstellungssituation, auf alles, was Ihnen einfällt und was Sie erleben, anwenden.

Falls Sie einmal denken, „Nee, das soll jetzt nicht dazugehören!", dann wissen Sie: Auch das darf dazugehören, dass etwas nicht dazugehören soll.

Mithilfe dieser Sichtweise bringen Sie jede festgefahrene Situation wieder in Fluss. Schauen Sie, was gerade ausgeschlossen ist, was bekämpft wird, wogegen man sich wehrt, und beobachten Sie, was sich ändert, wenn Sie entscheiden: „… und auch das gehört jetzt dazu." Entweder meinen Sie damit das Ausgeschlossene, das wieder dazugehören darf, oder die Grenze, den Ausschluss, den Kampf und die Abwehr, die dazugehören dürfen.

Reagieren Sie auf alles, was um Sie herum und in Ihnen passiert, mit dem Satz: „… und auch das gehört dazu." Auf wirklich alles – in jedem Moment. Auch auf Schmerzen, Ausschluss, Grenzsetzungen, Wut – oder auf die Unterdrückung der Wut, den Ausschluss des Ausschlusses, den Kampf gegen Grenzsetzungen, den Krieg gegen den Krieg etc.

Beobachten Sie, was sich ändert, wenn Sie diesen Satz in Ihr Leben integrieren.

Ändert sich aber nichts, dann gehört auch das dazu.

Anhang:

Hilfsmittel für Freie Systemische Aufstellungen

Gruppenveranstaltungen

Informationen über Orte und Termine finden Sie im Internet unter:

www.freies-aufstellen.info

Wer Freies Aufstellen unter bestimmten Bedingungen selbst organisiert, kann sich dort mit seiner Veranstaltung auch eintragen lassen.

Ausbildungen zum Organisator für Freie Systemische Aufstellungen:

www.wajarri.de und **www.in-resonanz.net**

Weiterführende Literatur

Neue Werkzeuge, Verhaltensmöglichkeiten und Beispiele für Freie Systemische Aufstellungen allein, im Freundeskreis und in Gruppen finden Sie im Buch „**Ich stelle selbst auf.** Wie Sie Ihre Selbstheilungskräfte durch Freies Aufstellen aktivieren" (vollständig aktualisierte Neuauflage 2012). Es baut auf dem vorliegenden Buch auf und steht für Fortgeschrittene im Freien Aufstellen zur Verfügung.

Das erste Buch über Freie Systemische Aufstellungen habe ich 2003 geschrieben. Auch darin finden Sie viele hilfreiche Erfahrungsberichte und Verhaltenstipps: „**Das freie Aufstellen** – Gruppendynamik als Spiegel der Seele" (vollständig aktualisierte Neuauflage 2012).

Kartenset

Als zusätzliche Unterstützung ist ein Kartenset zum Buch erhältlich (siehe S. 254). Das Kartenset für Freies Aufstellen enthält auf 52 Karten über 120 Begriffe. Alle in den Büchern aufgeführten Hilfsangebote wie auch weitere Anregungen sind dort versammelt. Wenn Sie in Ihrer Aufstellung nicht mehr weiterwissen, keine Idee haben, was Sie tun können oder was als Nächstes dran ist, dann mischen Sie die Karten verdeckt, ziehen eine und beobachten, ob und wie Ihnen dieses „zufällig" gezogene Werkzeug weiterhilft. Sie können auch eine Karte am Anfang einer Aufstellung ziehen, um zu schauen, um welches Thema es sich bei dieser Aufstellung möglicherweise drehen wird. Zum Kennenlernen sind auf den letzten Seiten dieses Buches 16 Karten aus diesem Kartenset abgebildet – zum Ausschneiden und Benützen. Wenn Sie eine Karte ziehen, die mehrere Begriffe enthält, dann fühlen Sie nach, welcher Begriff Sie gerade am stärksten anspricht, und stellen anschließend einen Stellvertreter in Ihre Aufstellung dazu, dem Sie eine Rolle mit diesem Begriff geben. Beobachten Sie, inwieweit das hilfreich wirkt.

Hilfreiche Werkzeuge beim Aufstellen

Die folgende Liste enthält alles, was in diesem Buch in einem Kasten erwähnt wurde. Sie erhebt aber bezüglich des Freien Aufstellens keinen Anspruch auf Vollständigkeit, weil es unendlich viele Ideen gibt, die in den unterschiedlichsten Situationen weiterhelfen könnten.

Ablauf der Aufstellung 192

„Alles gehört dazu" 36

Aufdecken 99

Austausch hinterher 147

Das Anliegen 48

Das Fehlende dazustellen 193

Das, was gerade hilft 208

Das, was demjenigen fehlt 231

Der Organisator leitet 189

Die Aufstellung beobachten 155

Eigenverantwortung 62

Einfälle 52

Einmischen von Beobachtern 198

Element „Das, was dahintersteht" 151

Entlassen / Herausnehmen 100

Entscheidungsaufstellung 111

Experimente 98

Fragen stellen 97

Freie Gruppendynamik 139

Fühlfelder 39

Fürsorgliche Teilnehmer 203

Gegenstände 40

Gesundes Misstrauen 70

Grenze 65

„Hilft es wirklich?" 38
Ich 47
Ideen verdeckt testen 159
Klärender Satz 153
Lösendes Element 54
Mehrere lösende Elemente 100
Momentaner Zustand und gewünschter Zustand 48
Mit Personen verdeckt aufstellen 94
Neugierde 53
Offen aufstellen 39
Offen, halb verdeckt oder verdeckt aufstellen 154
Persönlichkeitsanteile 144
Rangfolgen 89
Sagen, was ist 157
Schutz (-engel) 70
Sich Fragen stellen 139
Spontane Ideen 51
Stellvertreter auf unterschiedliche Weisen aussuchen 191
Stellvertreter entlassen 208
Stellvertreter entlasten 114
Stellvertreter positionieren 149
Tränen 53, 199
Unterschiede an einer Stelle fühlen 55
Unterschiede wahrnehmen 34
Ursache 60
Verdeckt aufstellen 33
Verstorbene Personen 206
Warten 205
Was ist JETZT? 51

Dank

Zuallererst bedanke ich mich bei all meinen Teilnehmern, die es mir immer wieder möglich machen, an ihren Wünschen, Fragen, Problemen und Schicksalen teilzuhaben. Sie haben mich intensiv zu den in diesem Buch vorhandenen Beispielen inspiriert.

Ich danke zutiefst meinem Verleger Joachim Kamphausen, der es mir ermöglichte, dieses Buch zu schreiben und innerhalb kürzester Zeit zu veröffentlichen.

Meine liebe Lebensgefährtin Jacqueline hat mich in der Arbeit an diesem Buch liebevoll begleitet und mir wertvolle Tipps und Anregungen zu den Beispielen geschenkt. Dafür danke ich dir, Jacqueline, aus ganzem Herzen!

Hätte ich nicht mit der Lektorin Stephanie Ehrenschwendner zusammenarbeiten dürfen, dann hätte mein Buch nicht diese Struktur und diesen Lesefluss. Ich danke sehr für den lebendigen, inspirierenden Austausch und für die vielen Ideen, Gedanken und Änderungsvorschläge.

Tiefsten Dank an das gesamte Team des J. Kamphausen-Verlags für die unterstützende Arbeit an diesem Buch.

Meinen allumfassenden Dank richte ich ans Universum, das alles genau so fügte, wie es gekommen ist.

Über den Autor

Olaf Jacobsen, geboren 1967 in Neumünster, studierte an der Staatlichen Hochschule für Musik und Universität Karlsruhe. Seine pädagogischen und therapeutischen Fähigkeiten bildeten sich in der Arbeit mit Klavier- und Gesangsschülern sowie in der Arbeit als Dirigent mit Chören und Orchestern aus. Er ist Begründer der Freien Systemischen Aufstellungen, Seminarleiter, Psychologischer Coach, Autor zum Thema „lösungsorientierte Sichtweisen" und arbeitet seit 2009 in Köln.

Infos & Kontakt unter **www.olafjacobsen.com**

Veröffentlichungen:

So, jetzt ist aber genug! Die Geburt einer Weltformel (1996, vollständig aktualisierte Neuauflage 2012)

Bewegungen in neue Gleichgewichte. Bewegende Sichtweisen für unseren Alltag (2000, vollständig aktualisierte Neuauflage 2012)

Die Vollkommenheit des Universums. (Das) Nichts ist All-ein – Alles ist in Resonanz (2001, vollständig aktualisierte Neuauflage 2012)

Das freie Aufstellen – Gruppendynamik als Spiegel der Seele. Eine Einführung in eine freie Form der Systemischen Aufstellung (2003, vollständig aktualisierte Neuauflage 2012)

Ich stehe nicht mehr zur Verfügung. Wie Sie sich von belastenden Gefühlen befreien und Beziehungen völlig neu erleben (2007)

Ich stehe nicht mehr zur Verfügung – Die Essenz. Wie Sie sich von belastenden Gefühlen befreien und Beziehungen völlig neu erleben, Hörbuch (2009)

Ich stehe nicht mehr zur Verfügung – Die Folgen. Mit Kritik ausgeglichen und liebevoll umgehen (2010)

Ich stelle selbst auf. Wie Sie Ihre Selbstheilungskräfte durch Freies Aufstellen aktivieren (2011, vollständig aktualisierte Neuauflage 2012)

Jacqueline & Olaf:

Der lebendige Spiegel im Menschen. In Resonanz lernen – lösen – leben – lieben (September 2012)

Beispielkarten

Distanz	Annehmen
Verschlossenheit	Würdigung
Aggression	Verständnis
Symptom	das, was ... verändert
Hindernis	das, was hilft, um/damit ...
das, was dazwischensteht	(Setze an die freie Stelle das ein, was du bei deiner Aufstellung gerade zu erreichen wünschst)

Beispielkarten

(Eigen) Verantwortung	Eltern
(Selbst) Bestimmung	Ahnen
(Selbst) Erlaubnis	Chef(s)
lösendes Element	Integration
heilendes Element	Metaebene
Erstverschlimmerung	Wunder

Beispielkarten

unverarbeiteter Schmerz	Schutz (engel)
Urschmerz	(Selbst) Sicherheit
nicht gelebte Trauer	
Ideal-Ich	Ursache
höheres Selbst	ursprüngliches Trauma
Seele	ursprünglicher Verlust

Beispielkarten

Urvertrauen	das, worum es eigentlich geht
Selbstvertrauen	verdeckter Gewinn
Zuversicht	das, wofür es gut ist
(Selbst) Fürsorge	geistige Führung
(Selbst) Vergebung	weises Universum
(Selbst) Heilungskraft	Quelle des Lebens

Das Kartenset zum Buch

Wenn Sie in Ihrer Aufstellung
nicht mehr weiterwissen ...

52 Karten mit mehr als 120 Begriffen führen jede freie Aufstellung zum Happy End.

Olaf Jacobsen
Impulskarten für Freie Systemische Aufstellungen
Format: 59 x 91 mm
60 Karten in Plastik-Stülpschachtel
(52 Motivkarten
  2 Anleitungskarten
  5 Leerkarten zum Beschriften)
ISBN 978-3-89901-621-5

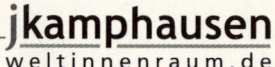
weltinnenraum.de

Denken Sie noch oder fühlen Sie schon?

„Lesen ist einfach und macht Spaß", sagt Kurt Zyprian Hörmann, gefragter Coach und Lebensberater. Mit der Methode ‚MFL' (Morphisches Feld Lesen) können Sie Probleme jeglicher Art intuitiv lösen.

Denn: Was auch immer ein Mensch tut oder denkt, wird im morphischen Feld — dem Urwissen des Universums — hinterlegt. Es steuert unsere Intuition und ist für jeden leicht zugänglich, wenn man weiß, wie.

Kurt Zyprian Hörmann
Fühlen ist klüger als denken
192 Seiten, Broschur
ISBN 978-3-89901-421-1

jkamphausen
weltinnenraum.de

Über den Verlag

Diamond Approach
Lebendige Beziehung Glücksprinzip
Spirituelle Romane Stille und Meditation Zen
Persönlichkeitsentwicklung inspire!
Integral Alter & Übergang
Kommunikation jkamphausen Einheitserfahrung
Naikan Psychologie
TM Advaita neues Denken & Handeln
Transzendenz & Bewusstsein

Mit Liebe fürs Detail und für die Umwelt

Bei der Auswahl der Inhalte, die wir präsentieren, achten wir auf Originalität, Kompetenz, Praxisrelevanz und Qualität. So können wir mit Herz und Seele hinter unseren Büchern, Hörbüchern, Filmen und den anderen Produkten stehen, die wir mit viel Liebe und Aufmerksamkeit bis ins letzte Detail fertigen.

Wir leisten einen aktiven Beitrag zum Umweltschutz und verbrauchen nur wirklich notwendige Ressourcen — so sparsam wie möglich. Wir arbeiten ausschließlich mit 100% Recyclingpapieren und setzen auf kurze Transportwege (u.a. Fertigung unserer Produkte in Deutschland).

Inspirationen, interessante und wertvolle Neuigkeiten, Wahres, Schönes & Gutes sowie wichtige Termine können Sie regelmäßig in unserem Newsletter erfahren oder hier: www.facebook.com/weltinnenraum

weltinnenraum.de
J. Kamphausen | Mediengruppe